NE능률 영어교과서

대한민국 고등학생 **10**명 중 **4.7**명이 보는 교과서

영어 고등 교과서 점유율 1위
(7차, 2007 개정, 2009 개정, 2015 개정)

리딩튜터

그동안 판매된
리딩튜터 1,800만 부
차곡차곡 쌓으면 18만 미터

에베레스트 20배 높이

180,000m

에베레스트 8,848m

READING TUTOR

능률보카

그동안 판매된
능률보카 1,000만 부

대한민국 박스오피스
천만명을 넘은 영화 단 27개

VO CA

그래머존

그동안 판매된 400만 부의 그래머존을 바닥에 쭉 ~ 깔면
1000km 서울 - 부산 왕복가능

서울

부산

지은이	NE능률 영어교육연구소
선임 연구원	김지연
연구원	이은주, 권혜진, 우미연
영문 교열	Patrick Ferraro, Keeran Murphy
표지 디자인	오솔길
내지 디자인	디자인샐러드
맥편집	김재민
영업	한기영, 주성탁, 박인규, 장순용, 김남준
마케팅	박혜선, 고유진, 남경진, 김상민

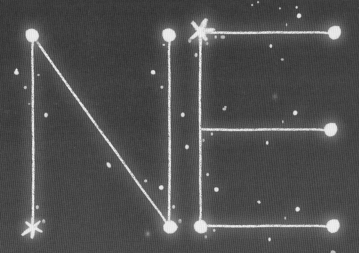

특급

어법

수능 1등급 만드는 고난도 유형서

Structure

이것만은 알고 시작하자!

본문에 들어가기 전에 어법의 기본이 되는 사항들을 점검해 볼 수 있는 코너입니다. 평상시에 많이 들었던 용어이지만, 정작 제대로 이해하거나 설명할 수 없었던 어법 용어들이 있었다면 이 코너를 통해 확실히 다져보길 바랍니다. 이를 학습한 후 본문 학습을 시작한다면 본문에 대한 이해도를 훨씬 더 높일 수 있을 것입니다.

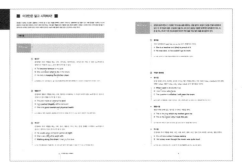

수능 기출 파악 & 어법 유형 파악

수능 기출 문장과 지문을 통해 실전 문제를 풀어봄으로써 수능 어법 유형의 출제 포인트를 파악할 수 있습니다. 어법 유형 파악 코너에서는 해당 어법 포인트를 다양한 예문을 통해 숙지하고, 유형별로 학습할 수 있습니다.

어법 유형 훈련 & 어법 유형 실전

어법 유형 훈련 문장과 단문 단위로 제시된 문제를 풀어봄으로써, 앞에서 학습한 어법 포인트를 제대로 이해했는지 확인해 볼 수 있습니다.

어법 유형 실전 지문의 모든 선택지가 앞서 학습한 어법 포인트로만 구성되어 있어, 해당 어법 포인트를 최종 점검할 수 있습니다.

Testing Point 모아 보기

앞에서 학습한 여러 unit의 어법 포인트로만 선택지를 구성하여, 문제를 풀면서 해당 chapter를 마무리할 수 있는 코너입니다.
지문 옆에 testing point를 정리해놓아, 출제자의 의도를 생각하며 문제를 풀어나가는 연습을 할 수 있습니다.

실전 모의고사

총 10회로 구성된 실전 모의고사를 통해 앞서 학습한 어법 포인트들을 완벽히 이해했는지 최종적으로 확인해 볼 수 있습니다. 내용과 문장 구조의 난이도 면에서 실전에 가까운 지문들로 구성되어 있어 수능 어법 실력을 한 단계 더 높일 수 있습니다.

상세하고 정확한 해설

본문에 실린 문장과 단문, 지문에 대한 상세한 구문 분석과 문제 해설 및 해석을 제공해, 혼자서도 완벽히 이해하고 학습할 수 있도록 구성하였습니다.

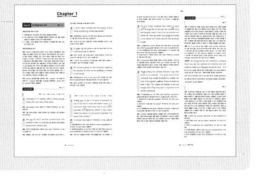

어법 암기장

앞에 부록으로 실린 어법 암기장은 수능 어법 문제에 자주 등장하는 어법 포인트들을 암기장 형식으로 정리한 것입니다. 본문 학습 시 참고 자료로 활용하거나 암기장만 따로 떼어내어 암기해두면, 복잡해 보이던 어법 문제들도 아주 간단하고 쉽게 해결할 수 있을 것입니다.

Contents

Chapter 4 대명사/형용사/부사

Chapter 5 기타 구문

Actual Test 실전 모의고사

● **책속의 책** | 정답 및 해설

● **부록** | 어법 암기장

■ 이것만은 알고 시작하자! ■

문장을 구성하는 요소들이 결합되는 규칙이라 할 수 있는 어법을 완벽히 소화하기 위해서는 선행되어야 할 것들이 있다. 바로 문장을 구성하는 요소와 문장의 구조에 대한 이해이다. 우리가 흔히 이야기하는 구와 절이 역할에 있어 어떻게 다른 것인지 정확히 구분할 수 있어야 하며, 5가지 문장 형식을 기본적으로 숙지하고 있어야 한다. 이것이 바탕이 된다면 수능의 어법 문제가 훨씬 쉽고 간단하게 느껴질 것이다.

구와 절

구 (Phrase) → 두 개 이상의 단어가 모여 하나의 품사 역할을 하는 것으로, 「주어+동사」를 포함하지 않는다. 문장 내에서 수행하는 역할에 따라 명사구, 형용사구, 부사구로 나뉜다.

1 명사구

문장에서 명사 역할을 하는 구로, 주어(S), 목적어(O), 보어(C)로 쓰일 수 있다. to부정사구, 동명사구, 「의문사+to-v」 등이 명사구가 될 수 있다.

A **To become famous** is my goal.
  S
B She wondered **what to do** in the future.
                  O
C His duty is **keeping the kitchen clean**.
                  C

A 유명해지는 것이 나의 목표이다. B 그녀는 미래에 무엇을 해야 할지 생각했다. C 그의 임무는 부엌을 깨끗이 유지하는 것이다.

2 형용사구

문장에서 형용사 역할을 하는 구로, 명사를 수식하거나 그 자신이 보어가 된다. to부정사구, 분사구, 전치사구 등이 형용사구가 될 수 있다.

A The pilot made an attempt **to land**.
B Cars **parked illegally** will be removed.
C She is **in good mental and physical health**.
                              C

A 그 비행사는 착륙 시도를 했다. B 불법으로 주차된 차는 치워질 것이다. C 그녀는 정신적, 육체적인 건강 상태가 좋다.

3 부사구

문장에서 부사 역할을 하는 구로, 동사, 형용사, 부사, 또는 문장 전체를 수식한다. to부정사구, 분사구, 전치사구 등이 부사구가 될 수 있다.

A He usually plays computer games **at night**.
B She's very difficult **to work with**.
C **Walking along the street**, I met my first love.

A 그는 주로 밤에 컴퓨터 게임을 한다. B 그녀는 같이 일하기 매우 힘들다. C 길을 걷다가 나는 내 첫사랑을 만났다.

| 절 (Clause) | → | 문장의 일부이면서 그 자체에 「주어+동사」를 포함하는 것을 말한다. 문장이 「A(절)+연결어+B(절)」와 같이 두 개 이상의 절로 구성되어 있을 때, A와 B가 문법상 대등한 관계이면 등위절이라 하고, A, B 중 어느 하나가 다른 하나에 딸려 있으면 주된 절을 주절, 딸린 절을 종속절이라 한다. |

1 등위절

주로 등위접속사 and, but, or, so, for 등이 연결어로 쓰인다.

A She is a teacher and (she) is proud of it.

B He was sick, so he couldn't go to work.

A 그녀는 교사이고 그것을 자랑스러워한다. B 그는 아파서 출근할 수 없었다.

2 주절과 종속절

● 명사절

문장 내에서 주어, 목적어, 보어로 쓰이는 명사 역할을 한다. 주로 접속사 that, whether[if]와 관계대명사 what, 의문사 who, why, what, which 등이 명사절을 이끈다.

A <u>What I said</u> is absolutely true.
     _S

B I don't know <u>who he is</u>.
               _O

C The question is <u>whether I will pass the exam</u>.
                    _C

A 내가 말한 것은 틀림없이 사실이다. B 나는 그가 누구인지 모른다. C 문제는 내가 시험에 합격할 것인가이다.

● 형용사절

형용사처럼 앞에 있는 명사를 수식하는 역할을 한다.

A This is the ring <u>which my mother gave me</u>.

B This is the reason <u>why I took this job</u>.

A 이것은 우리 어머니가 내게 주신 반지다. B 이것이 내가 이 직업을 택한 이유이다.

● 부사절

문장에서 부사 역할을 하며, 시간, 이유, 목적, 결과, 조건, 양보 등의 의미를 나타내는 절을 말한다.

A We will leave **when it stops raining**.

B I fell asleep **even though the music was quite loud**.

A 우리는 비가 그치면 떠날 것이다. B 음악이 꽤 시끄러웠음에도 불구하고 나는 잠이 들었다.

대부분의 문장은 '~은 …이다, ~가 …하다'와 같이, 주부와 술부로 이루어져 있다. 이러한 문장들은 술어동사의 종류에 따라 5가지 형식으로 분류할 수 있다. 이때, 목적어의 유무에 따라 자동사와 타동사를 구분한다.

1형식 (S+V) → 보어나 목적어 없이 주어와 동사로 이루어진 문장이다. 이때, 동사는 목적어나 보어를 필요로 하지 않는 완전자동사이다.

· **1형식 완전자동사**
be, occur,
take place,
happen, appear,
disappear, stay,
remain 등

*「There+be+S」
there에 '장소'의 의미
는 없이, '존재'를 나타
낼 때 쓰인다.

A Mistakes have occurred from time to time.
　　 S　　　　V
B My earrings have disappeared from my room.
　　 S　　　　　V
C *There is proof of the damage [that cell phones can cause].
　　 유도부사 V　　 S

A 실수는 이따금 발생한다. **B** 내 귀걸이가 내 방에서 사라졌다. **C** 휴대 전화가 일으킬 수 있는 피해의 증거가 있다.

2형식 (S+V+C) → 주어의 성질 및 상태를 설명하는 보어를 필요로 하는 문장이다. 이때, 동사는 불완전자동사로, 의미에 따라 다음과 같이 분류할 수 있다.

상태	be, lie, stand, stay, remain, keep, hold 등
변화	become, come, get, grow, make, turn, fall, go, run 등
외견	seem, look, appear 등
감각	feel, smell, sound, taste 등
입증	prove, turn out 등

A The country has remained free of the deadly disease.
　　 S　　　　V　　　　　C
B Everyone gets very excited on Christmas Eve.
　　 S　　V　　 C　　　　 부사구
C Other cultures may sometimes seem a little strange.
　　 S　　　　　　V　　　　 C
D The milk tastes sour.
　　 S　　 V　 C
E All their attempts have proved to be failures.
　　 S　　　　 V　　　 C

A 그 나라는 그 치명적인 질병이 없는 상태를 유지해 왔다. **B** 크리스마스 이브에는 모두들 매우 신이 난다. **C** 다른 나라의 문화들은 때때로 조금 이상해 보일 수 있다. **D** 그 우유는 신맛이 난다. **E** 그들의 모든 노력은 실패로 판명되었다.

→ 주어와 동사, 그리고 목적어로 이루어진 문장이다. 동사가 단독으로 쓰이는 경우 외에도 두 단어 이상이 결합한 구동사가 하나의 타동사 역할을 할 수 있다.

• **3형식 동사의 목적어**
to부정사, 동명사, 절 등 다양한 형태의 목적어가 올 수 있다.
→**Unit6 p.39 참고**

A We want a large family.
     S   V   O

B I put off visiting my uncle.
   S V   O

C Babies always rely on others for food.
      S   V   O   전치사구

D I can't put up with your behavior any more.
 S   V   O   부사구

E She caught sight of a young man in the next room.
   S   V   O   전치사구

A 우리는 대가족을 원한다. **B** 나는 삼촌을 방문하는 것을 미뤘다. **C** 아기들은 먹을 것을 위해 다른 사람에게 항상 의존한다. **D** 나는 더는 너의 행동을 참을 수 없다. **E** 그녀는 옆방에 있는 젊은 남자를 얼핏 보았다.

Don't get confused!

● **타동사로 착각하기 쉬운 자동사** → 필요한 전치사를 빠뜨리지 않도록 주의한다!

account for ~을 설명하다   operate on ~을 수술하다   interfere with ~을 방해하다
graduate from ~을 졸업하다   complain of/about ~을 불평하다   object to ~을 반대하다
laugh at ~을 비웃다   look at ~을 보다   look into ~을 조사하다
bring about ~을 일으키다   hope for ~을 바라다   subscribe to ~을 정기 구독하다

● **자동사로 착각하기 쉬운 타동사** → 불필요한 전치사를 삽입하지 않도록 주의한다!

reach at ~에 이르다[도달하다]   marry with ~와 결혼하다   leave from ~을 떠나다
attend at ~에 참석[출석]하다   discuss about ~을 논의하다   enter into ~에 들어가다
resemble with ~을 닮다   survive in ~에서 살아남다   greet to ~에게 인사하다
mention about ~을 언급하다   answer to ~에 대답하다   await for ~을 기다리다

→ **Self-Check**   다음 각 네모 안에서 어법에 맞는 표현을 고르시오.

1 What you can do to stay [healthy / healthily] is relax, sleep, and eat well.

2 Clare [resembles / resembles with] her mother who died 20 years ago.

3 Moments that seem [insignificantly / insignificant] can prepare us for more important moments.

|정답| **1** healthy   **2** resembles   **3** insignificant

4형식 (S+V+IO+DO)	→	동사와 2개의 목적어(간접목적어와 직접목적어)로 이루어진 문장이다. 일반적으로 간접목적어(IO)는 '~에게'로, 직접목적어(DO)는 '~을[를]'로 해석한다. 4형식 동사로는 give, tell, teach, show, lend, buy, make, ask 등이 있다.

A We must teach young students the importance of exercise.
　　　S　　 　V　　　　 IO　　　　　　　　　DO

B The teacher asked me why I was late for school.
　　　 S　　　　 V　 IO　　　　DO

A 우리는 어린 학생들에게 운동의 중요성을 가르쳐야만 한다. B 선생님께서 내게 학교에 왜 지각했는지를 물어보셨다.

Don't get confused!

4형식으로 착각하기 쉬운 3형식 동사들 → 우리말로 '~에게 …을(를) V하다'로 해석되어 4형식으로 혼동하여 쓰기 쉬운 동사들이 있다. 이 경우, 반드시 전치사구를 이용하여 3형식으로 써야 한다.

「S+V+O(사람)+of 명사」의 형태로 쓰는 동사

inform 알리다	remind 상기시키다	warn 경고하다
rid/clear 제거하다	rob/deprive 빼앗다	cure 치료하다

「S+V+O+to 사람」의 형태로 쓰는 동사

say 말하다	introduce 소개하다	suggest/propose 제안하다
explain 설명하다	announce 알리다	describe 묘사하다, 설명하다

5형식 (S+V+O+OC)	→	목적어와 함께 이 목적어의 성질 또는 상태를 설명하는 보어를 필요로 하는 문장이다.

· 5형식 동사의 목적격보어

명사, 형용사, to부정사, 분사, 동사원형 등 다양한 형태가 올 수 있다.

→Unit8 p.47 참고

→Unit16 p.87 참고

A My aunt calls the dog "baby."
　　　S　　 V　　 O　　 OC(명사)

B Computers have made the world more convenient.
　　　　S　　　 V　　　　 O　　　 OC(형용사)

C You must persuade him to eat more fruit and vegetables.
　　　S　　　 V　　　 O　　　 OC(to부정사)

D Sean saw his girlfriend crossing the road.
　　　 S　 V　　 O　　　 OC(현재분사)

E My parents always let me do whatever I want.
　　　　S　　　　 V　　 O　　 OC(동사원형)

A 나의 이모는 그 강아지를 '아가'라고 부른다. B 컴퓨터가 세상을 더욱 편리하게 만들었다. C 당신은 그가 더 많은 과일과 야채를 먹도록 설득해야만 한다. D Sean은 자신의 여자친구가 길을 건너고 있는 것을 보았다. E 나의 부모님은 항상 내가 원하는 무엇이든지 하도록 내버려두신다.

자동사와 타동사가 전혀 다른 뜻을 가졌지만 형태가 비슷하여 쓰임에 혼동을 주는 동사들이 있다.
이러한 동사들은 그 형태와 뜻을 정확히 암기해 혼동하지 않도록 한다.

현재형	과거형	과거분사	의미
lie	lay	lain	자 눕다, 놓여 있다
lay	laid	laid	타 ~을 놓다, 눕히다
lie	lied	lied	자 거짓말하다
raise	raised	raised	타 ~을 올리다, 기르다
rise	rose	risen	자 오르다, (해·달이) 뜨다
arise	arose	arisen	자 발생하다, (일이) 생기다
set	set	set	타 ~을 두다, 배치하다
sit	sat	sat	자 앉다
seat	seated	seated	타 앉히다
find	found	found	타 발견하다
found	founded	founded	타 설립하다, 기초를 세우다
hang	hung	hung	타 ~을 걸다, 매달다
hang	hanged	hanged	타 교수형에 처하다
sow	sowed	sown	타 (씨를) 뿌리다
sew	sewed	sewn	타 꿰매다, 바느질하다
saw	sawed	sawn/sawed	타 톱질하다

→ **Self-Check** **다음 각 네모 안에서 어법에 맞는 표현을 고르시오.**

1 We need to listen to what others say us / to us in response to our message.

2 The key to long engine life lies / lays in the frequent changing of engine oil.

3 Since we were young, our mother has made sure we do our part by keeping our house neat / neatly.

4 Questions have been risen / raised about whether capital punishment should be abolished or not.

|정답| **1** to us **2** lies **3** neat **4** raised

→

"People are always blaming their circumstances for
what they are. I don't believe in circumstances.
The people who get on in this world are the people
who get up and look for the circumstances they want,
and if they can't find them, make them."

George Bernard Shaw

Chapter 1

동사

→

Unit 01 주어와 동사의 수 일치

주어와 동사의 수 일치 문제는 크게 두 가지 유형으로 나눌 수 있다. 주어 뒤에 수식어구가 길게 이어진 경우와, 도치되거나 상관접속사 등이 포함된 경우이다. 두 경우 모두 문장 구조에 유의하여 주어를 찾고 그에 동사의 수를 일치시키는 것이 중요하다.

기출 문장으로 Warm Up! 다음 각 네모 안에서 어법에 맞는 표현을 고르시오.

1. The extrinsic reward that matters most to the scientists │ is / are │ the recognition of their peers.

2. To exclude those from voting who are already socially isolated │ destroy / destroys │ our democracy, as it creates a caste system.

3. There is a deep cavern on the island containing the bones of Indians who, it is supposed, │ was / were │ buried there.

Self-Check
정답 확인

1. 수식어구에 현혹되지 않고 문장의 주어를 찾아 그에 동사의 수를 일치시킨다.
2. 명사구 또는 명사절이 주어로 쓰이는 경우에는 항상 단수 취급한다.
3. 주격 관계대명사절 내의 동사는 선행사에 수를 일치시킨다.

│정답│ 1. is 2. destroys 3. were

기출 문제 통으로 보기! 다음 글의 밑줄 친 부분 중, 어법상 틀린 것은? [모의평가]

While digital production on tape has grown quickly and steadily, there are some notable holdouts in areas of production ①in which film is still largely preferred for image capture. Put simply, the picture on film still always looks better and more nuanced visually. Once ②captured on celluloid with the film look, such footage must then be transferred to a digital tape format for editing. High-end commercials for many products promoted across the nation, for example, still ③are often shot on film. Here the preference for the film look in glossy national advertising campaigns ④prevailing. Nonetheless, television producers have widely accepted that it is the use of camera lenses ⑤that more fully determines the "look" of any picture than whether it is recorded digitally or on celluloid.

│출제 의도 파악 Testing Point│

① areas of production을 선행사로 하는 관계대명사절로, 「전치사+관계대명사」 뒤에 완전한 절이 이어진다.

② 분사구문의 의미상 주어인 such footage와 분사가 수동 관계이므로 과거분사가 쓰였다.

③ 문장의 주어로 쓰인 high-end commercials가 복수이므로 복수 동사를 쓴다.

④ 주어인 the preference의 동사가 없으므로, 문장 전체의 동사로 prevails가 와야 한다.

⑤ 「it is ~ that」 강조 구문으로, the use of camera lenses를 강조하고 있다.

│정답│ ④ (prevailing → prevails)

1 주어와 동사 사이에 수식어구가 있는 경우

주어 뒤에 전치사구, 부정사구, 분사구, 관계사절 등의 수식어구가 오는 경우, 수식어구를 제외한 핵심 주어를 찾아 이에 동사의 수를 일치시킨다.

A The goal [of studying genes] is to find better ways to prevent disease.
　　　S　　　전치사구　　V

B Students [suffering from depression] often experience social difficulties.
　　S　　　현재분사구　　　　　　　V

C The one thing [that all sounds share] is that they are produced by vibration.
　　　S　　　관계대명사절　　V

A 유전자를 연구하는 목적은 질병을 예방할 수 있는 더 나은 방법을 찾는 것이다. **B** 우울증을 겪는 학생들은 종종 사회적 어려움을 겪는다. **C** 모든 소리가 공통적으로 지니는 한 가지 특성은 그것이 진동에 의해 생긴다는 점이다.

2 구 또는 절이 주어로 오는 경우

하나의 구나 절이 주어일 경우 항상 단수 동사를 쓴다.

A Using a smartphone for a long time causes eye fatigue.
　　　S (동명사구)　　V

B To admit one's mistake and offer an apology is not easy.
　　　S (to부정사구)　　V

C What makes humans superior to other animals is the ability to think.
　　　S (what절)　　V

A 스마트폰을 장시간 사용하는 것은 눈의 피로를 초래한다. **B** 자신의 실수를 인정하고 사과하는 것은 쉽지 않다. **C** 인간을 다른 동물들보다 우월하게 만드는 것은 생각하는 능력이다.

3 기타 주의해야 할 수 일치

A Never does the author appear to be looking for a brilliant expression.
　　부정어　V　S
So impressed are visitors by the park's various events that they delight in returning every year.
보어　V　S

B *Either* you *or* someone else has already registered using the same username.
　　　S　　V

C *Some of* the workers have not been paid for three months.
　　　S　V
About 70 percent of the earth's surface is covered in water.
　　　S　V

D The person [who gives the correct answers] will be rewarded.
　　S 선행사　V'　　V

A 부정어나 보어가 문두에 나오면 도치된 주어와 동사를 찾아 수를 일치시킨다.

B 주어에 상관접속사가 쓰인 경우 B에 동사의 수를 일치시킨다.
→**Unit11 p.63 참고**

C 부분표현(all, most, some, half, part, the rest, the majority, percent, 분수+of) 뒤에 나오는 명사에 동사의 수를 일치시킨다.

D 주격 관계대명사절 내의 동사는 선행사에 수를 일치시킨다.

A 그 작가는 결코 뛰어난 표현을 찾으려고 하는 것 같지 않다. / 방문객들은 그 공원의 다양한 행사에 대단히 감명 받아 매년 다시 찾는다. **B** 당신 또는 다른 누군가가 이미 동일한 사용자명을 사용하여 등록했다. **C** 일부 근로자들은 석 달 동안 임금을 받지 못했다. / 지구 표면의 약 70퍼센트는 물로 덮여 있다. **D** 정확한 답변을 하는 사람이 상을 받을 것이다.

A

각 네모 안에서 어법에 맞는 표현을 고르시오.

fluid 수분, 마실 것; 유동체
heat stroke 열사병
layperson 비전문가
food stamp 식료품 할인
구매권
eager 열망하는
job posting 일자리 공시

1. Exercising in hot weather without drinking enough fluids is / are the main cause of heat stroke.

2. The way in which animals communicate with members of their own species has / have always fascinated laypeople and scientists alike.

3. A recent report revealed that the majority of food stamp recipients is / are working-age people.

4. So eager was / were the runner to win the race that his rival could hardly keep up with him.

5. Not only job postings but also information regarding the company to which you are applying is / are available on the Internet.

B

다음 글의 밑줄 친 부분 중 어법상 틀린 것을 찾아 바르게 고치시오.

dire 대단히 심각한
estimate 추산[추정]하다
physician 의사; 내과 의사
access 접속하다, 접근하다
revenue 수익, 수입
awe 경외하게 하다; ~을 압
도하다
splendor 훌륭함, 화려함;
광채
courtyard 안마당, 안뜰
illuminate 비추다, 밝게
하다
interplay 상호작용

1. Finding ways to get rid of worms in humans ①are one of the world's most dire health issues. It is estimated that more than half of the human population ②is affected by worms. In many cases, neither the person nor the person's physician ③is aware of the condition.

2. Not only ①do Facebook have millions of users who ②access the site through their phones, but it also receives nearly a third of its ad revenue from mobile use. There ③are clearly more people connecting to the Internet from mobile devices than previously thought.

3. People visiting the Gardner Museum ①are often awed by its splendor. The areas around the courtyard ②are usually illuminated by sunlight, but most of the Gardner's galleries ③has unusually low levels of light. This creates the interplay of light and shadow that ④has long been a signature of the Gardner experience.

1

Time Limit 1분45초

(A), (B), (C)의 각 네모 안에서 어법에 맞는 표현으로 가장 적절한 것은?

The way surveys are conducted is changing these days, as new methods of collecting data and producing statistics are developed around the world. This is primarily due to the fact that mobile networks, as well as Internet connectivity, (A) [is / are] being rapidly expanded. This, in turn, has increased mobile phone use around the world. Globally, the number of cell phone users (B) [seems / seem] to be growing without end. In fact, in some nations, cell phones can be found in more than 90% of households. Because of this, phone surveys and text message surveys have revolutionized the science of collecting information. Never (C) [has / have] there been faster and cheaper ways of collecting data.

statistics 통계, 통계 자료
primarily 주로
connectivity 연결(성)

	(A)		(B)		(C)		(A)		(B)		(C)
①	is	······	seems	······	has	②	is	······	seem	······	have
③	are	······	seems	······	has	④	are	······	seem	······	have
⑤	are	······	seems	······	have						

2

Time Limit 2분00초

다음 글의 밑줄 친 부분 중, 어법상 틀린 것은?

One tax-reform idea that has been gaining a lot of support recently ①is the flat tax system, which would impose the same tax rate on all taxpayers, regardless of their level of income. Opponents of the flat tax say that a progressive tax system, in which a higher rate of taxes is placed on higher-income taxpayers, ②is fairer. Under such a system, there is a greater burden placed on those individuals who can bear it. However, the complex web of tax credits, exemptions, deductions, and loopholes currently available primarily ③benefit high-income taxpayers, who, as a result, ④are able to lower their effective tax rates. Oftentimes, these rates are lower than those of individuals with lower incomes. Because of this, what is presently called a progressive tax system ⑤is in fact something much less equitable.

impose 부과하다
exemption (세금의) 공제, 면제
deduction 공제, 삭감
loophole 구멍, 허점
equitable 공정한; 공평한

Unit 02 시제

시제란 동사가 나타내는 시간으로, 문장 내에 시점을 나타내는 구나 절은 없는지 살펴보고 문맥 안에서 동사의 시제가 올바르게 쓰였는지 확인한다.

기출 문장으로 Warm Up!　다음 각 네모 안에서 어법에 맞는 표현을 고르시오.

1. In the summer of 2001, former U.S. president Jimmy Carter　visited / has visited　Asan, Korea, to participate in a house-building project.

2. All you have to do is boil broccoli in water for three to five minutes, until it　is / will be　tender.

3. Since the 1960s, millions of Americans　are taking up / have taken up　jogging.

> **Self-Check**
> 정답 확인
>
> **1.** 특정 과거 시점을 나타내는 부사구가 있으면 항상 과거시제를 쓴다.
> **2.** 시간이나 조건을 나타내는 부사절에서는 현재시제가 미래시제를 대신한다.
> **3.** 「since+과거 시점」이 쓰여 과거의 특정 시점부터 현재까지 계속되는 일을 나타내는 경우 현재완료를 쓴다.
>
> |정답| **1.** visited　**2.** is　**3.** have taken up

기출 문제 통으로 보기!　다음 글의 밑줄 친 부분 중, 어법상 틀린 것은? [모의평가]

　　It was Mary's thirteenth birthday. It was also her first birthday at her uncle's house. Everyone brought out gifts for Mary: stockings from Elena, a purse from Steve, and a pair of very old silver earrings from Chris, who said she ① had had them since she was a little girl. Uncle Jack gave a lengthy speech about ② how Mary was like a daughter to him and to Aunt Barbara. And then, he handed her an envelope in ③ which was tucked a fifty-dollar bill. Mary was to buy ④ herself some new clothes with Aunt Barbara's help and advice. A miracle! So many presents and so much money all at once made her eyes ⑤ shone. She wanted to kiss everybody.

| 출제 의도 파악 Testing Point |

① who가 이끄는 관계사절 내의 동사 (said)는 과거시제인데, 그것의 목적절은 그 이전부터 계속되어온 일을 말하고 있으므로 과거완료시제가 적절하다.

② '어째서 ~한지'의 의미인 의문사 how가 전치사의 목적어 역할을 하는 간접의문문을 이끈다.

③ an envelope을 선행사로 하는 관계대명사 which가 전치사 in과 함께 장소 부사구를 이루어 관계사절 내의 주어와 동사가 도치되었다.

④ 문장의 주어와 목적어가 가리키는 대상이 동일하므로, 목적어 자리에 재귀대명사 herself가 왔다.

⑤ 사역동사의 목적격보어가 목적어와 능동 관계이면 동사원형이 와야 한다.

|정답| ⑤ (shone → shine)

---

1 항상 과거시제를 쓰는 경우

명백한 과거 시점을 가리키는 부사구[절]가 쓰였거나 역사적 사실을 나타내는 경우, 주절과 상관없이 항상 과거시제를 사용한다.

A *A generation ago*, no one **had** personal computers.

B Korea **suffered** a foreign exchange crisis *in 1997*.

A 한 세대 전에는 개인용 컴퓨터를 보유한 사람이 없었다. **B** 한국은 1997년에 외환 위기를 겪었다.

• **명백한 과거를 나타내는 부사구[절]**
yesterday, 「시간 표현+ago」
when절, on/in+과거 시점/기간
last week/year/time,
once

2 항상 현재시제를 쓰는 경우

과학적 사실이나 불변의 진리는 항상 현재시제로 나타내며, 시간과 조건을 나타내는 부사절에서는 현재시제가 미래시제를 대신한다.

A Isaac Newton proved that any two bodies **have** a tendency to attract each other.

B I'll keep my fingers crossed *until* your operation **is** over.

C The wound will leave a scar *unless* you **apply** some medicine.

A Isaac Newton은 두 물체 사이에 서로 끌어당기는 경향이 있다는 것을 증명했다. **B** 당신의 수술이 끝날 때까지 행운을 빌겠다. **C** 상처에 약을 바르지 않으면 흉터가 남을 것이다.

B C 시간/조건의 부사절을 이끄는 접속사
시간: when, before, after, while, until, as soon as
조건: if, unless, in case, as long as, once(일단 ~하면)
cf. 시간이나 조건을 나타내더라도 명사절인 경우 미래의 일은 미래시제로 나타낸다.
Could you tell me when she *will come* back?

3 완료시제

완료시제는 기준 시점 이전에 일어난 일이 기준 시점까지 영향을 미치는 경우에 사용한다. 현재완료 「have p.p.」는 과거부터 현재까지의 일을, 과거완료 「had p.p.」는 과거 이전부터 과거까지의 일을 나타낸다. 「had p.p.」는 단순히 특정 과거 시점 이전에 일어난 일을 나타내는 대과거로도 쓰일 수 있다.

A *Over the decades*, women **have made** steady progress in the workplace.

B Athletes with disabilities **have competed** in the Olympics *since 1904*.

C Tim **had** never **been** to Europe *before he went to Italy last year*.

A 수십 년에 걸쳐 여성들은 직장에서 꾸준한 발전을 해왔다. **B** 장애인 운동선수들은 1904년부터 올림픽에 참가해왔다. **C** Tim은 작년에 이탈리아에 가기 전까지는 한 번도 유럽에 간 적이 없었다.

A 각 네모 안에서 어법에 맞는 표현을 고르시오.

wavelength 파장
getaway 도주
carbohydrate 탄수화물
phenomenal 놀랄 만한

1. We learned last time that visible light waves consist / consisted of a continuous range of wavelengths.

2. When the police arrived at the crime scene where a number of people had been shot, the suspect has already made / had already made his getaway.

3. Nearly a week has passed / had passed since Abby dropped out of school for financial reasons, but I still can't believe she is no longer our classmate.

4. You will never get fat as long as you stick / will stick to a low-fat, low-calorie, low-carbohydrate diet.

5. Derek Steward, a young novelist, has achieved / achieved phenomenal success early in his career but has never really improved since.

B 다음 글의 밑줄 친 부분 중 어법상 틀린 것을 찾아 바르게 고치시오.

printing press 인쇄기
heading 제목
rehabilitation 갱생
reappear 재발하다
sporadically 산발적으로
fatality 사망자
pandemic 전국[세계]적인
유행병

1. The *Historia*, published less than 40 years after Guttenberg ①invented the printing press, contains about 200 pages of continuous, artfully printed text, yet ②is divided only by chapter headings. Apparently, the concept of paragraphs ③has not yet emerged.

2. In the United States, from 2000 to 2011, 1,672 prisoners who ①were jailed for a week or less ②ended up suffering from mental illness. Prisons cannot be considered suitable places for rehabilitation if this situation ③will continue.

3. Researchers first ①identified Avian influenza A in the 1900s, and since that time the disease ②had reappeared sporadically around the world. Despite the fact that there have been few human fatalities, a pandemic could occur unless it ③is managed effectively.

1

Time Limit 1분45초

(A), (B), (C)의 각 네모 안에서 어법에 맞는 표현으로 가장 적절한 것은?

A few years ago, the man who designed the AK-47 wrote a letter in which he wondered whether he had blood on his hands. Although he claimed his weapon was intended to be used in defense, it is clear that he suffered from pangs of regret. He was not the first inventor to feel this way. Alfred Nobel, the man who (A) created / has created dynamite, later established the Nobel Prizes in the hopes of atoning for the destruction caused by his invention. And the group of scientists that (B) have succeeded / succeeded in developing the first atomic bomb asked the American government not to use it. Like all of these people, once you (C) invent / will invent something, you won't be able to control the use of it.

pang 고통
atone 속죄하다
atomic bomb 원자폭탄

	(A)		(B)		(C)
①	created	......	have succeeded	......	invent
②	created	......	succeeded	......	invent
③	created	......	succeeded	......	will invent
④	has created	......	have succeeded	......	will invent
⑤	has created	......	succeeded	......	will invent

2

Time Limit 2분00초

다음 글의 밑줄 친 부분 중, 어법상 틀린 것은?

Over the past few years, people in the media ①develop a bad habit of confusing the terms weather and climate. But weather trends are not really part of a region's climate. We are all aware of the issue of climate change, but every part of the world ②experiences unusually hot or cold spells from time to time. And the media overreacts. For example, many newspapers suggested that a large snowstorm that ③hit the Atlantic coast in October two years ago was a sign of climate change. And they called it climate change when it snowed in a region where snow ④had rarely been seen. The next time we ⑤witness snow at the end of October, they will probably say the same thing. But variable weather is not the same as climate change.

region 지방, 지역
spell (특정한 날씨가 지속되는) 한동안[잠깐]
overreact 과잉 반응을 보이다
variable 변동이 심한

Unit 03 수동태

주어가 동작의 주체이면 능동태를, 주어가 동작을 당하는 대상이면 수동태를 쓴다. 따라서, 주어와 동사의 관계를 파악하여 동사의 태를 결정해야 한다.

기출 문장으로 Warm Up! **다음 각 네모 안에서 어법에 맞는 표현을 고르시오.**

1. When a concert violinist asked / was asked the secret of her success, she replied, "Planned neglect."

2. We have brought up / been brought up to believe that diverse consumer behavior is what makes life interesting.

3. Unlike a stream, a glacier cannot be seen move / to move .

> **Self-Check**
> 정답 확인
>
> **1.** 주어가 동작의 주체가 아니라 대상인 경우에 수동태를 쓴다.
> **2.** 두 단어 이상이 결합된 구동사는 수동태로 쓰일 때도 한 덩어리로 움직인다.
> **3.** 지각동사·사역동사의 목적격보어로 쓰인 동사원형은 수동태에서 to부정사로 바뀐다.
>
> |정답| **1.** was asked **2.** been brought up **3.** to move

---

기출 문제 통으로 보기! **다음 글의 밑줄 친 부분 중, 어법상 틀린 것은?** [모의평가]

Chocolate can last in a cool, dry place for up to a year. When the temperature in your cupboard ①averages above 75 degrees Fahrenheit, chocolate may quickly develop thin white layers ②caused by the separation of cocoa butter. You can still eat this chocolate, even though it should not be used for decorations, ③as it tends to break easily. Though chocolate may ④be kept in the refrigerator or freezer, it will take on the smells of other foods in time, so taste before using. Also, ⑤making sure to bring chocolate to room temperature before eating, as frozen bits of chocolate always strike me as rather hard and tasteless.

|출제 의도 파악 Testing Point|

① average는 '평균 ~이 되다'를 의미하는 타동사이다.

② caused는 thin white layers를 수식하는 과거분사이다.

③ 이유를 나타내는 접속사 as가 쓰였다.

④ 주어인 chocolate은 냉장고에 보관하는 주체가 아니라 보관되는 대상이므로 수동태를 써야 한다.

⑤ 문장 전체의 동사가 없으므로, 명령문의 형태로 동사 make가 와야 한다.

|정답| ⑤ (making → make)

---

1 수동태의 기본 형태 및 시제

수동태의 기본 형태는 「be p.p.」로 '~당하다, 되어지다'의 의미를 나타내며, be동사를 통해 다양한 시제로 표현할 수 있다.

A Cars **were once considered** to be a luxury that few people could afford.
  과거형「was/were p.p.」
B The new dam **is being built** to create renewable energy.
  진행형「be being p.p.」
C Herbs **have been used** as medicine for centuries.
  완료형「have[has] been p.p.」

A 자동차는 한때 사람들이 거의 살 수 없는 사치품으로 여겨졌다. **B** 재생 가능한 에너지를 만들어 내기 위해 새로운 댐이 건설되고 있다. **C** 허브는 수 세기 동안 약물로 사용되어 왔다.

• **수동태의 기본 형태**
  능동태 S+V+O
  수동태 S+be p.p.(+byO)

• by 이외의 전치사를 쓰는 수동태
  be tired of (~에 싫증나다)
  be amazed at (~에 놀라다)
  be exposed to (~에 노출되다)
  → **암기장** p.02 참고

2 구동사의 수동태

동사가 전치사 또는 부사와 결합하여 타동사의 역할을 하는 구동사는 수동태로 쓰일 때에도 한 덩어리로 움직인다.

A I **was taken care of** by my grandparents for most of my childhood.
B Don't fool yourself that important things **can be put off** till tomorrow.
C Nelson Mandela **was looked up to** for his efforts to build peace for the people of South Africa.

A 나는 어린 시절의 대부분 동안 조부모님께 보살핌을 받았다. **B** 중요한 일들이 내일로 미뤄질 수 있다고 네 자신을 속이지 마라. **C** Nelson Mandela는 남아프리카 공화국 국민을 위해 평화를 일구고자 한 노력으로 존경받았다.

3 5형식 문장의 수동태

5형식 문장이 수동태로 바뀔 때, 목적격보어는 동사 뒤에 그대로 온다. 단, 지각동사·사역동사가 수동태로 바뀌는 경우, 목적격보어로 쓰인 동사원형은 to부정사로 바뀐다.

A The ceremony **was made successful** by the generosity of the donors.
B The volunteers **are encouraged to take part in** community activities.
C The woman **was heard to complain** about the service.
  지각동사
D The students **were made to attend** the career guidance camp.
  사역동사

C D 지각동사·사역동사
→**Unit8** p.47 참고

A 그 예식은 그 기부자들의 관대함 덕분에 성공적이었다. **B** 자원봉사자들이 지역사회 활동에 참여하도록 장려된다. **C** 그 여자가 서비스에 대해 불평하는 것이 들렸다. **D** 그 학생들은 진로 지도 캠프에 참석해야 했다.

어법 더하기 **수동태로 쓸 수 없는 동사**   → **암기장** p.03 참고

• 자동사: appear (나타나다), happen/occur/take place (발생하다), consist of (~로 이루어지다) 등
• 일부 타동사: have (가지다), lack (부족하다), resemble (~와 닮다), suit/fit (~와 어울리다), belong to (~에 속하다) 등

A 각 네모 안에서 어법에 맞는 표현을 고르시오.

newborn 신생아
gender stereotype 성
(性) 고정관념
thorn bush 가시덤불

1. Newborns have tiny stomachs and should [be fed / feed] small amounts of food frequently.

2. Before oranges were introduced to the English-speaking world, the color [referred to / was referred to] as "yellow-red."

3. The media is seen [play / to play] a role in strengthening negative gender stereotypes.

4. After my skin [was exposed by / was exposed to] the sun for a long time, it finally began to tan.

5. The desert's plant life [consists of / is consisted of] grasses and thorn bushes rather than trees.

B   다음 글의 밑줄 친 부분 중 어법상 틀린 것을 찾아 바르게 고치시오.

mandatory 의무의, 필수의
payment 보수, 보상; 지불
tropical 열대 지방의
vast 광대한; 막대한

1. Children ①are often frightened of many things. But kids whose reactions ②are laughed or ignored may ③grow up without being able to express their feelings properly. Therefore, parents should ④be trained to deal with their children's fears correctly.

2. A woman ①was enrolled in a college program that included a mandatory internship. As an intern, she ②was often made work all day without a break. Even worse, she did not receive payments until weeks after her work ③was completed, and sometimes she ④was not paid at all.

3. Agriculture in tropical regions ①is being developed, but, at the same time, the rainforest ②is destroying. Many of the fruits and grains we buy from tropical countries ③have been grown in areas where rainforests once ④ thrived. Sadly, the trees ⑤have been cut down to make way for vast plantations.

Time Limit 1분45초

(A), (B), (C)의 각 네모 안에서 어법에 맞는 표현으로 가장 적절한 것은?

Instant runoff voting is used to elect a single candidate out of a field of three or more. Rather than selecting one individual, however, voters rank the candidates by order of preference. The ballots are then counted based on each voter's first choice. Whichever candidate receives the fewest votes (A) leaves out / is left out of the next round, unless another candidate wins more than half of the ballots. In the event that one does, he or she is named the winner. If not, the ballots are recounted based on each voter's highest-ranked candidate who (B) has not eliminated / has not been eliminated . In other words, each ballot is considered in every round of the election – it is simply applied to the highest-ranked candidate who (C) remains / is remained in the race. This continues until one candidate obtains more than half the votes.

candidate 후보자, 지원자
ballot (무기명) 투표; 투표 총수
eliminate 제거하다, 탈락시키다

	(A)		(B)		(C)
①	leaves out	······	has not eliminated	······	remains
②	leaves out	······	has not eliminated	······	is remained
③	leaves out	······	has not been eliminated	······	is remained
④	is left out	······	has not been eliminated	······	remains
⑤	is left out	······	has not been eliminated	······	is remained

Time Limit 2분00초

다음 글의 밑줄 친 부분 중, 어법상 틀린 것은?

The relationship between heroes and villains ①is sometimes seen to be distant. However, from an author's point of view, they are closely linked. Usually, either the hero ②is being specifically targeted by the villain, or the villain is doing something evil that the hero wants to put an end to. These two types of characters ③are appeared to have similar personalities – they are leaders, not followers, and they are usually highly intelligent and determined. What's more, in writer's jargon, both heroes and villains ④are referred to as being either hot or cold. In other words, they can ⑤be divided into two basic categories. Hot heroes are passionate and emotional, while hot villains are violent and unpredictable. On the other hand, a character who would be categorized as a cold hero is usually calm and solitary, while cold villains are cruel and deceitful.

determined 단호한
jargon (특정 분야의) 전문 용어
solitary 고독한; 혼자 있기를 좋아하는
deceitful 부정직한

Unit 04 가정법

가정법은 현재 또는 과거의 사실과 반대되는 일을 가정·상상하거나, 현재 또는 미래의 실현 가능성이 희박한 일을 가정·소망할 때 사용한다. 이때, 겉으로 드러난 시제와 실제 가리키는 때가 다르므로, 가정법의 기본 형태와 그 의미를 정확하게 알아 두어야 한다.

기출 문장으로 Warm Up!　　다음 각 네모 안에서 어법에 맞는 표현을 고르시오.

1. Imagine what would happen if a song | is / was | made up of only notes, and no rests.

2. Nuttall was never a part of the university's faculty, and indeed there is no indication that she would have accepted such a position | it had been offered / had it been offered |.

3. She had an accent that made her sound as if she | have just learned / had just learned | how to speak.

Self-Check
정답 확인
　1. 가정법 과거는 현재 사실과 반대되는 내용을 가정한다.
　2. 가정법에서 if가 생략되면 주어와 동사가 도치된다.
　3. 「as if+가정법」에서 가정법 절이 주절보다 이전의 일을 언급할 때는 가정법 과거완료를 쓴다.
　　　　　　　　　　|정답| 1. was　2. had it been offered　3. had just learned

---

기출 문제 통으로 보기!　　(A), (B), (C)의 각 네모 안에서 어법에 맞는 표현으로 가장 적절한 것은? [모의평가]

　　After two hours surfing, Clauss was taking off his wet suit when a boy ran up, pointing to water. "Two kids are in trouble," he said. Clauss saw a pair of swimmers splashing and waving their arms. (A) | Grabbing / Grabbed | his board, he ran into the waves. As he paddled furiously, Clauss managed to reach one of the two and pick him up on his surfboard. He dived into the chilly water seven times, looking for (B) | the other / another | boy but had no luck. A policeman, who was on the beach, said that if Clauss (C) | haven't / hadn't | reacted so quickly and decisively, there would have been two drownings instead of one.

	(A)	(B)	(C)
①	Grabbing	⋯⋯ the other	⋯⋯ haven't
②	Grabbing	⋯⋯ another	⋯⋯ haven't
③	Grabbing	⋯⋯ the other	⋯⋯ hadn't
④	Grabbed	⋯⋯ another	⋯⋯ hadn't
⑤	Grabbed	⋯⋯ the other	⋯⋯ hadn't

출제 의도 파악 Testing Point

(A) 동시동작을 나타내는 분사구문으로, 의미상 주어인 he와 grab의 관계가 능동이므로 현재분사인 Grabbing이 와야 한다.

(B) 문맥상 두 소년 중에서 한 명을 구해 낸 후 나머지 한 소년을 찾는다는 내용이므로, '(둘 중) 다른 한 ~'을 의미하는 부정형용사 the other가 와야 한다. another는 언급되지 않은 또 하나의 다른 것(사람)을 가리킬 때 사용된다.

(C) 과거 사실에 반대되는 내용을 가정하고 있으므로 가정법 과거완료를 써야 한다. 가정법 과거완료는 「If+S+had p.p. ~, S+조동사의 과거형+have p.p. ...」의 형태를 취하므로, hadn't가 적절하다.

|정답| ③

1 가정법의 기본 형태

가정법 과거는 현재 사실의 반대를, 가정법 과거완료는 과거 사실의 반대를 가정한다. 과거 사건이 현재에 영향을 미칠 경우 가정법 과거와 가정법 과거완료를 혼합해 사용하기도 한다.

A If I **were** president, I **would change** the things that I thought were wrong.

B If Tom **had not smelled** the smoke, there **could have been** a big fire.

C If clocks **had been invented** in the Southern Hemisphere, then "clockwise" **would have** the opposite meaning.

A 가정법 과거: 「If+S+동사의 과거형 ~, S+조동사의 과거형+동사원형 ...」 '만약 ~라면 ...일 텐데'
B 가정법 과거완료: 「If+S+had p.p. ~, S+조동사의 과거형+have p.p. ...」 '만약 ~했다면 ...했을 텐데'
C 혼합 가정법: 「If+S+had p.p. ~, S+조동사의 과거형+동사원형 ...」 '(과거에) 만약 ~했다면 (지금) ...할 텐데'

A 만약 내가 대통령이라면, 나는 잘못되었다고 생각한 것들을 바꿀 것이다. **B** 만약 Tom이 연기 냄새를 맡지 않았더라면, 큰 화재가 났을 수도 있다. **C** 만약 시계가 남반구에서 발명되었더라면, '시계방향'은 정반대의 의미를 가질 것이다.

2 if를 사용하지 않는 가정법

가정법에서 if를 생략하고 주어와 동사를 도치해 쓰는 경우가 있다. 또한, if절 대신에 with, without 등을 활용한 부사구나 분사구문을 이용해 가정법을 표현할 수 있다.

A **Were it not for** music and the arts, everyday life **would be** boring.
= If it were not for music and the arts

B **Had they paid** closer attention, they **could have avoided** the tragedy.
= If they had paid closer attention

C **With** your support, I **could continue** my studies at Stanford.
= If I had your support

D I missed your note; **otherwise**, I **would have replied** instantly.
= If I had not missed your note

D otherwise는 앞 절을 반대로 가정할 때 쓰인다.
• 「S+V(현재), otherwise+가정법 과거」 '그렇지 않다면, ~할 텐데'
• 「S+V(과거), otherwise+가정법 과거완료」 '그렇지 않았다면, ~했을 텐데'

A 음악과 예술이 없다면, 일상은 지루할 것이다. **B** 그들이 좀 더 주의를 기울였다면, 그들은 그 비극을 피할 수 있었을 텐데. **C** 당신이 지원해 준다면, 나는 Stanford에서 계속 공부할 수 있을 텐데. **D** 나는 너의 쪽지를 보지 못했다. 그렇지 않았다면 나는 바로 답장했을 것이다.

3 I wish 가정법과 as if[though] 가정법

가정법 절이 주절과 같은 시점의 일을 이야기할 경우에는 가정법 과거를, 주절보다 이전의 일을 언급할 때는 가정법 과거완료를 사용한다.

A I wish I **knew** enough about computers to create my own website.

B I wish I **had been given** advice on how to deal with conflict.

C I am now trying to enjoy each day **as if** it **were** my last.

D He felt **as if** he **hadn't slept** at all, even though he had just woken up.

A 「I wish+가정법 과거」 '~하면 좋을 텐데'
B 「I wish+가정법 과거완료」 '~했으면 좋을 텐데'
C 「as if[though]+가정법 과거」 '마치 ~인 것처럼'
D 「as if[though]+가정법 과거완료」 '마치 ~였던 것처럼'

A 내가 내 자신의 웹사이트를 만들 만큼 컴퓨터를 충분히 알면 좋을 텐데. **B** 갈등을 다루는 방법에 대해 조언을 받았었더라면 좋을 텐데. **C** 나는 요즘 하루하루를 그날이 마치 나의 마지막 날인 것처럼 즐기려 하고 있다. **D** 그는 잠에서 막 깨어났지만, 마치 한숨도 못 잔 것처럼 느꼈다.

A

각 네모 안에서 어법에 맞는 표현을 고르시오.

organism 생물; 유기체
take the brunt of ~의 타격을 가장 많이 받다
checkup 건강검진
widespread 널리 퍼진, 광범위한

1. If organisms were / had been all the same, none would be better suited for survival than any other, and natural selection could not occur.

2. Had Napoleon won at Waterloo and taken more victories, Europe might be united / might have been united at that time.

3. There are a few things I wish I knew / had known when I was graduating from high school and starting my adult life.

4. My shoulder took the brunt of the damage, but things could be / could have been a lot worse without the helmet I always wear.

5. If my cancer had not been found during my annual checkup, I would be / would have been in the hospital with widespread cancer today.

B

다음 글의 밑줄 친 부분 중 어법상 틀린 것을 찾아 바르게 고치시오.

dedicated 헌신적인
cornerstone 초석; 토대
defeat 패배시키다[이기다]
march 행군하다

1. Chris decided to take a bus to his hometown because the tickets were on sale. Otherwise, he ①would have flown home. But now he is stuck in traffic, feeling as if he ②had been trapped in a cage. Were it not for the traffic, he ③would be with his family right now.

2. I wish I ①had known about your tutoring program earlier. It was wonderful. I ②wouldn't have had the opportunity to succeed in engineering without the skills I learned in your program. I wouldn't be where I am today if I ③didn't get help from your dedicated tutoring staff.

3. Ancient Greece was the cornerstone of Western civilization. But Western culture as we know it ①wouldn't have existed had the Persians defeated the Greeks. If the Persian army ②had done so, it is highly likely that it ③would have marched forward and Athens ④would have been destroyed.

1

Time Limit 1분45초

(A), (B), (C)의 각 네모 안에서 어법에 맞는 표현으로 가장 적절한 것은?

In a movie, there is a scene in which an astronaut survives after leaving his ship without his spacesuit because of an accident. However, (A) were it / had it been a real accident, the astronaut could have only survived for a very brief period of time. Spacesuits create a pressurized, oxygenated atmosphere in order to allow astronauts to breathe. Without a spacesuit, a human (B) had suffocated / would suffocate from the lack of oxygen and suffer from embolism — the formation of air bubbles in the body's fluids — from the lack of air pressure. A person could probably last about 15 seconds before passing out. In the movie, the astronaut must have exhaled all of the air from his lungs before going out without his spacesuit, because if he hadn't, the vacuum of space (C) would cause / would have caused the oxygen to expand, forcing deadly air bubbles into his heart and brain.

spacesuit 우주복
suffocate 질식(사)하다
embolism (병리) 색전증
exhale 숨을 내쉬다

(A)	(B)	(C)
① were it	had suffocated	would cause
② were it	had suffocated	would have caused
③ had it been	had suffocated	would cause
④ had it been	would suffocate	would cause
⑤ had it been	would suffocate	would have caused

2

Time Limit 2분00초

다음 글의 밑줄 친 부분 중, 어법상 틀린 것은?

A plea bargain is a sort of legal compromise; ① were you to be arrested, your attorney would have the option of attempting to arrange one with the prosecutor. If your attorney were successful, you ② would agree to immediately plead guilty in return for receiving a lighter sentence. If our justice system ③ hadn't have plea bargains, the courts would be overloaded with legal cases. Some people complain that plea bargains aid the guilty, but the reality is they assure that some criminals who ④ would otherwise have been acquitted spend at least some time in jail. It is not a perfect system, but it is an effective one. Without plea bargains, our already overcrowded prison system ⑤ would be forced to deal with even more inmates.

attorney 변호사
prosecutor 검사, 기소자
plead 변론하다, 주장하다
assure 보장하다; 확실하게 하다
acquit 무죄를 선고하다
inmate 수감자, 재소자

Unit 05 조동사

조동사는 본동사와 함께 쓰여 의미를 더해주는 역할을 하므로, 조동사가 갖는 의미를 정확히 아는 것이 중요하다. 수능에는 「조동사+have p.p.」의 의미를 파악하거나, 당위성을 나타내는 that절에서 should를 생략하는 경우 등이 주로 출제된다.

기출 문장으로 Warm Up! 다음 각 네모 안에서 어법에 맞는 표현을 고르시오.

1. I regret paying little attention to my brother. In other words, I should pay / should have paid more attention to him last year.

2. Getting the chain repaired proved difficult, so my mother sent it to me and suggested I seek / sought the help of the goldsmith who had made it.

3. He claimed that he hardly ever slept, but some photographs show that he used to / was used to sleep in laboratories.

Self-Check
정답 확인

1. 「조동사+have p.p.」는 과거 일에 대한 후회나 추측을 나타낸다.
2. 주장·요구·명령·제안을 나타내는 동사 뒤에 당위성을 내포한 that절이 오면 「(should+)동사원형」을 쓴다.
3. 「used to-v」는 '~하곤 했다'를 의미하는 조동사의 관용 표현으로, 「be used to v-ing」(~에 익숙하다)나 「be used to-v」(~하는 데 사용되다)와 혼동하지 않도록 주의한다.

|정답| **1.** should have paid **2.** seek **3.** used to

기출 문제 통으로 보기! 다음 글의 밑줄 친 부분 중, 어법상 틀린 것은? [모의평가]

Archaeologist Mark Aldenderfer set out last year to explore remote cliffside caves in Nepal's Mustang district, aiming to find human remains near an ancient settlement ①high in the Himalayas. Almost at once, he came face to face with ②what he was seeking: Sticking out from the rock, a skull was looking at him right ③as he was looking at it. The skull, dating back perhaps 2,500 years, was among many human bones ④piled inside several burial caves. Aldenderfer and his team hope that DNA analysis will pinpoint the origins of this isolated region's inhabitants, who may ⑤migrate from the Tibetan Plateau or southern points.

| 출제 의도 파악 Testing Point |

① high가 '높은 곳에'를 의미하는 부사로 쓰였다. '매우'를 의미하는 부사 highly와 혼동하지 않도록 한다.

② 선행사를 포함하는 관계대명사 what이 이끄는 절이 전치사 with의 목적어 역할을 한다.

③ '~할 때'의 의미인 접속사 as가 쓰였다.

④ piled는 human bones를 수식하는 과거분사이다.

⑤ 문맥상 과거 사실에 대한 추측을 나타내므로 「조동사(may)+have p.p.」를 써야 한다.

|정답| ⑤ (migrate → have migrated)

1 「조동사+have p.p.」

「조동사+have p.p.」는 과거 일에 대한 추측, 가능성, 또는 후회를 나타낸다.

A They **must have been** educated well to make such a smart choice.

B Diana **could have married** Derek but chose not to.

C Julia **should have thought** twice before quitting her job.

A 그런 현명한 선택을 하다니 그들은 교육을 잘 받았음에 틀림없다. **B** Diana는 Derek과 결혼할 수도 있었지만, 그러지 않기로 결정했다. **C** Julia는 직장을 그만두기 전에 다시 한 번 생각해 보았어야 했다.

「must have p.p.」 '~했음에 틀림없다'
「could have p.p.」 '~할 수 있었는데 (하지 못했다)'
「cannot have p.p.」 '~했을 리가 없다'
「should have p.p.」 '~했어야 했는데 (하지 않았다)'
「may[might] have p.p.」 '~했을지도 모른다'

2 당위성을 나타내는 should

주장·요구·명령·제안 등을 나타내는 동사나 형용사 다음에 오는 that절이 '~해야 한다'는 당위성을 나타낼 경우, that절의 동사는 「(should+)동사원형」을 쓴다.

A Some people **argue** that there **(should) be** a minimum age for getting plastic surgery.

B The doctor **suggested** that she **(should) take** a walk every day.

C It is **important** that everyone **(should) experience** the joy of helping others.

A 어떤 사람들은 성형수술을 받는 데 나이 제한이 있어야 한다고 주장한다. **B** 그 의사는 그녀가 매일 산책을 해야 한다고 제안했다. **C** 모든 사람이 타인을 돕는 기쁨을 경험하는 것은 중요하다.

A B 당위성을 나타내는 동사
주장: insist, maintain
요구: ask, require, demand
명령: order, command
제안: suggest, advise

C 당위성을 나타내는 형용사
necessary, important, essential, desirable 등

cf. that절의 내용이 단순 사실을 나타내면, 동사는 인칭과 시제에 맞추어 쓴다.
The suspect *insisted* that he *was* home when the crime occurred.

3 조동사의 관용 표현

A I **would rather** live a long, average life **than** live a great but short one.

B Native Americans **used to** send messages by playing drums.

C I **cannot help laughing** when I reflect on those days in school.

D As there are a lot of points to consider, you **may well** get confused.

A 나는 위대하지만 짧은 삶을 사느니 차라리 길고 평범한 삶을 살고 싶다. **B** 미국 원주민들은 북을 쳐서 메시지를 전달하곤 했다. **C** 학창 시절을 돌이켜 볼 때면 나는 웃지 않을 수 없다. **D** 고려할 점이 많기 때문에, 당신은 혼란스러울 것이다.

「would rather+동사원형(A)+than+동사원형(B)」 'B하느니 차라리 A하고 싶다'
「used to-v」 (과거에) '~하곤 했다'
「cannot help v-ing」 '~하지 않을 수 없다'
「may well+동사원형」 '~하는 것도 당연하다, 아마 ~할 것이다'
「may as well+동사원형」 '~하는 것이 더 낫다'

A

각 네모 안에서 어법에 맞는 표현을 고르시오.

harshly 가혹하게; 엄하게
investigation 수사, 조사
span (얼마의 기간에) 걸치다

1. My computer must / should have gotten a virus; I can't run any programs.

2. The suspect argued that he be treated / was treated harshly during the police investigation last month.

3. Charlie Chaplin, whose career spanned more than 75 years, might be / might have been born several years earlier than is currently believed.

4. We'll never finish before the deadline, so we may have taken / may as well take a break.

5. My husband may / cannot have been there at that time, as I was having dinner with him in our home.

B

다음 글의 밑줄 친 부분 중 어법상 **틀린** 것을 찾아 바르게 고치시오.

call in sick 전화로 병결을
알리다
infect 감염시키다
evolution 진화
solely 오로지
ancestor 조상; 시조
primary 주된, 주요한

1. When I was ill, my manager allowed me to stay home, but I ①couldn't help thinking that I wouldn't be able to finish the project on time. So, I went to the office. The next week, one of my coworkers called in sick. It occurred to me that I ②may cause her illness. I wondered, "Who else ③could I have infected?"

2. Anyone who has studied the theory of evolution ①may well think that only male birds sing and that they do so solely to attract females. But 71% of female birds sing, too. Both genders of the ancestors of songbirds ②must have reasons to sing, and the preference of females for singing males ③cannot have been the primary reason for the evolution of birds' songs.

3. My son ①used to ask me to pretend we were on an airplane. One day he suggested we ②fly to another planet. Surprised, I asked him if he ③would rather take a spaceship than an airplane. But he insisted we ④went to another planet in an airplane to meet aliens and sing songs with them.

Time Limit 2분00초

(A), (B), (C)의 각 네모 안에서 어법에 맞는 표현으로 가장 적절한 것은?

Farmers who insist on clinging to traditional agriculture techniques may not (A) be / have been able to avoid going down the path of bankruptcy. Many developing countries are modernizing their farming industries at rapid rates, increasing their harvests and lowering their labor costs. As a result, local farmers who produce commodity products won't be able to compete; therefore, it is essential that abandoning the commodity business (B) is / be their number one priority. Unfortunately, many farmers have made bad decisions in the recent past. Instead of further investing in outdated processes and embracing conventional ideas, they (C) would / should have been looking to the future and finding ways to keep pace with the competition. Local commodity farmers facing financial difficulties should therefore be encouraged to seek out new markets before it's too late.

*commodity 1차 상품 (특히 상품 거래소 취급 대상으로 품질이 규격화된 농·광산품)

cling 고집하다; 달라붙다
outdated 시대에 뒤진
embrace 받아들이다
conventional 전통적인

	(A)	(B)	(C)		(A)	(B)	(C)
①	be	is	would	②	have been	is	would
③	be	be	would	④	have been	be	should
⑤	be	be	should				

Time Limit 1분45초

다음 글의 밑줄 친 부분 중, 어법상 틀린 것은?

Most parents ①would rather tell their kids how beautiful they are than criticize them. However, repeatedly complimenting children on their beauty may actually have a negative effect on their confidence. One expert has advised that parents ②be careful about commenting on appearances too often, as this can create the false belief that looks are the most important thing in life. She also suggested that parents ③be wary of talking about their own looks in front of their children, both in positive and negative ways. Parents ④may well think that all praise is good for kids, but children will think that if how they look is what brings them the most praise, then that ⑤must have been the most important thing. Therefore, it is best to positively comment on other attributes instead.

compliment 칭찬하다
wary 경계하는, 조심하는
attribute 속성

1 다음 글의 밑줄 친 부분 중, 어법상 틀린 것은?　　　　**Time Limit** 1분 45초

Testing Point
① 시제 및 태(능동/수동)
② 조동사의 관용 표현
③ 수동태의 기본 형태
④ 가정법 및 조동사
⑤ 시제

In the American city of Detroit, the luxurious Michigan Theater ①is now being used as a place to park cars, making it perhaps the most impressive parking garage in the world. The site actually ②used to contain an old automobile factory, which was torn down in 1926, with $5 million — a massive amount of money for that time — spent to build a theater in its place. Unfortunately, it ③was abandoned in 1976 after the city's economic decline led to the closure of the theater. Demolishing the building ④would destabilize an adjoining structure, so it was converted into a parking garage instead. Ironically, one of the problems faced by the theater before it closed ⑤had been a lack of parking space.

2 다음 글의 밑줄 친 부분 중, 어법상 틀린 것은?　　　　**Time Limit** 2분 15초

Testing Point
① 시제 및 태(능동/수동)
② 주어와 동사의 수 일치
③ 시제
④ 조동사+have p.p.
⑤ 주어와 동사의 수 일치

Scientists have recently discovered that itching, which ①was previously thought to be a mild version of pain, actually uses its own neural pathway. What causes the series of biological responses that results in a feeling of itchiness ②has mostly remained a mystery. However, some molecular geneticists recently reported that they ③had discovered that a gene called NPPB triggers the body's itch response. In their experiment, when mice genetically altered to lack this gene were subjected to situations in which they ④should have felt an itching sensation, they felt nothing. According to the geneticists, identifying the neurons involved in this pathway could help scientists develop drugs to relieve the chronic itching that ⑤accompany psoriasis, eczema and other hard-to-treat skin conditions.

*psoriasis 건선　**eczema 습진

Vocabulary

1 massive 대량의, 대규모의　demolish (건물을) 파괴하다, 부수다　destabilize 불안정하게 하다　adjoining 접해 있는
2 neural 신경의　molecular 분자의　trigger 유발하다　alter 바꾸다　relieve 완화시키다　chronic 만성의

3 다음 글의 밑줄 친 부분 중, 어법상 틀린 것은?

Time Limit 2분00초

Manufacturers are legally responsible for injuries caused by defects in products that ①have been designed and built by them. Unfortunately, companies sometimes blame the consumer, claiming that common sense ②could have prevented the injury. However, many product hazards are hidden; therefore, the only sensible way to prevent injuries from dangerous products ③is through the careful application of high quality design and craftsmanship. Turning a profit is important, but so ④are the safety of consumers. Few companies would choose to make substandard products, and, indeed, most businesses operate within established safety guidelines. However, certain manufacturers seem to be habitual offenders, refusing to follow the proper procedures required to ensure the safety of their customers. In those cases, it's natural that the offenders ⑤should pay a penalty for their actions.

Testing Point

① 시제 및 태(능동/수동)
② 조동사+have p.p.
③ 주어와 동사의 수 일치
④ 주어와 동사의 수 일치
⑤ 당위성을 나타내는 조동사

4 다음 글의 밑줄 친 부분 중, 어법상 틀린 것은?

Time Limit 1분45초

Some people are natural mimics, effortlessly behaving like social chameleons. They blend into any situation by copying the speech and mannerisms of others as if they ①had been born that way. However, anyone can use mimicry to improve their social standing. Researchers have found that those who ②had been mimicked had a better impression of the person who had copied them. Even more interesting was the finding that those who had someone mimic their behavior ③was actually nicer to everyone. The reason this works this way is that people who are copied feel better about themselves. While this good feeling ④is mostly associated with the person who mimicked them, their boost in self-esteem ⑤may well make them more pleasant to people in general.

Testing Point

① as if 가정법
② 시제 및 태(능동/수동)
③ 주어와 동사의 수 일치
④ 수동태
⑤ 조동사의 관용 표현

---

3 defect 결함 hazard 위험 craftsmanship (장인의) 기능 substandard 수준 이하의, 조야한 procedure 절차
4 mimic 모방자, 흉내쟁이; 흉내내다 mannerism 버릇, 특징 mimicry 흉내 social standing 사회적 지위 self-esteem 자존(심); 자부심

→

"People are always blaming their circumstances for
what they are. I don't believe in circumstances.
The people who get on in this world are the people
who get up and look for the circumstances they want,
and if they can't find them, make them."

George Bernard Shaw

Chapter 2

준동사

→

Unit 06 to부정사와 동명사

to부정사와 동명사는 동사에서 비롯하였다는 점에서 공통적이나, 그 역할에 있어 차이가 있다. 동명사는 명사 역할만 하지만 to부정사는 명사, 형용사, 부사 역할을 모두 할 수 있다.

1. More than technical information was needed ⌈getting / to get⌉ a feel for the problem.
2. Intellectual property has played little role in ⌈promoting / to promote⌉ basic science.
3. Both the parents and children often enjoy ⌈going / to go⌉ to the movies or to a ballgame.

Self-Check
정답 확인
1. '~하기 위하여'라는 〈목적〉을 나타낼 경우 to부정사를 사용한다.
2. 전치사의 목적어 자리에는 명사 또는 동명사가 와야 한다.
3. 목적어로 동명사를 취하는 동사와 to부정사를 취하는 동사를 구별해야 한다.

|정답| 1. to get 2. promoting 3. going

Emma was very fond of singing. She had a very good voice, except that some of her high notes tended to sound like a gate which someone had forgotten (A) ⌈oiling / to oil⌉. Emma was very conscious of this weakness and took every opportunity she could find to practice these high notes. As she lived in a small house, (B) ⌈where / which⌉ she could not practice without disturbing the rest of the family, she usually practiced her high notes outside. One afternoon, a car passed her while she was singing some of her highest and most difficult notes. She saw an anxious expression suddenly (C) ⌈come / to come⌉ over the driver's face. He put his brakes on violently, jumped out, and began to examine all his tires carefully.

	(A)		(B)		(C)
①	oiling	·····	where	·····	come
②	oiling	·····	which	·····	to come
③	oiling	·····	where	·····	to come
④	to oil	·····	which	·····	come
⑤	to oil	·····	where	·····	come

▌출제 의도 파악 **Testing Point**▏

(A) 「forget v-ing」는 '(과거에) ~했던 것을 잊다'의 의미이고, 「forget to-v」는 '(미래에) ~할 것을 잊다'의 의미이다. 여기서는 문맥상 누가 문에 '기름칠할 것을' 잊었다는 의미이므로 to부정사를 써야 한다.

(B) a small house를 선행사로 하는 계속적 용법의 관계사로, 뒤에 완전한 절이 이어지고 있으므로 관계부사가 와야 한다. 따라서, 장소를 나타내는 관계부사 where가 적절하다.

(C) 지각동사 see는 동사원형을 목적격보어로 취하므로 come이 옳다.

|정답| ⑤

1 to부정사의 다양한 용법

to부정사는 문장 속에서 명사(주어·목적어·보어), 형용사, 또는 부사 역할을 한다.

A Accumulating wealth appears **to be** his sole goal in life.
명사적 용법 (보어)
B Young students need a mature person **to learn from**.
형용사적 용법
C Some people meditate each morning **to calm** their mind and body.
〈목적〉을 나타내는 부사적 용법

> **A to부정사를 주격보어로 취하는 동사**
> appear, seem, happen, turn out, prove 등
> → 암기장 p.03 참고

A 부를 축적하는 것이 그의 인생에서 유일한 목표인 것 같다. **B** 어린 학생들은 보고 배울 성숙한 인물이 필요하다.
C 어떤 사람들은 그들의 몸과 마음을 진정시키기 위해 매일 아침 명상을 한다.

2 명사 역할을 하는 동명사

A The best part of a wedding is **watching** the bride walk down the aisle.
보어
B Dr. Ride is devoted to **teaching** people how to maintain good health.
전치사 to의 목적어

> **B 「전치사 to+v-ing」가 쓰인 표현**
> look forward to
> object to
> be devoted to   + v-ing
> be used to
> → 암기장 p.03 참고

A 결혼식의 가장 멋진 부분은 신부가 입장하는 것을 보는 것이다. **B** Ride 박사는 사람들에게 좋은 건강상태를 유지하는 방법을 가르치는 데 전념하고 있다.

3 동사의 목적어: to부정사 vs. 동명사

A More and more families are **deciding to educate** their children by themselves.

B If your nose does not **stop bleeding**, you should go to the ER.

C I don't **remember turning** off the gas. I might have **forgotten to turn** it off.

> **A to부정사를 목적어로 취하는 동사**
> **B 동명사를 목적어로 취하는 동사**
> **C to부정사·동명사를 모두 목적어로 취하는 동사**
> → 암기장 p.04 참고

A 점점 더 많은 가정이 그들의 자녀를 스스로 교육하기로 결정한다. **B** 코피가 멈추지 않으면 응급실에 가야 한다.
C 나는 가스를 잠갔는지 기억이 나지 않는다. 아마 내가 가스 잠그는 것을 잊었을지도 모른다.

어법 더하기 **to부정사와 동명사의 관용표현**

to부정사 관용표현	동명사 관용표현
• 「too+형용사/부사+to-v」 '너무 ~해서 …할 수 없다'	• 「on v-ing」 '~하자마자'
• 「be likely to-v」 '~할 것 같다'	• 「be worth v-ing」 '~할 가치가 있다'
• 「be willing[pleased] to-v」 '흔쾌히 ~하다'	• 「feel like v-ing」 '~하고 싶은 생각이 들다'
• 「be eager[anxious] to-v」 '~하고 싶어 하다'	• 「cannot help v-ing」 '~하지 않을 수 없다'
• 「be reluctant to-v」 '~하기를 망설이다'	• 「have difficulty (in) v-ing」 '~하는 데 어려움을 겪다'

각 네모 안에서 어법에 맞는 표현을 고르시오.

verbally 말로, 언어로
acceptance 받아들임,
용인
commitment 헌신; 전념

1. Often, women are more used to ┃describe / describing┃ their feelings verbally than men are.

2. Even internationally known brands cannot expect ┃to gain / gaining┃ consumer acceptance without a developed strategy.

3. The first sign of commitment is when you give up what you enjoy ┃to take / taking┃ care of what you love.

4. My mom suggested ┃to use / using┃ lemon juice to clean inside the refrigerator, which leaves it smelling wonderfully fresh.

5. When testing your baby for allergies, don't forget ┃to give / giving┃ the same food for several days before introducing another one.

다음 글의 밑줄 친 부분 중 어법상 틀린 것을 찾아 바르게 고치시오.

outgoing 나가는, 떠나가는
distracting 마음을 산란케
하는

1. Mary got her start in printing when her brother opened a printing shop. When he had difficulties ①paying off his debts, it was Mary who was required ②managing it. Business problems seemed ③to follow her brother, and each time, Mary was brought in ④to run the shop.

2. Staying at your resort turned out ①to be a great decision! We can't thank you enough for everything you did ②to ensure we enjoyed our stay. Everything was done perfectly, from answering our questions to ③organize our outgoing flight. We look forward to ④coming back soon.

3. When dealing with Alzheimer's patients, avoid ①placing distracting items on the table. Also, when preparing ②to serve food, be sure to check its temperature. Patients aren't always able to sense that something is too hot ③to eat. Patients also commonly forget ④having meals, so if someone prefers breakfast, consider ⑤to serve breakfast more than once a day.

1 Time Limit 1분45초

(A), (B), (C)의 각 네모 안에서 어법에 맞는 표현으로 가장 적절한 것은?

Sherlock Holmes is an amazing character. Imitating him seems impossible, but I decided to give it a try. While visiting the home of an acquaintance, I stopped (A) looking at / to look at a painting on the wall. It was not very good and was unsigned. Pretending to be Holmes, I decided that if my acquaintance thought such an unimpressive painting was worth (B) putting / to put on her wall, she probably had an emotional attachment to it. What's more, the lack of a signature suggested that the painter didn't feel a need to be identified. Based on these clues, I concluded that my acquaintance herself was the painter, and I was correct! I didn't exactly solve a crime, but the opportunity to play detective was too good (C) passing up / to pass up .

acquaintance 지인
attachment 애착
detective 탐정

	(A)		(B)		(C)
①	looking at	·····	putting	·····	passing up
②	to look at	·····	putting	·····	to pass up
③	looking at	·····	putting	·····	to pass up
④	looking at	·····	to put	·····	passing up
⑤	to look at	·····	to put	·····	to pass up

2 Time Limit 1분45초

다음 글의 밑줄 친 부분 중, 어법상 틀린 것은?

Researchers have shown that people have a tendency to avoid ①participating in activists' causes because they don't want to be viewed as a stereotypical activist. In the researchers' study, a group of undergraduates read about either a "typical" feminist, who would take part in rallies, or an "atypical" feminist, who would engage in less contentious activities, like holding social events ②to raise money for feminist causes. Most readers saw the "typical" feminist ③as having undesirable traits such as militancy and eccentricity. Next, all the students read an article about the unfair obstacles that women face. The students who'd read about the "typical" feminist ④tended to form a negative view of the author. What's more, after reading the article, more of these students, compared with those who'd read about the "atypical" feminist, said that they would object ⑤to engage in feminist activism themselves.

undergraduate (대학) 학
부생, 대학생
rally 집회
contentious 논쟁을 불러
일으키는
militancy 투쟁성
eccentricity 비정상, 괴팍
함

Unit 07 분사

분사는 동사와 형용사의 성질을 함께 지니고 있는 것으로, 문장 내에서 형용사처럼 명사를 수식하거나 보어 역할을 한다. 분사에는 능동 또는 진행의 의미를 나타내는 현재분사와 수동 또는 완료의 의미를 나타내는 과거분사 두 가지가 있다.

다음 각 네모 안에서 어법에 맞는 표현을 고르시오.

1. Being born was something done / doing to me, but my own life began when I first made out the meaning of a sentence.

2. My experience with your company has been very rewarding / rewarded .

3. Examine your thoughts, and you will find them wholly to occupy / occupied with the past or the future.

Self-Check
정답 확인

1. 명사를 수식하는 분사는 수식 받는 명사와의 의미상 관계(능동/수동)에 따라 그 형태가 결정된다.
2. 주격보어로 쓰이는 분사는 주어와의 의미상 관계(능동/수동)에 따라 그 형태가 결정된다.
3. 목적격보어로 쓰이는 분사는 목적어와의 의미상 관계(능동/수동)에 따라 그 형태가 결정된다.

|정답| **1.** done **2.** rewarding **3.** occupied

다음 글의 밑줄 친 부분 중, 어법상 틀린 것은? [모의평가]

Given that music appears to enhance physical and mental skills, are there circumstances where music is ① damaging to performance? One domain ② which this is of considerable significance is music's potentially damaging effects on the ability to drive safely. Evidence suggests an association between loud, fast music and reckless driving, but how might music's ability to influence driving in this way ③ be explained? One possibility is that drivers adjust to temporal regularities in music, and ④ that their speed is influenced accordingly. In other words, just as faster music causes people to eat faster, ⑤ so it causes people to drive at faster speeds, as they engage mentally and physically with ongoing repeated structures in the music.

|출제 의도 파악 Testing Point|

① 문맥상 주어인 music과 주격보어인 분사의 관계가 능동이므로 현재분사 damaging이 적절하다.

② one domain을 선행사로 하는 관계사 뒤에 완전한 절이 이어지고 있으므로 in which 또는 where를 써야 한다.

③ 주어인 music's ability가 '설명되는' 것이므로 수동태인 be explained가 적절하다.

④ 두 개의 that절이 등위접속사 and에 의해 연결된 병렬구조이므로, 명사절을 이끄는 접속사 that은 적절하다.

⑤ 「just as ~, so ....」는 '~와 마찬가지로 ...하다'의 의미이다.

|정답| ② (which → in which[where])

1 명사를 수식하는 분사

수식 받는 명사와 분사의 의미상 관계가 능동(~하는/~한)이면 현재분사를, 수동(~된/~당한)이면 과거분사를 쓴다. 보통, 분사가 단독으로 명사를 수식할 때는 명사 앞에서, 다른 어구와 함께 수식할 때는 명사 뒤에서 수식한다.

A Your <u>existing</u> <u>degree</u> will be helpful for your future career as an editor.

B The <u>shortened</u> <u>version</u> of the story was developed for children.

C The <u>monkeys</u> [<u>moving</u> through the trees] were fun to watch.

D <u>Crops</u> [<u>grown</u> in poor soil] lack <u>the nutrients</u> [<u>needed</u> for a healthy diet].

A 당신의 기존 학위가 편집장으로서의 미래 경력에 도움이 될 것이다. **B** 그 이야기의 축약판은 어린이들을 위해 만들어졌다. **C** 나무 사이로 돌아다니는 원숭이들은 구경하기에 재미있었다. **D** 척박한 토양에서 자란 농작물은 건강한 식단에 필요한 영양소들이 결핍되어 있다.

2 주격보어로 쓰이는 분사

주격보어로 쓰이는 분사와 주어의 관계가 능동이면 현재분사를, 수동이면 과거분사를 쓴다.

A During weddings and birthdays, the music is especially **entertaining**.

B The public has become more **interested** in the environment than it was in the past.

C Despite his illness, he kept **going** and remained **focused** on his goal.

A 결혼식과 생일에, 그 음악은 특히 즐거움을 준다. **B** 사람들이 과거에 그랬던 것보다 환경에 점점 더 관심을 갖게 되었다. **C** 병을 앓고 있음에도 불구하고, 그는 계속 견뎌내며 그의 목표에 집중했다.

A B 형용사로 굳어진 분사
surprising (놀라운)
surprised (놀란)
exciting (흥분시키는)
excited (흥분한)
pleasing (기분 좋은)
pleased (기쁜)
→ **암기장** p.05 참고

3 목적격보어로 쓰이는 분사

목적격보어로 쓰이는 분사와 목적어의 관계가 능동이면 현재분사를, 수동이면 과거분사를 쓴다.

A The neighbors caught thieves **trying** to get into my uncle's house.

B David had two boxes of books **delivered** to his house.

C Productive workers find their work **stimulating** and **rewarding**.

A 그 이웃들은 도둑들이 나의 삼촌 집에 들어가려 하는 것을 목격했다. **B** David는 책 두 상자를 자신의 집으로 배달시켰다. **C** 생산성이 높은 노동자들은 자신의 일이 고무적이고 보람 있다고 생각한다.

A

각 네모 안에서 어법에 맞는 표현을 고르시오.

constitution 헌법
beforehand 사전에

1. The city has a beautiful river | run / running | through the middle of it.

2. In Europe, | writing / written | constitutions came into greater use during the 18th century.

3. There's nothing more | annoying / annoyed | than someone who complains about his or her problems.

4. If you cannot attend the meeting and you want it | postponing / postponed |, please let me know beforehand.

5. People are often | amazing / amazed | to learn how much precious metal is lost whenever they throw away their old devices.

B

다음 글의 밑줄 친 부분 중 어법상 틀린 것을 찾아 바르게 고치시오.

traumatic 대단히 충격적인
divorce 이혼; 이혼하다

1. Modern teachers are ①fascinated by digital resources and the benefits they can provide, such as ②individualized pacing and instant feedback. These benefits can encourage students to keep practicing the skills ③teaching to them in class.

2. Last week, a large water pipe burst near Main Street. The ①rushing water flooded the entire area and left mud ②covered several streets. Workers have now completed repairs to the ③broken pipe, but the exact cause of the accident remains ④unknown.

3. Children often display ①challenging behavior. This is ②fitting for the early stages of development. It will often occur for an ③extending period when traumatic events, such as a divorce, occur. Children find these events ④confusing, and they may therefore behave in a ⑤threatening manner.

1

Time Limit 2분15초

(A), (B), (C)의 각 네모 안에서 어법에 맞는 표현으로 가장 적절한 것은?

Shale basins are large, underground deposits of shale rock (A) creating / created from mud and silt compacted over thousands of years. Early in this process, tiny particles of organic matter deposited with the mud are converted into oil and natural gas. Some of the oil and natural gas (B) seeping / seeped out from the shale collects in large deposits. Because these deposits can easily flow through rock pores and into a "conventional" extraction well, they are known as "conventional reservoirs." However, large amounts of oil and gas also remain (C) trapped / trapping inside the shale. Although they are more difficult to remove, there has been success in exploiting these resources through horizontal drilling and a process called "hydraulic fracturing," which breaks apart the shale and collects the natural gas.

*shale 세일, 이판암   **silt 침니(沈泥), 침적토

basin (큰 강의) 유역, 퇴적 분지
extraction 추출
reservoir 저수지, 저장소
exploit 이용하다
hydraulic 수압[유압]의

	(A)	(B)	(C)
①	creating	seeping	trapped
②	creating	seeped	trapping
③	created	seeping	trapped
④	created	seeped	trapping
⑤	created	seeped	trapped

2

Time Limit 2분00초

다음 글의 밑줄 친 부분 중, 어법상 틀린 것은?

Many ideas from science fiction have been realized in recent years. The latest is the 3D food printer. Ingredients ①preparing through cooking and blending are placed in the printer, where they pass through a nozzle and onto a glass plate. It might not sound ②appetizing, but these printers save time and effort. They get the job ③done quickly, often using fresh and natural ingredients to help create healthy meals. Furthermore, the 3D food printers seem ④fascinating in that they can assist restaurant chefs by performing simple, repetitive activities, allowing the chefs to focus on more complex aspects of food preparation. The chef just selects the ⑤desired task, such as shaping pasta dough, and the 3D food printer does the rest.

ingredient 재료, 성분
blending 혼합, 합성
nozzle 노즐, (파이프·호스 등의) 주둥이
repetitive 반복적인
aspect 측면

Unit 08 원형부정사/to부정사/분사

5형식 문장의 목적격보어 자리에는 명사, 형용사 외에 원형부정사, to부정사, 분사 등이 올 수 있다. 동사에 따라 각기 다른 형태의 목적격 보어를 취하므로, 이러한 동사들을 구별하여 알아 두어야 한다.

기출 문장으로 Warm Up! 다음 각 네모 안에서 어법에 맞는 표현을 고르시오.

1. Because individuals can see, or sense, the wave coming / to come toward them, they are ready to react more quickly than they would without such advance notice.

2. Some of the early personal accounts of anthropologists in the field make fieldwork sound / to sound exciting, adventuresome, certainly exotic, and sometimes easy.

3. Meredith suffered from an unusual disease that caused her fall / to fall occasionally.

Self-Check
정답 확인
1. 지각동사는 원형부정사 또는 분사를 목적격보어로 취한다.
2. 사역동사는 원형부정사 또는 과거분사를 목적격보어로 취한다.
3. cause와 같은 특정 동사들은 to부정사를 목적격보어로 취한다.

|정답| **1.** coming **2.** sound **3.** to fall

기출 문제 통으로 보기! (A), (B), (C)의 각 네모 안에서 어법에 맞는 표현으로 가장 적절한 것은? [모의평가]

In a survey published earlier this year, seven out of ten parents said they would never let their children (A) play / to play with toy guns. Yet the average seventh grader spends at least four hours a week playing video games, and about half of those games have violent themes. Clearly, parents make a distinction between violence on a screen and violence (B) acts / acted out with plastic guns. However, psychologists point to decades of research and more than a thousand studies that (C) demonstrating / demonstrate a link between media violence and real aggression.

(A)		(B)		(C)
① play	......	acts	......	demonstrating
② play	......	acts	......	demonstrate
③ play	......	acted	......	demonstrate
④ to play	......	acts	......	demonstrating
⑤ to play	......	acted	......	demonstrate

│출제 의도 파악 Testing Point│

(A) 사역동사 let은 목적격보어로 원형부정사를 취하므로, 원형부정사인 play가 적절하다.

(B) between A and B의 병렬 구조로 and 뒤에 명사구가 나와야 하므로, violence를 수식하는 과거분사 acted가 적절하다.

(C) research와 studies를 선행사로 하는 주격 관계대명사 that절의 동사로 demonstrate가 적절하다.

|정답| ③

1 지각동사의 목적격보어

지각동사의 목적격보어는 목적어와의 관계가 능동일 때는 원형부정사 또는 현재분사를, 수동일 때는 과거분사를 쓴다. 목적격보어로 현재분사를 쓰는 경우 진행 중인 동작에 초점이 맞춰져 있다.

A The crowds hurried to the stadium to <u>watch</u> the athletes <u>parade</u> in.
　　　　　　　　　　　　　　　　　　　　 V　　　　　 O　　　 OC(원형부정사)

B I <u>saw</u> Jessica <u>taking</u> care of the roses in the garden.
　　　 V　　 O　　 OC(현재분사)

C Some people like going to concerts to <u>hear</u> music <u>played</u> live.
　　　　　　　　　　　　　　　　　　　　　　 V　　 O　　 OC(과거분사)

> • **지각동사**
> see, notice, watch, observe, hear, listen to, feel 등

A 관중은 그 선수들이 행진해 들어오는 것을 보기 위해 경기장으로 서둘러 갔다. **B** 나는 Jessica가 정원에서 장미를 손질하고 있는 것을 보았다. **C** 어떤 사람들은 음악이 라이브로 연주되는 것을 들으러 콘서트에 가는 것을 좋아한다.

2 사역동사의 목적격보어

사역동사의 목적격보어는 목적어와의 관계가 능동일 때는 원형부정사를, 수동일 때는 과거분사를 쓴다.

A Sean wouldn't <u>let</u> his physical disabilities <u>stop</u> him from following
　　　　　　　　　　 V　　　　　 O　　　　　　　 OC(원형부정사)
his dream.

B John <u>had</u> his car <u>washed</u> once a month by his nephew.
　　　　　 V　　 O　　 OC(과거분사)

> • **사역동사**
> let, have, make

A Sean은 자신의 신체적 장애가 꿈을 좇는 것을 막도록 내버려 두지 않을 것이다. **B** John은 한 달에 한 번 자신의 차를 조카가 세차하도록 시켰다.

3 to부정사를 목적격보어로 취하는 주요 동사

want, ask, expect, allow, tell 등의 동사는 목적격보어로 to부정사를 쓴다.

A The flight's captain **asked** the passengers **to remain** calm.

B A metaphor **enables** an author **to explain** a difficult concept.

C The residents **want** drivers **to slow** down in their neighborhood.

D I **expected** all my friends **to respond** to my invitation.

> • **to부정사를 목적격보어로 취하는 동사**
> advise, cause, enable, encourage, forbid, force, order, permit, persuade, recommend, require, warn 등
> → **암기장** p.06 참고

A 그 비행기 기장은 승객들에게 침착함을 유지하라고 부탁했다. **B** 비유는 작가로 하여금 어려운 개념을 설명할 수 있게 해 준다. **C** 그 주민들은 운전자들이 동네에서 속도를 줄이기를 바란다. **D** 나는 내 모든 친구들이 내 초대에 응해주기를 기대했다.

어법 더하기 **기타 주의해야 할 동사**

• 「help+O+(to-)v」 '~가 …하는 것을 돕다'
　ex) A charitable organization **helps** people in need **(to) learn** and **(to) grow**.
• 「get+O+to-v/p.p.」 '~가 …하도록[되도록] 시키다'
　ex) Could you please **get** her **to give** me a call back when she comes in?

A 각 네모 안에서 어법에 맞는 표현을 고르시오.

alert 조심하는; 기민한
vendor 행상인[노점상]

1. The local people noticed a foreigner walked / walking around the streets of their town.

2. When the reporters arrived, she refused to have her injuries photograph / photographed.

3. Police warned everyone be / to be alert on the road during the holiday season.

4. You can see a wide variety of fish and listen to the vendors to shout / shout for your attention at the market.

5. Peterson would get the staff members sign / to sign up for the weekly meetings.

B 다음 글의 밑줄 친 부분 중 어법상 틀린 것을 찾아 바르게 고치시오.

induction 귀납법
first aid 응급 처치

1. Listening to others and letting them ①know when they are correct will make them ②feel as though you respect and understand them. This creates a sense of purpose that encourages them ③give an even greater effort toward whatever goal they are working towards.

2. In science, induction is a common process. When we observe an event ①occurring again and again, we expect it ②to be something we can rely on. This allows us ③believing in a universal truth that applies beyond a specific time and circumstance.

3. Yesterday, I saw a girl ①carrying by her mother, who was shouting that the child had stopped breathing. Since I am a doctor, I had the woman ②hold the girl and asked a passing man ③to help me ④give her first aid. Soon, we could hear her ⑤begin to breathe.

1

Time Limit 1분45초

(A), (B), (C)의 각 네모 안에서 어법에 맞는 표현으로 가장 적절한 것은?

For thousands of years, people have been using the constellations to navigate. But it's not just humans that have learned to use the stars to get around. Surprisingly, dung beetles also have celestial navigation (A) figure / figured out. Zoologists in South Africa watched dung beetles (B) rolling / rolled their balls of dung in straight lines on clear nights, but not when it was cloudy. So, in an experiment designed to determine if the beetles were orienting themselves by using stars, the zoologists brought some to the planetarium and projected a starry night sky onto the ceiling. This enabled the beetles (C) to move / moving their dung balls in straight lines. However, when a plain black sky was projected, the beetles were unable to find their way.

constellation 별자리, 성좌
navigate 방향을 찾다; 항해하다
dung beetle 쇠똥구리
celestial 하늘의, 천체의
zoologist 동물학자
planetarium 천체 투영관

	(A)	(B)	(C)
①	figure	rolling	to move
②	figured	rolling	moving
③	figure	rolled	moving
④	figured	rolling	to move
⑤	figure	rolled	to move

2

Time Limit 2분00초

다음 글의 밑줄 친 부분 중, 어법상 틀린 것은?

Due to climate change, the world has witnessed more droughts, heat waves, storm surges and floods ①taking place than in the past. These events can even cause distant countries ②to suffer, due to their dependence on imported foods. When such a disaster strikes a food-producing country, internal demand for food grows, which can lead the country ③to refuse to export food. In fact, climate emergencies have made developing countries ④stop food exports and increase export taxes. For example, in 2011, Russia banned food exports for a time during a damaging heat wave. Imported foods, such as fruit and staple crops, are especially vulnerable, so it would be wise to expect their prices ⑤going up in the coming years.

drought 가뭄
heat wave 폭염, 혹서
storm surge 폭풍해일
staple 주요한; (수요가) 많은
vulnerable 취약한

Unit 09 to부정사/동명사의 태와 시제

동사에서 비롯한 to부정사와 동명사는 동사와 마찬가지로 태와 시제를 고려해야 한다. 이때, 의미상 주어를 고려해 능동인지 수동인지를 따져 보고 문맥에 맞는 올바른 시제를 쓰도록 한다.

기출 문장으로 Warm Up! 다음 각 네모 안에서 어법에 맞는 표현을 고르시오.

1. When the train came to his station, he got up and stood patiently in front of the door, waiting for it opened / to open .

2. Some people forget to take a bath before an interview. Their body odor may end any chance of hiring / being hired .

3. Deseada Island is said to obtain / have obtained its name from Christopher Columbus's desire to see land during his second voyage in 1493.

Self-Check
정답 확인
1. to부정사의 의미상 주어는 보통 to부정사 앞에 「for+목적격」의 형태로 쓴다.
2. 동명사와 의미상 주어와의 관계를 따져 능동형인지 수동형인지를 결정한다.
3. to부정사가 주절의 동사보다 먼저 발생한 일을 나타낼 경우 완료형인 「to have p.p.」를 쓴다.

|정답| **1.** to open **2.** being hired **3.** have obtained

기출 문제 통으로 보기! (A), (B), (C)의 각 네모 안에서 어법에 맞는 표현으로 가장 적절한 것은? [모의평가]

I had twenty village girls to teach, some of them with such a strong country accent (A) that / what I could hardly communicate with them. Only three could read, and none could write, so at the end of my first day I felt quite (B) depressing / depressed at the thought of the hard work ahead of me. But I reminded myself that I was fortunate to have any sort of job and that I would certainly get used to (C) teaching / being taught these girls, who, although they were very poor, might be as good and as intelligent as children from the greatest families in England.

| (A)   (B)   (C)
① that   ······ depressed   ······ teaching
② that   ······ depressing   ······ being taught
③ that   ······ depressed   ······ being taught
④ what   ······ depressing   ······ being taught
⑤ what   ······ depressed   ······ teaching

|출제 의도 파악 Testing Point|

(A) 뒤에 완벽한 절이 이어지므로 접속사인 that이 와야 한다. 「such+a(n)+형+명+that」은 '매우 ~하여 …하다'의 의미이다.

(B) depress는 '우울하게 만들다'라는 의미의 타동사로, 주어가 '우울한' 감정을 받는 대상이 되므로, 과거분사인 depressed가 와야 한다.

(C) 동명사와 의미상 주어인 I가 능동 관계이므로 능동형인 teaching이 와야 한다. 「get used to v-ing」는 '~에 익숙해지다'라는 뜻이다.

|정답| ①

---

1 to부정사/동명사의 의미상 주어

to부정사와 동명사의 행위 주체가 문장의 주어 또는 목적어와 다른 경우 의미상 주어를 명시한다.

A It is natural **for children** to be curious about their environment.

B It isn't very polite **of him** to serve himself without asking.

C She was completely opposed to **his/him** being named club president.

A B to부정사의 의미상 주어
「for/of+목적격+to-v」
(good, kind, generous 등과 같이 사람의 성격을 나타내는 형용사 뒤에는 「of+목적격」을 쓴다.)

C 동명사의 의미상 주어
「소유격/목적격+v-ing」

A 아이들이 주변에 대해 호기심을 가지는 것은 당연하다. **B** 물어보지도 않고 먹다니 그는 별로 예의가 바르지 못하다. **C** 그녀는 그가 클럽 회장으로 지명되는 것에 전적으로 반대했다.

2 to부정사/동명사의 태 (능동형/수동형)

to부정사와 동명사는 의미상 주어와의 관계에 따라 능동형과 수동형으로 구분한다.

A At restaurants, I usually ask *for my food* **to be cooked** without too much salt.
　　　　　　　　　　　　　　　　→ my food is cooked

B I don't mind helping, but *I* resent **being taken** advantage of.
　　　　　　　　　　　　　　→ I am taken advantage of

A to부정사의 수동형
「to be p.p.」

B 동명사의 수동형
「being p.p.」

A 레스토랑에 가면, 나는 보통 내 음식이 너무 짜지 않게 조리되도록 부탁한다. **B** 나는 돕는 것은 개의치 않지만, 이용당하는 데는 분개한다.

3 to부정사/동명사의 시제 (단순형/완료형)

문장의 동사와 시점이 같으면 단순형을, 문장의 동사보다 시점이 앞서면 완료형을 사용한다.

A Samuel John Stump, a popular English artist, is believed **to have been born** in the USA.

B I don't blame him for **having failed**, since he did his best.

A to부정사의 시제 표현
단순형: 「to-v」
완료형: 「to have p.p.」
완료 수동형: 「to have been p.p.」

B 동명사의 시제 표현
단순형: 「v-ing」
완료형: 「having p.p.」
완료 수동형: 「having been p.p.」

A 인기 있는 영국인 예술가인 Samuel John Stump는 미국에서 태어난 것으로 여겨진다. **B** 그가 최선을 다했기 때문에, 나는 그를 실패했다는 이유로 비난하지 않는다.

어법 더하기	**to부정사와 동명사의 부정**

- to부정사와 동명사를 부정할 때에는 그 앞에 not[never]을 써서 표현한다.
  ex) She promised her parents **never to stop** chasing her dreams.
  I was ashamed of myself for **not helping** her.

A

각 네모 안에서 어법에 맞는 표현을 고르시오.

watercraft 배, 보트

1. When you're shopping for a rubber boat, take note of how many people the watercraft is able to hold / to be held .

2. According to teachers, students' motivation seems to increase / to have increased when they use tablet computers in class.

3. In the movie, a female singer from the 80s was singing about speaking / being spoken to badly and dreaming of new things.

4. It's not unusual for someone who is 50 kilograms overweight seeing / to see a 5-kilogram drop within the first week of going on a diet.

5. The suspect claims to be / to have been at his home when the robbery took place.

B

다음 글의 밑줄 친 부분 중 어법상 틀린 것을 찾아 바르게 고치시오.

Cyclops 키클롭스 (그리스 신화에 나오는 외눈박이 거인)
retreat 후퇴하다; 물러서다
confront 맞서다
ploy 술책
indulge (욕망 등을) 충족시키다

1. It is the arrogance of Odysseus that causes him ①to be put in great danger. For example, in the cave of the Cyclops, he refuses ②to retreat, which results in ③his companions' eating. Clearly, it was not wise ④of Odysseus to confront the creature in this way.

2. I remember ①being told by my husband that he had found a puppy at an animal shelter. She seemed ②to have been returned by the first person who adopted her. Thinking about ③her having been abandoned twice made me sad. It must have been difficult ④of her to have found a home and then to have been rejected.

3. Rome is said ①to have been destroyed by a fire in 64 AD. Afterwards, Nero had the city rebuilt in the Greek classical style. Some Romans believed the fire ②to be a ploy ③for the emperor to indulge his personal taste, despite ④his having been away at the time.

1

Time Limit 1분40초

(A), (B), (C)의 각 네모 안에서 어법에 맞는 표현으로 가장 적절한 것은?

In the earliest historical times, "Assyria" referred to an area on the Upper Tigris River. Later, this area expanded into an empire and came to control much of the northern half of Mesopotamia. Little is known about the early history of Assyria, though some Judeo-Christian traditions include stories of the biblical Shem (A) founding / to found the original capital, Ashur. Early Assyria seems (B) to be ruled / to have been ruled as part of the empire of Sargon the Great. And though it was destroyed in the Gutian period, it was rebuilt and ended up (C) governing / being governed by the Neo-Sumerian Empire. Finally, it is believed that around 1900 BC, Bel-kap-kapu founded Assyria as an independent kingdom.

Judeo-Christian 유대교와 그리스도교의
biblical 성서의, 성서에 나온

	(A)	(B)	(C)
①	founding	...... to be ruled	...... governing
②	founding	...... to be ruled	...... being governed
③	founding	...... to have been ruled	...... being governed
④	to found	...... to be ruled	...... governing
⑤	to found	...... to have been ruled	...... being governed

2

Time Limit 1분45초

다음 글의 밑줄 친 부분 중, 어법상 틀린 것은?

Tourism is believed ①to have caused serious harm to the environment in the past. Unfortunately, this damage continues today in many places, threatening some of the most attractive locations on the planet. There are many things ②for travel agencies to consider if they want to minimize the tourism industry's impact. Tourism often creates waste that needs ③to be removed in order to keep natural places clean. What's more, popular tourist activities such as snorkeling and scuba diving have been criticized for ④having seriously harmed coral reefs and other marine life. And on land, golf courses that cater to tourists often have a negative effect on local water supplies. They actually increase pollution as a result of ⑤their taking care of with toxic pesticides.

coral reef 산호초
cater to ~을 충족시키다
pesticide 살충제

Unit 10 분사구문

분사구문은 부사절에서 접속사와 주어를 생략하고 동사를 분사로 전환한 구문으로, 문장에서 부사구 역할을 한다. 분사구문이 쓰인 경우 의미상 주어와 분사와의 관계를 고려해 적절한 태(능동/수동)를 결정하고, 생략된 접속사의 의미를 고려하여 문맥에 맞게 해석하는 것이 중요하다.

기출 문장으로 Warm Up!　다음 각 네모 안에서 어법에 맞는 표현을 고르시오.

1. Realizing / Realized that the elevator was not working, Alice walked down 10 floors.

2. Remove all residual moisture by drawing it away with a vacuum cleaner holding / held over the affected areas for up to 20 minutes.

3. Suffering / Having suffered from the problem in the past, he has learned from the experience and will be able to avoid the same problem in the future.

> **Self-Check**
> **정답 확인**
> 1. 분사구문의 의미상 주어와 분사의 관계(능동/수동)에 따라 분사의 형태가 결정된다.
> 2. 「with[without]+(대)명사+분사」 구문에서는 분사와 (대)명사의 관계(능동/수동)에 따라 분사의 형태가 결정된다.
> 3. 분사구문이 주절의 시점보다 이전에 일어난 일을 나타낼 때 완료형 분사구문 「having p.p.」를 쓴다.
> |정답| **1.** Realizing　**2.** held　**3.** Having suffered

기출 문제 통으로 보기!　다음 글의 밑줄 친 부분 중, 어법상 틀린 것은? [모의평가]

The 'Merton Rule' was devised in 2003 by Adrian Hewitt, a local planning officer in Merton, southwest London. The rule, which Hewitt created with a couple of colleagues and persuaded the borough council to pass, ①was that any development beyond a small scale would have to include the capacity to generate ten percent of that building's energy requirements, or the developers would be denied permission ②to build. The rule sounded sensible and quickly caught on, with over a hundred other local councils ③followed it within a few years. In London, the mayor at the time, Ken Livingstone, introduced 'Merton Plus,' which raised the bar to twenty percent. The national government then introduced the rule more ④widely. Adrian Hewitt became a celebrity in the small world of local council planning, and Merton council started winning awards for ⑤its environmental leadership.

|출제 의도 파악 Testing Point|

① 문장의 주어가 the rule이므로, 단수 동사 was가 와야 한다.

② to build는 permission을 수식하는 형용사적 용법의 to부정사이다.

③ 「with+(대)명사+분사」는 '~가 …하면서[한 채로]'를 의미하는 분사구문이다. 분사의 의미상 주어인 over a hundred other local councils와 분사가 능동 관계이므로, 현재분사가 와야 한다.

④ widely는 동사 introduced를 수식하는 부사이다.

⑤ its는 Merton council을 가리키는 단수 형태의 소유격 지시대명사이다.

|정답| ③ (followed → following)

1 분사구문의 태 (능동형/수동형)

분사구문의 의미상 주어와 분사의 관계가 능동이면 현재분사(v-ing)를, 수동이면 과거분사(p.p.)를 쓴다.

A Every year in England, <u>the queen</u> rides in a huge carriage, **waving** to the crowd.
<u>의미상 주어</u> 　 (부대상황)

B (Being) **Flattered** by the expensive gifts, <u>Roxy</u> fell hopelessly in love.
(이유) 　 의미상 주어

A 매년 영국에서는 여왕이 군중에게 손을 흔들면서 커다란 마차를 타고 간다. **B** 값비싼 선물들에 기분이 좋아져서, Roxy는 어찌할 도리 없이 사랑에 빠지고 말았다.

* **분사구문의 의미**
부대상황(~하면서), 때(~하는 동안), 이유(~하므로), 조건(~이면, ~하면) 등을 나타낸다.

2 「with/without+(대)명사+분사」

「with/without+(대)명사+분사」는 동시에 일어나는 동작이나 상태를 나타내는 분사구문으로, '~가 …하면서[한 채로]/~가 …하지 않은 채로'로 해석된다. 이때, (대)명사와 분사의 관계가 능동이면 현재분사를, 수동이면 과거분사를 쓴다.

A A baby is sleeping **with her hand holding** her mother's finger.

B My neighbors often argue about personal matters **without the door closed**.

A 아기가 엄마의 손가락을 쥔 채로 자고 있다. **B** 내 이웃들은 종종 문을 닫지 않은 채로 사적인 문제들에 대해 논쟁을 벌인다.

3 형태에 주의해야 할 분사구문

A **While nursing** his friend, he felt the importance of friendship once again.

B **It being** a rainy day, we had to cancel the soccer match.

C **Having written** all the invitations, she mailed them at the post office.

D Everyone chases after happiness, **not realizing** that happiness is right next to them.

A 그는 친구의 병간호를 하면서 다시 한 번 우정의 소중함을 느꼈다. **B** 비가 와서 우리는 축구 경기를 취소해야 했다. **C** 그녀는 초대장을 모두 쓰고 나서, 우체국에 가서 그것들을 부쳤다. **D** 모두가 행복이 바로 옆에 있는 줄 알지 못한 채 행복을 좇는다.

A 접속사가 있는 분사구문: 의미를 명확히 하기 위해 분사구문 앞에 접속사를 쓸 수 있다.

B 주어가 있는 분사구문: 분사구문의 의미상 주어가 주절의 주어와 다르면 이를 분사 앞에 써 준다.

C 완료형 분사구문: 주절의 시제보다 앞선 때를 나타낼 때 「having p.p.」를 쓴다.

D 분사구문의 부정: 분사 바로 앞에 not이나 never를 붙인다.

A

각 네모 안에서 어법에 맞는 표현을 고르시오.

tilt (고개를) 기웃하다
tactic 전략, 전술
associate 결합[관련]시키다
sponsorship 후원

1. Named / Naming after South Africa's national flower, the king protea, the South African cricket team are known as the Proteas.

2. The dog we used to have would tilt its head when talked / talking to.

3. Kawasaki disease is considered to be a relatively new disease, not being / having been described until the 1950s.

4. Critics praised the performance of the young actor, called / calling it "outstanding."

5. Ambush marketing is a tactic that associates a company or product with an event without any payment made / making for an official sponsorship.

B

다음 글의 밑줄 친 부분 중 어법상 틀린 것을 찾아 바르게 고치시오.

examine 살펴보다
contribute 기여하다
paddle 노를 젓다
solitude 고독
discipline 절제력
discouraged 낙담한

1. Love and leadership ①being two words not often seen side by side, it may be surprising that rarely does great leadership exist without love ②being present. In fact, ③examined failed leaders, you'll likely find a lack of love to be a contributing cause of their lack of success.

2. I paddle through the water, ①cutting across the lake to a nearby bay. The weather ②being cloudy, there are few people on the water. One or two other boats sail past, with a single person ③ridden in each. More or less alone, we enjoy our solitude.

3. ①Adopted from Russia at a young age, Ala struggled to learn English. ②Not having been educated properly, she had little academic motivation. And she seemed to lack personal discipline, with her teacher ③noting how easily she was discouraged when ④encountered challenging situations.

Time Limit 2분00초

(A), (B), (C)의 각 네모 안에서 어법에 맞는 표현으로 가장 적절한 것은?

Nushu is a writing system that was created by women in China's Hunan province. (A) | Having discouraged / Having been discouraged | from learning to read and write, these women decided to develop their own form of written communication. Hidden from men, it was used for communication and the creation of works of art. During the Cultural Revolution, when women began to be encouraged to learn, Nushu fell out of use. While (B) | related / relating |, Nushu and written Chinese have many differences. Nushu is made up exclusively of syllables, with each character (C) | represented / representing | a different sound. Also, it is written with fine lines rather than the thick brush strokes often found in traditional Chinese writing. Viewed side by side, the two writing styles are clearly different, as Nushu resembles a threadlike, more delicate version of Chinese.

exclusively 오로지; 배타적으로
syllable 음절
stroke (글씨의) 획
threadlike 실 같은, 가늘고 긴

	(A)	(B)	(C)
①	Having discouraged	related	representing
②	Having discouraged	relating	represented
③	Having been discouraged	related	represented
④	Having been discouraged	related	representing
⑤	Having been discouraged	relating	represented

Time Limit 2분15초

다음 글의 밑줄 친 부분 중, 어법상 틀린 것은?

It is very common for animals to help their relatives. It is less common, though, to find a species in which individuals also help nonrelatives. ①Compared to kin-directed helping, this behavior is rare but does in fact exist. Unrelated vampire bats, for instance, sometimes share food, and unrelated chimpanzees will come to each other's aid ②when threatening. Why would this kind of behavior, which decreases an individual's overall ability to produce and raise its own healthy offspring ③while simultaneously increasing such chances for a non-relative, exist in nature? Some researchers have provided an answer, ④suggesting the "reciprocal altruism theory," which is based on the economic concept of trade. They have explained that an individual may assist a non-relative, ⑤provided that doing so would increase the chances of receiving benefits in return.

nonrelative 비혈족
simultaneously 동시에
reciprocal 상호간의
altruism 이타주의, 이타심

1

다음 글의 밑줄 친 부분 중, 어법상 **틀린** 것은?　　　　**Time Limit** 1분45초

Testing Point
① 분사구문의 태
② 분사구문의 시제 및
　동명사
③ to부정사의 용법
④ 분사구문의 태
⑤ to부정사의 시제

　　The Swiss mathematician Leonhard Euler was renowned for his phenomenal memory, ①once settling a disagreement between students whose computations differed only in the fiftieth decimal place by doing the calculation entirely in his head. Euler completely lost his vision in 1766. However, possessing such an impressive memory and ②having practiced writing on a piece of slate when his sight began to fail, he was able to continue publishing his work even after going completely blind. More surprising is that he was extremely prolific, finding time ③to publish more than 800 papers before he died. ④When asked how he was able to produce such vast quantities of mathematical calculations, Euler is said ⑤to reply that it sometimes seemed as though his pencil surpassed him in intelligence.

2

다음 글의 밑줄 친 부분 중, 어법상 **틀린** 것은?　　　　**Time Limit** 2분00초

Testing Point
① 분사의 태
② 동명사의 관용표현
③ 사역동사의 목적격보어
④ 분사구문의 태
⑤ to부정사의 용법

　　The Gordian Knot is a metaphor for a ①perplexing problem solved by decisive action. In ancient Phrygia, an oracle decreed that the next man to enter the city on an oxcart would be the new king. Soon after, a farmer named Gordias appeared on his oxcart. ②On entering the city he was declared king. Later, to dedicate the oxcart to a god in gratitude, his son had it ③tied to a post with a complex knot. Another oracle announced that whoever untied the knot would be the future leader of Asia. Alexander the Great, hearing this prophecy, traveled to Phrygia. ④Wrestling with the knot, he found he was unable to unbind it. So he drew his sword and cut it, producing the required results. His solution of slicing the knot in half, which showed the ability of Alexander ⑤think creatively, is referred to as the Alexandrian solution.

Vocabulary

1 renowned 유명한　computation 계산　decimal [수학] 소수의　slate 석판　prolific 다작의　surpass ~을 능가하다
2 knot 매듭　decisive 단호한; 결정적인　oracle 신탁; 신탁을 전하는 사제　decree 포고하다, 명하다　declare 선언하다
prophecy 예언　unbind 풀다

3 다음 글의 밑줄 친 부분 중, 어법상 틀린 것은?   **Time Limit** 1분45초

Cauterization is a form of medical treatment that involves ①creating burns on wounds to stop the flow of blood. While this treatment increases the risk of infection, it stops bleeding by heating up the blood and causing it to thicken. This occurs because proteins in our skin and blood undergo changes in their chemical structure when exposed to heat, ②resulting in a number of abnormal characteristics that help stop bleeding. One of them is the clustering of certain proteins, which makes them ③bind together, preventing blood from flowing past. The main problem with cauterization is that it can create serious burns on the ④surrounding tissue. These burns provide a suitable environment ⑤of bacteria to grow and multiply. This, of course, can lead to infections.

Testing Point
① 동사의 목적어
② 분사구문의 태
③ 사역동사의 목적격 보어
④ 분사의 태
⑤ to부정사의 의미상 주어

4 다음 글의 밑줄 친 부분 중, 어법상 틀린 것은?   **Time Limit** 2분00초

Launched in 2004 by the European Space Agency, *Rosetta* is a spacecraft designed to carry out a detailed study of a comet called 67P/Churyumov–Gerasimenko. The spacecraft is named after the Rosetta Stone, an artifact that allowed archaeologists ①to decipher ancient Egyptian hieroglyphics. Scientists hope that, by analyzing the data sent by *Rosetta*, they will learn more about what comets are made of. This, in turn, might help them ②discover more about the nature of our solar system. After ③being taken off, *Rosetta* entered a 31-month "hibernation" period while it traveled towards the orbit of the planet Jupiter. Only the spacecraft's main computer and some heaters stayed ④turned on. On January 20, 2014, while traveling nearly 418 million miles from the sun, *Rosetta* awoke from its long sleep ⑤to carry out its deep-space mission.

Testing Point
① 동사의 목적격보어
② 동사의 목적격보어
③ 분사구문의 태
④ 주격보어로 쓰이는 분사
⑤ to부정사의 용법

3 infection 감염   undergo 겪다   abnormal 비정상적인   cluster 무리 짓다   tissue 조직   multiply 번식하다; 증가시키다
4 comet 혜성   artifact 인공물   decipher (암호를) 해독하다   hieroglyphic 상형 문자   hibernation 동면

→

"People are always blaming their circumstances for
what they are. I don't believe in circumstances.
The people who get on in this world are the people
who get up and look for the circumstances they want,
and if they can't find them, make them."

George Bernard Shaw

Chapter 3

전치사/접속사/관계사

→

Unit 11 전치사와 접속사

전치사는 명사 상당 어구를 이끌고, 접속사는 주어와 동사를 갖춘 완전한 절을 이끈다. 따라서, 전치사와 접속사를 구분하는 문제의 경우, 뒤에 구가 오는지 절이 오는지를 파악하는 것이 중요하다. 또한, 한 쌍의 어구가 짝을 이루는 상관접속사는 시험에 자주 출제되므로 따로 암기해 두는 것이 좋다.

기출 문장으로 Warm Up! 다음 각 네모 안에서 어법에 맞는 표현을 고르시오.

1. Because / Because of recent advances in neuroscience and psychology, we have begun to appreciate the importance of emotional intelligence.

2. The reason most people find life uninteresting is that / whether they are always waiting for something to happen to them instead of setting to work to make things happen.

3. Hope is a feeling that life has meaning. You either have it or / and you don't, regardless of the state of the world that surrounds you.

Self-Check
정답 확인
1. 전치사 뒤에는 명사 상당 어구가 오고 접속사 뒤에는 주어, 동사를 갖춘 완전한 절이 온다.
2. 접속사 that은 확정적인 사실을 나타내는 명사절을 이끈다.
3. 「either A or B」는 'A이거나 B'의 의미인 상관접속사이다.

|정답| 1. Because of 2. that 3. or

기출 문제 통으로 보기! 다음 글의 밑줄 친 부분 중, 어법상 틀린 것은? [모의평가]

Do you think the new or used vehicle you are purchasing is safe? Since the introduction of automotive crash-testing, the number of people killed and injured by motor vehicles ①has decreased in many countries. Obviously, it would be ideal ②to have no car crashes. However, car crashes are a reality and you want the best possible chance of survival. How are cars becoming safer? One of the reasons cars have been getting safer ③is that we can conduct a well-established crash test with test dummies. The dummy's job is to simulate a human being ④while a crash, collecting data that would not be possible to collect from a human occupant. So far, they have provided invaluable data on how human bodies react in crashes and have contributed greatly to ⑤improved vehicle design.

| 출제 의도 파악 Testing Point |

① since가 이끄는 부사구가 쓰여 과거부터 현재까지 이어지는 내용을 나타내므로 현재완료시제를 쓴다. 이때, 「the number of+복수 명사」는 단수 취급하므로 단수 동사를 써야 한다.

② it은 가주어이고 to부정사가 진주어 역할을 하므로, to have는 적절하다.

③ 주어가 「one of the+복수 명사」로 '~중의 하나'라는 의미이므로, 단수 동사 is를 써야 한다.

④ 뒤에 명사 a crash가 이어지고 있으므로, 전치사 during이 와야 한다.

⑤ 과거분사 improved는 '향상된'이라는 수동의 의미로, 이어지는 명사구를 수식한다.

|정답| ④ (while → during)

1 전치사 vs. 접속사

전치사 뒤에는 구가, 접속사 뒤에는 절이 온다.

A Kids continue to eat fast food **despite** their parents' disapproval.

Although he is a great scholar, he is a complete failure as a husband.

B **Due to** dangerous river conditions, the construction has been delayed.

Driving in fog is dangerous **because** visibility can be reduced.

A 부모의 반대에도 불구하고 아이들은 계속해서 패스트푸드를 먹는다. / 그는 훌륭한 학자이지만, 남편으로서는 완전히 낙제다. **B** 위험한 강의 상태로 인해 공사가 지연되었다. / 안개 낀 날 운전하는 것은 가시거리가 줄어들 수 있기 때문에 위험하다.

• **자주 나오는 전치사 vs. 접속사**
during vs. while(~동안)
because of/due to vs. because, since(~때문에)
despite[in spite of] vs. although[though](~에도 불구하고)

2 접속사 that

접속사 that은 명사절을 이끌어 '~라는 것'을 의미한다.

A I believe (that) success requires both natural ability and hard work.
S V O

B Your biggest problem is that you're too hasty when doing things.
S V SC

C No one would argue with the fact that males dominate politics.
S V SC
└── = ──┘

A 나는 성공하기 위해서는 천부적 재능과 근면이 모두 필요하다고 믿는다. **B** 당신의 가장 큰 문제는 매사에 있어 너무 성급하다는 것이다. **C** 남성들이 정치를 좌우한다는 사실을 부인하는 사람은 아무도 없을 것이다.

C 동격절로 쓰인 that절
fact, belief, idea, opinion, chance, news 등의 명사들이 동격의 that절과 함께 쓰인다.

cf. 불확실하거나 의문시되는 사실에 대해 말할 때는 whether[if](~인지 아닌지)를 사용한다.
I am not sure *whether[if]* I'll accept the job offer.

3 등위접속사와 상관접속사

등위접속사는 앞뒤의 말을 대등하게 연결하고, 상관접속사는 떨어져 있는 한 쌍의 어구가 짝을 이루어 의미를 전달한다.

A He seemed to be confused, **for** he kept repeating his words.

B Car accidents are related to drinking, **either** directly **or** indirectly.

C A good dictionary **not only** defines a word **but also** explains the correct usage.

A 그는 혼란스러워하는 것 같았는데, 왜냐하면 같은 말을 반복했기 때문이다. **B** 자동차 사고는 직접적이든 간접적이든 음주와 연관이 있다. **C** 좋은 사전은 단어를 정의할 뿐 아니라 올바른 용법도 설명해 준다.

• **등위접속사**
and, but, or, nor, so, for 등

• **상관접속사**
「both A and B」 'A와 B 둘 다'
「either A or B」 'A이거나 B'
「neither A nor B」 'A와 B 둘 다 아닌'
「not A but B」 'A가 아니라 B'
「not only A but also B(= B as well as A)」 'A뿐만 아니라 B도'

어법 더하기 | **주의해야 할 접속사**

 • 형태에 주의해야 할 접속사: now that(~이니까), in case(~할 경우에 대비해서), the next time(다음에 ~할 때), every time(~할 때마다) 등
• 전치사로도 쓰이는 접속사: as(~로서), since(~이래로), before, after, until 등

A 각 네모 안에서 어법에 맞는 표현을 고르시오.

re-elect 다시 선출하다, 재선하다
monsoon 우기, 장마
extent 정도, 규모
confirm 확인하다
viral 바이러스성의

1. There is a very good chance when / that the president will be re-elected.

2. The area experienced severe food shortages while / during the flood brought on by the extreme monsoon rains last year.

3. Neither the cause and circumstance of the accident or / nor the extent of the damage has been confirmed.

4. I very much miss being able to meet you, now that / the next time you have returned to the US.

5. Viral diseases can be very difficult to treat because / because of viruses live inside your body's cells, where they are protected from medicines.

B 다음 글의 밑줄 친 부분 중 어법상 틀린 것을 찾아 바르게 고치시오.

vital 필수적인
landline 일반 전화
outdated 시대에 뒤진
connectivity 연결
retain 유지[보유]하다
status quo 현재의 상황, 현상
contradict ~에 모순되다

1. After weeding your garden, you should check it regularly, ①in case the weeds grow back. ②Every time you see them appear, you must pull them out. This is not because weeds are unattractive, ③but also because they steal vital nutrients from the soil, which can cause your flowers to die.

2. ①Due to the high cost of cell phones, maintaining a landline might sound appealing. Aside from the high price of purchasing a cell phone, the monthly fees are often costly as well, ②since many packages include lots of extras. Additionally, ③because of cell phones quickly become outdated, consumers may experience connectivity problems if using an old phone.

3. Science should involve questions, curiosity and discussions. Unfortunately, though, many scientists are more interested in retaining the status quo. If research suggests ①whether an accepted theory is either incomplete ②or incorrect, it will be dismissed on the grounds ③that it contradicts laws of science. This is due to the false idea ④that theory comes before evidence.

Time Limit 1분50초

(A), (B), (C)의 각 네모 안에서 어법에 맞는 표현으로 가장 적절한 것은?

William Golding's first novel, *Lord of the Flies*, is about a group of boys from different backgrounds who end up trapped on a desert island after their plane crashes. (A) As / During they attempt to organize themselves and come up with a plan to get rescued, some of them break away and form a band of savages. Eventually, these boys abandon almost all civilized behavior. The reader ultimately comes to realize that, (B) although / despite the fact that these boys were raised in civil society and instilled with a strong sense of character throughout their lives, they reject all of this in favor of the savage nature that exists in all humans. Golding's story seems to suggest that (C) while / as the social order imposed by external institutions is temporary, mankind's savage nature is enduring.

savage 야만인; 야만적인
instill 주입하다, 가르치다
impose (의무 따위를) 지우다, 부과하다
institution 사회 제도
enduring 오래가는[지속되는]

	(A)		(B)		(C)		(A)		(B)		(C)
①	As	……	although	……	while	②	During	……	although	……	as
③	As	……	although	……	as	④	During	……	despite	……	while
⑤	As	……	despite	……	while						

Time Limit 1분45초

다음 글의 밑줄 친 부분 중, 어법상 틀린 것은?

Around 450 BCE, the Greek philosopher Empedocles came up with one of the first ideas about the way human vision works. He believed that people could see ① due to the fact that light radiating from the eye illuminated objects around us. This idea stuck around until about 1000 CE, when a Persian scientist named Alhazen performed experiments that led him to conclude ② if light comes from external objects rather than the human eye. More importantly, his conclusions were based ③ not on abstract reasoning, but on experimental evidence. He revolutionized not only our ideas about light, ④ but also our methods of scientific research. Scientific research today still relies on the method of rigorous experimentation that Alhazen followed ⑤ as he was overturning Empedocles's theory of vision more than a thousand years ago.

radiate (빛·열 등이) 발하다
illuminate ~을 비추다
rigorous 엄밀한, 정확한
overturn 뒤집다; 번복시키다

Unit 12 관계대명사

관계대명사는 「접속사＋대명사」 역할을 하면서 선행사를 수식하는 형용사절을 이끈다. 관계대명사가 가리키는 선행사가 무엇인지 파악하고, 관계대명사가 관계사절 내에서 하는 역할에 따라 주격, 소유격, 목적격을 구분하여 사용한다.

기출 문장으로 Warm Up!　　다음 각 네모 안에서 어법에 맞는 표현을 고르시오.

1. By the age of six months, a child who / whom regularly sleeps in his or her parents' room is likely to become dependent on this arrangement.

2. Schubert just produced that / what was in him, bringing us a rich treasure of music.

3. If you have eaten a poisonous plant, save what remains of the plant that / what was eaten and let a doctor see it for identification purposes.

Self-Check
정답 확인

1. 선행사가 사람이고 관계사절 내에서 주어 역할을 할 때에는 주격 관계대명사 who를 쓴다.
2. 관계대명사 what은 자체에 선행사를 포함하고 있으며 명사절을 이끈다.
3. 선행사가 있고 뒤에 불완전한 절이 이어지므로 관계대명사 that을 쓴다.

|정답| **1.** who　**2.** what　**3.** that

기출 문제 통으로 보기!　　다음 글의 밑줄 친 부분 중, 어법상 틀린 것은? [수능]

　In general, one's memories of any period necessarily weaken ①as one moves away from it. One is constantly learning new facts, and old ones have to drop out to ②make way for them. At twenty, I could have written the history of my school days with an accuracy which would be quite impossible now. But it can also happen that one's memories grow ③much sharper even after a long passage of time. This is ④because one is looking at the past with fresh eyes and can isolate and, as it were, notice facts which previously existed undifferentiated among a mass of others. There are things ⑤what in a sense I remembered, but which did not strike me as strange or interesting until quite recently.

|출제 의도 파악 Testing Point|

① '~함에 따라'의 의미인 접속사 as가 쓰였다.

② '~하기 위해서'의 〈목적〉을 나타내는 부사적 용법의 to부정사이다.

③ much는 '훨씬'의 의미로 비교급 sharper를 강조한다.

④ 뒤에 완전한 절이 이어지고 있으므로, 접속사 because가 적절하다.

⑤ 관계대명사 what은 자체에 선행사를 포함하므로 선행사가 필요 없다. 따라서, things를 선행사로 하고 관계사절 내의 동사 remembered의 목적어 역할을 하는 목적격 관계대명사 that[which]을 써야 한다.

|정답| ⑤ (what → that[which])

1 관계대명사의 기본 형태

관계대명사는 선행사의 종류(사람·사물)에 따라, 그리고 관계사절 내에서의 역할에 따라 형태를 달리한다.

A Our bodies are *machines* (**which** are) made up of many different parts.

B I ate lunch with *a friend* (**who(m)**) I hadn't seen in months.
선행사(사람)   목적격

C We discard all *the products* **whose** shelf life has expired.
선행사(사물)   소유격

D Copper and zinc are both *metals* **that** are used to make coins.
선행사   주격

A B 관계대명사의 생략
「주격 관계대명사+be동사」와 목적격 관계대명사는 생략할 수 있다.

D 관계대명사 that
선행사의 종류에 상관없이 who, which를 대신해 that을 사용할 수 있다.

A 우리 몸은 다양한 부품들로 이루어진 기계와도 같다. **B** 나는 여러 달 동안 만나지 못했던 친구와 점심을 먹었다.
C 우리는 유통기한이 지난 제품들을 모두 폐기 처분한다. **D** 구리와 아연은 둘 다 동전을 만드는 데 쓰이는 금속들이다.

2 관계대명사 what

관계대명사 what은 자체에 선행사를 포함하고 있어 선행사 없이 쓰인다. 다른 관계대명사들과 달리, what은 명사절을 이끌며 '~하는 것'으로 해석된다.

A **What** you want and **what** you get are often two different things.
S

B You can't believe **what** the weather forecast says these days.
O

· **관계대명사 what vs. that**
관계대명사 앞에 선행사가 있으면 that, 선행사가 없으면 what으로 구별할 수 있다.

A 당신이 원하는 것과 당신이 얻게 되는 것은 보통 별개의 것이다. **B** 요새는 일기 예보에서 하는 말을 믿을 수가 없다.

3 관계대명사 that vs. 접속사 that

that 뒤에 불완전한 절이 이어지면 관계대명사이고 완전한 절이 이어지면 접속사로 볼 수 있다.

A Drug abuse is *a serious problem* **that** must be dealt with.

B Small crimes shouldn't be ignored, due to the fact **that** they often
관계대명사   =접속사
lead to bigger crimes.

A 약물 남용은 반드시 해결되어야 하는 심각한 문제다. **B** 작은 범죄는 그것이 종종 더 큰 범죄로 이어진다는 사실 때문에 간과되어서는 안 된다.

어법 더하기 「전치사+관계대명사」

선행사가 전치사의 목적어 역할을 하는 경우에는 전치사를 관계대명사 앞에 쓸 수도 있는데, 이 경우에는 목적격 관계대명사 that을 쓸 수 없다. 또한, 전치사 바로 뒤에 오는 목적격 관계대명사는 생략할 수 없다.

ex) A stimulus is *an environmental change* **which** an organism reacts **to**.

= A stimulus is *an environmental change* **to which** an organism reacts.
→ to that (X)

A   각 네모 안에서 어법에 맞는 표현을 고르시오.

accusation 비난
arrogance 오만
envy 부러움, 선망
excess inventory 과잉 재고
dietician 영양사

1. I often find that my accusations of others' arrogance are a reflection of envy $\boxed{\text{what / that}}$ is in my own heart.

2. One doctor reported a case of a man $\boxed{\text{that / whose}}$ left thumb always bled when the moon was full.

3. The human remains $\boxed{\text{what / which}}$ were discovered at Twin Rivers Park last Saturday have since been identified.

4. To prevent excess inventory, department stores only stock $\boxed{\text{that / what}}$ sells quickly and regularly.

5. Sports dieticians are the health professionals $\boxed{\text{whom / whose}}$ athletes are most likely to consult.

B   다음 글의 밑줄 친 부분 중 어법상 틀린 것을 찾아 바르게 고치시오.

drive 충동, 욕구
impulse 충동; 욕구
formulate ~을 조직적으로 나타내다
refer to ~을 나타내다
exploit (부당하게) 이용하다

1. To this day, scientists still do not know exactly where curiosity comes from. One group of psychologists, though, believes ①what curiosity is an internal drive ②that comes from deep inside us, as hunger and thirst do. This theory sees curiosity as a natural impulse ③which must be satisfied by formulating ideas much in the way we satisfy our hunger by eating.

2. Someone ①who inspires artistic impulses is called a muse. Many people say ②that they are encouraged by an individual ③whom sharpens their creativity. Traditionally, this term was used by men to describe women ④that they saw as their inspiration, but it doesn't have to refer to a person. If something makes you feel creative, that's ⑤what you can consider your muse.

3. *The Truman Show* is a film about a man ①whose life seems odd. ②What he doesn't realize is that his life is actually a reality show ③which has been broadcast since his birth. The man believes ④that he is living an ordinary life, just like everyone else, and has no clue ⑤which he is being exploited.

Time Limit 1분45초

(A), (B), (C)의 각 네모 안에서 어법에 맞는 표현으로 가장 적절한 것은?

Rationality has long been considered a defining attribute of humanity, with Plato maintaining the view (A) that / which human behavior is dictated by rational processes and the free will to choose any available course of action. This belief was later incorporated into the work of Thomas Aquinas, (B) who / whose writings include the statement that "man has sensuous desire and rational desire, or will." Aquinas believed that the primary difference between humans and beasts is that humans are not completely controlled by their own impulses and desires, possessing the ability to decide which actions to take and which actions to forgo. In the thinking of Aquinas, these decisions are determined by (C) which / what the person believes to be good, and by a rational purpose.

rationality 이성
dictate ~을 좌우하다
incorporate 구체화하다
sensuous 감각적인
forgo 무시하다, 버리다

(A)	(B)	(C)		(A)	(B)	(C)
① that	who	which		② which	who	which
③ that	whose	which		④ which	whose	what
⑤ that	whose	what				

Time Limit 2분00초

다음 글의 밑줄 친 부분 중, 어법상 틀린 것은?

It's easy to forget ①which scientists are people who, in addition to having professional labels like professor, physicist, or researcher, also have personal lives as musicians, cooks, hikers, and parents. While many people might think personal pursuits irrelevant to the process of scientific discovery, the opposite is true. The creativity and interests of diverse groups of individuals ②who have different points of view actually benefit science. In fact, ③what makes a great scientist is not genius, but creativity and open-mindedness. As individuals, scientists bring all of the strengths and weaknesses of humans to their professions, from the poor judgment calls ④that create problems to the creativity necessary to solve those problems. Without these, science as we know it could not exist. Indeed, individual interest is what often contributes to the amazing breakthroughs ⑤that scientists make.

irrelevant 무관한, 상관없는
judgment call 개인적 의견
[해석]
breakthrough 큰 발전,
약진

Unit 13 관계대명사와 관계부사

관계대명사와 관계부사는 둘 다 접속사의 기능을 갖고 있지만, 각각 관계사절 내에서 대명사와 부사의 역할을 한다는 점에서 차이가 있다. 관계대명사와 관계부사를 구분하는 문제의 경우, 관계사 뒤에 완전한 절이 오면 관계부사를, 불완전한 절이 오면 관계대명사를 쓴다.

기출 문장으로 Warm Up! 다음 각 네모 안에서 어법에 맞는 표현을 고르시오.

1. Fieldwork is the way how / in which most cultural anthropologists maintain their professional standing.

2. My last day of work will be the 31st of July, that / which should allow me plenty of time to turn over the position to my replacement.

3. The fact that philosophy is a set of mental tools is directly related to the question of what / why we study it.

Self-Check 정답 확인
1. 선행사 the way는 관계부사 how와 함께 쓸 수 없으므로 「전치사+관계대명사」의 형태로 쓴다.
2. 관계대명사 that은 선행사를 부연 설명하는 계속적 용법으로 쓸 수 없다.
3. 관계대명사와 관계부사를 구분하기 위해서는, 관계사 뒤의 절이 완전한지 불완전한지를 먼저 파악해야 한다.
|정답| 1. in which 2. which 3. why

기출 문제 통으로 보기! 다음 글의 밑줄 친 부분 중, 어법상 틀린 것은? [모의평가]

William Kamkwamba (A) left / leaving school at 14 as his family was unable to pay the school fees, but that didn't stop him from doing something remarkable. Armed only with his intelligence, a book on electricity, and some plastic pipes, Kamkwamba built his first windmill, (B) where / which generated enough power to run a light in his room. He used a bicycle to increase efficiency for his second windmill. The windmill was able to generate power for his parents' house. His next goal is to provide enough energy for his entire village and eventually (C) go / goes to college.

	(A)	(B)	(C)
①	left	......	which	......	go
②	left	......	where	......	go
③	left	......	where	......	goes
④	leaving	......	which	......	go
⑤	leaving	......	where	......	goes

출제 의도 파악 Testing Point

(A) 주절의 동사가 필요하므로 left가 적절하다. as는 부사절을 이끌어 이유를 나타내는 접속사이다.

(B) 관계사 뒤에 불완전한 절이 이어지므로, 관계대명사 which가 적절하다. 이때 which는 his first windmill을 선행사로 하는 계속적 용법의 주격 관계대명사이다.

(C) 문장에서 주격보어 역할을 하는 to provide와 and로 연결된 병렬구조이므로, to가 생략된 형태의 go가 적절하다.

|정답| ①

1 관계부사의 기본 형태

관계부사는 선행사의 성격(장소·시간·방법·이유)에 따라 형태가 각각 다른 관계부사를 쓰며, 「전치사+관계대명사」로 바꾸어 쓸 수 있다.

A New Orleans is *the place* **where** jazz music originated.
      = in which
B There are *times* **when** a lie is better than the truth.
      = at which
C I don't like *the way*/**how** newspapers pretend they're objective.
      = in which
D I cannot figure out *the reason* **why** the baby keeps crying.
      = for which

A 뉴올리언스는 재즈 음악이 생겨난 곳이다. **B** 거짓말이 진실보다 나은 순간들이 있다. **C** 나는 신문이 객관적인 체하는 방식이 마음에 들지 않는다. **D** 나는 그 아기가 계속 울어대는 이유를 알 수가 없다.

> • **선행사의 생략**
> 선행사가 place, time, way, reason과 같이 일반적인 경우에는 종종 생략된다.
>
> **C** 관계부사 how는 선행사 the way와 함께 쓸 수 없다.

2 관계사의 계속적 용법

관계사는 그 앞에 콤마(,)를 붙여 선행사에 관한 부가적인 정보를 제공하는 계속적 용법으로 쓰일 수 있다. 단, 관계대명사 that은 계속적 용법으로 쓸 수 없다.

A My brother went to *New York*, **where** he started a business.
      = and there[in New York]
B *He was fired*, **which** was the most severe punishment we could give.
      = and it[that he was fired]

A 나의 형은 뉴욕으로 갔는데, 거기서 그는 사업을 시작했다. **B** 그는 해고를 당했고, 그것은 우리가 내릴 수 있는 가장 가혹한 처벌이었다.

> **B** 관계대명사 which는 계속적 용법으로 쓰여, 앞에 나온 구나 절을 가리킬 수 있다.

3 관계대명사 vs. 관계부사

관계대명사 뒤에는 불완전한 절이 이어지고, 관계부사 뒤에는 완전한 절이 이어진다.

A My grandmother has *a house* in the country **which** is heated with firewood.
      = that(관계대명사)
B *The reason* **why** he's been so successful is that he works so hard.
      = for which/that(관계부사)

A 우리 할머니는 시골에 장작으로 불을 때는 집 한 채를 갖고 계신다. **B** 그가 그렇게 성공한 이유는 정말 열심히 일하기 때문이다.

> **B** place, time, way, reason 등 일반적인 선행사 뒤에 오는 관계부사는 **that**으로 대신할 수 있다.

A

각 네모 안에서 어법에 맞는 표현을 고르시오.

dip (잠깐 하는) 수영
frugally 검소하게
tempt 유혹하다[부추기다]
doctrine 교리

1. Ibiza enjoys an average sea temperature of 24°C in July, which / when is more than warm enough to enjoy a dip.

2. When I was young, the place where / which my family often took me to was a small park with a lake near my house.

3. Through the student council experience, I got to know many other students whom / where I wouldn't have otherwise met.

4. To live more frugally, you should never put yourself in a situation which / where you might be tempted to spend beyond your means.

5. Many religions have doctrines that teach the ways that / how people should act.

B

다음 글의 밑줄 친 부분 중 어법상 틀린 것을 찾아 바르게 고치시오.

dictate ~에 영향을 끼치다;
명령하다
puberty 사춘기
pregnant 임신한
accelerated 속도가 붙은,
가속된
circulation (혈액) 순환

1. There often comes a time ①when we suddenly "zone out." This means we shut out the external world and float along internal streams of thought. During this time, we are free to go ②where our minds take us, ③that can sometimes lead to creative ideas.

2. The growth rate of nails, ①where are made up primarily of keratin, is dictated by a variety of factors. Children's nails grow rapidly until puberty, ②when their growth rate is cut in half. And pregnant women's nails grow at an accelerated pace because their hormones increase circulation, ③which affects both nail and hair growth.

3. I am fascinated by ①how the brain works. My curiosity has led me to a career in psychology, ②where I hope to find some answers. Another reason ③which I chose psychology was to learn about people and figure out ④why they turned out ⑤the way they did.

Time Limit 2분00초

(A), (B), (C)의 각 네모 안에서 어법에 맞는 표현으로 가장 적절한 것은?

Much like the way a toy top wobbles as it spins around, the earth's spin axis slowly moves in a circular direction. Scientists call this "precession." This phenomenon was first discovered by the Greek astronomer Eratosthenes, (A) which / who compared his observations of the stars to older charts. What he noticed was that the points in his day (B) where / what the sun's path crossed the celestial equator were different from those shown on the 150-year-old charts. This happens because earth's spin axis "wobbles." Interestingly, because of this process, what we call the "North Star" changes over time. Currently, the North Star is Polaris. But there are also times (C) which / when the North Pole doesn't point towards any particular star, leaving us with no North Star at all.

wobble 흔들리다[떨리다]
axis 축
celestial 천구의
equator 적도

	(A)	(B)	(C)
①	which	where	which
②	which	what	when
③	who	where	which
④	who	where	when
⑤	who	what	which

Time Limit 2분15초

다음 글의 밑줄 친 부분 중, 어법상 틀린 것은?

The manner in which our minds are wired sometimes causes us to think about others in ways ①that are not logical. When we are introduced to new people, we often make instant judgments about them, ②which are based solely on appearance and are frequently wrong. Psychologists say that the reason ③why this happens is that our brains are unable to accurately evaluate every new person we meet, so we use quick judgments as a shortcut. Although inaccurate first impressions can later be corrected, this doesn't always occur. Once a belief has been formed in our minds, an instinctual form of behavior can kick in ④what we seek out only information that supports this view. At the same time, we choose to ignore that ⑤which contradicts it.

instant 즉각적인
solely 오로지, 단지
accurately 정확히
inaccurate 정확하지 않은
instinctual 본능에 따른
kick in 작용하기 시작하다
contradict ~와 모순되다

Unit 14 복합관계사와 의문사

관계사에 '-ever'를 붙인 형태의 복합관계사는 함께 쓰인 관계사에 따라 의미가 각각 다르므로 문맥에 따라 알맞게 사용해야 한다. 또한 형태가 비슷한 의문사와도 그 쓰임에 있어 구분하여 알아 두어야 한다.

기출 문장으로 Warm Up! 다음 각 네모 안에서 어법에 맞는 표현을 고르시오.

1. Number one was: "I was born," and you could put however / whatever you liked after that.

2. A new McDonald's opens every 15 hours somewhere in the world, so whenever / wherever you go, you might run into one.

3. I wonder how / however many people give up just when success is almost within reach.

Self-Check
정답 확인

1. '~하는 것은 무엇이든지'를 의미하는 복합관계대명사 whatever는 명사절을 이끈다.
2. '~하는 어디든지'를 의미하는 복합관계부사 wherever는 부사절을 이끈다.
3. 의문사 how는 간접의문문에서 '얼마나 ~한지'의 의미로 명사절을 이끈다.

|정답| **1.** whatever **2.** wherever **3.** how

기출 문제 통으로 보기! (A), (B), (C)의 각 네모 안에서 어법에 맞는 표현으로 가장 적절한 것은? [모의평가]

People avoid feedback because they hate being criticized. Psychologists have a lot of theories about why people are so (A) sensitive / sensitively to hearing about their own imperfections. One is that they associate feedback with the critical comments received in their younger years from parents and teachers. (B) What / Whatever the cause of our discomfort is, most of us have to train ourselves to seek feedback and listen carefully when we hear it. Without that training, the very threat of critical feedback often leads us to (C) practice / be practiced destructive, maladaptive behaviors that negatively affect not only our work but the overall health of our organizations.

	(A)		(B)		(C)
①	sensitive	……	Whatever	……	practice
②	sensitive	……	Whatever	……	be practiced
③	sensitive	……	What	……	practice
④	sensitively	……	Whatever	……	practice
⑤	sensitively	……	What	……	be practiced

| 출제 의도 파악 Testing Point |

(A) 주격보어가 들어가는 자리이므로 형용사 sensitive가 적절하다.

(B) 문맥상 '무엇이 ~하더라도'의 의미로, 부사절을 이끄는 복합관계대명사 Whatever가 적절하다. what은 관계대명사 혹은 의문사로 쓰여 명사절을 이끈다.

(C) to부정사의 의미상 주어인 us가 행위의 주체이므로, 능동형 to부정사 to practice가 옳다.

|정답| ①

1 복합관계대명사

복합관계대명사는 「관계대명사+-ever」의 형태로, 명사절 혹은 부사절을 이끈다.

A Ambrosia was thought to give immortality to **whoever**[anyone who] ate it.

B When he was a child, he read **whatever**[anything that] he could get his hands on.

C **Whichever**[No matter which] you choose, I am sure you will be satisfied.

A 암브로시아(신의 음식)를 먹는 사람은 누구든지 영원불멸할 것이라 생각됐었다. B 그는 어렸을 때 손에 잡히는 것은 무엇이든지 다 읽었다. C 네가 어떤 것을 선택하더라도, 너는 만족할 것임을 나는 확신한다.

• 복합관계대명사의 의미
whoever(~하는 사람은 누구든지, 누가 ~하더라도)
whatever(~하는 것은 무엇이든지, 무엇을[이] ~하더라도)
whichever(~하는 것은 어느 것이든지, 어느 것을 ~하더라도)

cf. whatever와 whichever는 복합관계형용사로도 쓰인다.

2 복합관계부사

복합관계부사는 「관계부사+-ever」의 형태로, 시간·장소의 부사절과 양보 부사절을 이끈다.

A My teacher rolls up his sleeves **whenever**[every time] students need help.

B **Wherever**[No matter where] you go, there are bound to be people who love to gossip.

C The dirt didn't come out, **however**[no matter how] hard I tried to wash it off.

A 우리 선생님은 학생들이 도움을 필요로 할 때마다 팔을 걷어붙이고 나선다. B 어디를 가나 험담하기를 좋아하는 사람들이 있기 마련이다. C 내가 아무리 열심히 빨아도 때가 지지 않았다.

• 복합관계부사의 의미
whenever(~하는 언제든지, 언제 ~하더라도)
wherever(~하는 어디든지, 어디에[로] ~하더라도)
however(어떻게 ~할지라도, 아무리 ~할지라도)

3 복합관계사 vs. 의문사

복합관계사는 명사절이나 부사절을 이끄는 반면, who, what, how, why 등의 의문사는 간접의문문인 명사절을 이끈다.

A Stick to your beliefs, **whatever**[no matter what] others may say.
When I asked her **what** happened, she just shrugged her shoulders.

B You have to keep working, **however**[no matter how] tough it gets.
He knows all too well **how** difficult it is to write effectively.

A 누가 뭐래도 네 신념을 지켜라. / 내가 무슨 일이 일어났는지 물어보자 그녀는 그냥 어깨만 들썩해 보일 뿐이었다.
B 상황이 아무리 어려워져도 당신은 계속 노력해야 한다. / 그는 글을 잘 쓴다는 것이 얼마나 힘든지 너무나 잘 안다.

정답 및 해설 **p.32**

A 각 네모 안에서 어법에 맞는 표현을 고르시오.

pothole (도로의) 움푹 패인 곳
immediate 즉각적인, 즉시의

1. However / How highly you think of yourself now, you won't get through life without falling into a few potholes every now and then.

2. I sleep on which / whichever side of the bed is closest to the door, because I go to the bathroom several times during the night.

3. Pets naturally attach themselves to who / whoever feeds them and gives them love and attention.

4. I always carry a pen and paper with me so that I can make immediate notes on whenever / whatever good ideas come to mind.

5. By knowing where / wherever you went wrong in the past, you can make sure not to repeat the same mistakes.

B 다음 글의 밑줄 친 부분 중 어법상 틀린 것을 찾아 바르게 고치시오.

thoroughly 철저히, 철두철미하게
sanctuary 안식처; 보호 구역
in demand 수요가 많은
selective 까다로운; 선택적인

1. The best way to succeed is to agree to take on every challenge that comes along. Once you've said yes, ①whatever the task is, prepare thoroughly. ②How boring the task may seem, doing research will be worthwhile, because you never know ③what you might learn and ④how it might help you in the future.

2. Green roofing is the process of creating a rooftop garden. ①Wherever it is located, it will serve many purposes, such as absorbing rainwater and lowering air temperatures. Plus, it will be a sanctuary for ②whoever wants to enjoy it. ③Which way you look at it, green roofing is a good idea.

3. In-demand people can be very selective about ①what they do. This is because ②where they go, they generate value, and any business would be happy to have someone like that working for them. It is empowering to know that you can find work ③whenever you want. A true sign of being in demand is finding yourself getting job offers even ④when you're not looking.

1 Time Limit 1분45초

(A), (B), (C)의 각 네모 안에서 어법에 맞는 표현으로 가장 적절한 것은?

The ancient Greeks worshipped numerous gods, including one known as Agnostos Theos, the "unknown god." In reality, however, this wasn't a single god, as Agnostos Theos represented (A) whoever / whatever gods existed but were not known by name. According to a legend, this began when the citizens of Athens, who were suffering from a terrible plague, decided a flock of sheep would be released and a sacrifice would be made (B) wherever / however one of them stopped to rest, as a means of appeasing the gods. Many sheep wandered into buildings associated with a specific god, and, in each of these, an altar dedicated to that god was constructed and a sacrifice was made. But one sheep entered a building (C) which / whichever had no associated god, leading to the construction of an altar with no name on it.

plague 역병
appease 달래다, 가라앉히다
altar 제단

(A)	(B)	(C)		(A)	(B)	(C)
① whoever	⋯ wherever	⋯ which		② whoever ⋯	wherever ⋯	whichever
③ whoever	⋯ however	⋯ which		④ whatever ⋯	however ⋯	whichever
⑤ whatever	⋯ wherever	⋯ which				

2 Time Limit 2분00초

다음 글의 밑줄 친 부분 중, 어법상 틀린 것은?

Some people use criticism to gain power and exercise control over others. ① Whoever these people may be, they benefit greatly when you begin to take their words to heart and criticize yourself. Your energy, your intelligence or ② whatever it is that threatens them is neutralized as soon as you begin to question whether or not you are worthy of all the good things in your life, ③ how much you actually deserve them. If you want to improve ④ how you feel about yourself, you need to put an end to the self-criticism and start being nicer to yourself. ⑤ Whenever you treat yourself with respect, you will be striking a blow against those who treat you badly, as well as taking a step toward living a fuller, more satisfying life.

exercise 행사[발휘]하다
neutralize 무력화하다; 중립화하다
strike a blow against ~에 맞서 싸우다[저항하다]

1 다음 글의 밑줄 친 부분 중, 어법상 틀린 것은?　　　　**Time Limit** 2분15초

Testing Point
① 접속사 vs. 전치사
② 계속적 용법의 관계사
③ 접속사 vs. 관계사
④ 복합관계부사 vs. 관계부사
⑤ 전치사+관계대명사

A phosphene is a visual phenomenon in which a person perceives light, ①though there is no actual light entering the eye. It is an "entoptic" phenomenon, ②which means that the source of the perceived light is actually within the eye itself. You can easily see phosphenes by simply closing your eyes and rubbing them. This causes your brain to think ③that it is detecting light, because pressure on the eyes activates retinal ganglion cells much like ④however they are activated as a response to light itself. Phosphenes can also be generated in several other ways, such as by intense magnetic fields or electrical stimulation. Even a particularly severe sneeze, ⑤by which extra pressure is created on the retina, can make it possible to see phosphenes.

*phosphene [생리] 안내(眼內) 섬광　**ganglion cell 신경절 세포

2 다음 글의 밑줄 친 부분 중, 어법상 틀린 것은?　　　　**Time Limit** 2분00초

Testing Point
① 관계대명사 vs. 관계부사
② 관계대명사 vs. 관계부사
③ 복합관계대명사
④ 전치사 vs. 접속사
⑤ 계속적 용법의 관계사

A "patent troll" buys patents cheaply from companies down on their luck ①that want to make money off their remaining resources. Since patents are often issued for ideas ②which are overly broad, the trolls can mail threatening letters to ③whoever they claim has committed patent infringement. They threaten legal action unless the accused infringer agrees to pay a licensing fee, which can sometimes be hundreds of thousands of dollars. A lot of people who receive these letters give in and hand over the money, ④even if they believe their product has not violated patent. Why would they go to court, ⑤which it can take years and millions of dollars for them to win a patent lawsuit? It is in fact much easier and cheaper for companies to just pay the fee to the troll than go through litigation.

Vocabulary

1 entoptic 안구 안에 있는[생기는]　retinal 망막의 (*n.* retina 망막)　intense 극심한, 강렬한　magnetic field 자기장
2 patent 특허권　down on one's luck 주머니 사정이 좋지 않아　infringement 침해; 위반　lawsuit 소송, 고소　litigation 소송 (과정)

3 다음 글의 밑줄 친 부분 중, 어법상 틀린 것은?

Time Limit 2분00초

The Eleusinian mysteries were a set of ceremonies based on a myth related to Demeter, the goddess of nature, ①which Hades, the god of the Underworld, abducted her daughter, Persephone. These ceremonies, which took place ②during the spring, involved walking along the road from Athens to Eleusis, called the Sacred Way, while acting out Demeter's search for her lost daughter. Upon reaching Eleusis, the participants would rest by the same well Demeter had rested by and drink a beverage called kykeon, ③the ingredients of which were said to alter the senses. Next, the participants would enter an underground theatre ④where a secret ritual was conducted. ⑤Whatever happened in this ritual, it clearly had a powerful effect on all involved.

Testing Point

① 계속적 용법의 관계사
② 전치사 vs. 접속사
③ 소유격 관계대명사
④ 관계대명사 vs. 관계부사
⑤ 복합관계대명사

4 다음 글의 밑줄 친 부분 중, 어법상 틀린 것은?

Time Limit 1분45초

Hope is ①what keeps us moving forward, but it is more than the simple desire for a better life. Not only is it the force that binds us to our home environment and our community, ②but it is also closely related to our economic aspirations. In today's capitalist society, our sense of self is intertwined with the concepts of security and comfort, turning our eternal search for happiness into a quest for economic success. But instability, ③which can strike us at home or at work, makes this happiness unattainable, both individually and nationally. This builds feelings of frustration and insecurity, which lead to a feeling that our home must be protected against ④who is destabilizing us. In many cases, it is foreigners who are viewed ⑤as the primary threat.

Testing Point

① 관계대명사 that vs. what
② 상관접속사
③ 계속적 용법의 관계사
④ 의문사 vs. 복합관계사
⑤ 전치사 vs. 접속사

---

3 abduct 유괴[납치]하다 **sacred** 성스러운, 종교적인 **ritual** 종교적인 의식
4 aspiration 열망, 포부 **intertwine** 뒤얽히다; 엮다 **eternal** 영원한 **quest** 탐색, 추구 **instability** 불안정 **unattainable** 도달 불가능한 **destabilize** 불안정하게 만들다

→

"People are always blaming their circumstances for
what they are. I don't believe in circumstances.
The people who get on in this world are the people
who get up and look for the circumstances they want,
and if they can't find them, make them."

George Bernard Shaw

Chapter 4

대명사/형용사/부사

→

Unit 15 대명사

앞에 쓰인 명사를 대신하는 대명사는 그것이 가리키는 대상이 단수인지 복수인지를 파악하여 문맥에 맞는 격을 써야 한다. 또한, 재귀대명사와 부정대명사 등 특정 대명사의 쓰임에 주의한다.

기출 문장으로 Warm Up!   **다음 각 네모 안에서 어법에 맞는 표현을 고르시오.**

1. Things often seem at its / their worst just before they get better.

2. When you attempt to do something and fail, you have to ask you / yourself why you have failed to do what you intended.

3. It is not always easy to evaluate the relative merits of one particular material, such as wood, over the other / another .

Self-Check
정답 확인

1. 대명사가 가리키는 대상이 단수인지 복수인지를 파악하여 수를 일치시킨다.
2. 목적어가 주어와 동일한 대상일 경우에는 재귀대명사를 사용한다.
3. the other는 둘 중에서 나머지 하나를, another는 셋 이상에서 또 다른 하나를 가리키는 부정대명사이다.

|정답| **1.** their **2.** yourself **3.** another

기출 문제 통으로 보기!   **다음 글의 밑줄 친 부분 중, 어법상 틀린 것은?** [수능]

While manned space missions are more costly than unmanned ①ones, they are more successful. Robots and astronauts use ②much of the same equipment in space. But a human is much more capable of operating those instruments correctly and ③to place them in appropriate and useful positions. Rarely ④is a computer more sensitive and accurate than a human in managing the same geographical or environmental factors. Robots are also not equipped with capabilities like humans to solve problems ⑤as they arise, and they often collect data that are unhelpful or irrelevant.

│출제 의도 파악 Testing Point│

① 앞에 쓰인 명사 space missions와 같은 종류의 것들을 의미하는 대명사로 ones가 쓰였다.

② much of the same은 '거의 똑같은'을 의미하는 형용사로 쓰여 equipment를 수식한다.

③ 전치사 of의 목적어인 동명사 operating과 and로 연결된 병렬구조이므로 placing이 되어야 한다.

④ 부정어 rarely가 문두에 나와 주어와 동사가 도치된 문장으로, 단수 명사인 a computer가 주어이므로 단수 동사 is가 적절하다.

⑤ '~할 때'를 의미하는 접속사 as가 쓰였다.

|정답| ③ (to place → placing)

1 대명사의 수 일치

앞에 나온 명사를 대신하는 대명사는 그것이 가리키는 명사의 수에 일치해야 한다. 앞에 쓰인 구나 절을 가리키는 경우에는 단수로 받는다.

A Overweight children have eating patterns different from **those** of other children.
= eating patterns

B The current design is much less colorful than the previous **one**.
= design

C Getting up early is hard, but **it** gets easier once you've started.
= getting up early

A 과체중인 아이들은 다른 아이들과는 차이가 나는 식습관을 가진다. **B** 현재의 디자인은 이전의 것보다 훨씬 덜 화려하다. **C** 일찍 일어나는 것은 어렵지만, 일단 네가 시작하고 나면 쉬워진다.

· it[them] vs. one[ones]
앞에 쓰인 명사와 동일한 '바로 그 것(들)'을 가리킬 때는 it[them]을, 앞에 쓰인 명사와 '같은 종류의 것(들)'을 가리킬 때는 one[ones]을 쓴다.

2 재귀대명사

주어와 목적어가 동일한 대상을 가리킬 경우 목적어 자리에 재귀대명사를 쓰며, 주어나 목적어를 강조하기 위해 재귀대명사를 쓰기도 한다.

A You can express **yourself** by writing your feelings and thoughts.

B Memory is more powerful than the experience **itself**.

C The students solved the difficult problems **by themselves**, demonstrating their capabilities.

A 당신은 당신의 감정과 생각들을 글로 씀으로써 스스로를 표현할 수 있다. **B** 기억이 경험 그 자체보다 더 강력하다. **C** 그 학생들은 도움을 받지 않고 그 어려운 문제들을 해결하면서, 자신들의 능력을 입증했다.

C 재귀대명사의 관용 표현
「by oneself」 '혼자; 도움을 받지 않고'
「for oneself」 '스스로, 혼자 힘으로'
「to oneself」 '자신에게'
「in itself」 '본래, 그 자체로'

3 부정대명사 one/other/another

불특정한 사람이나 사물을 나타내는 부정대명사의 쓰임을 알아 둔다.

A It would be easier for you to reduce your options to two and pick **one** over **the other**.

B My travel agent showed me some places to visit; he recommended **one**, but I chose **another**.

C Opinions varied on the wealth tax, with **some** welcoming it and **others** criticizing it.

A 당신은 선택 사항을 둘로 줄이고 그 중에서 하나를 고르는 것이 쉬울 것이다. **B** 여행사 직원이 내게 가볼 만한 장소 몇 군데를 보여주었는데, 그가 한 곳을 추천했지만 나는 다른 곳을 골랐다. **C** 부유세에 대한 의견이 다양하여, 일부는 그것을 환영했지만 일부는 비판했다.

A 「one~ the other...」 '(둘 중에서) 하나는~ 나머지 하나는…'

B 「one~ another...」 '(셋 이상에서) 하나는~ 또 하나는…'

C 「some~ others...」 '(여럿 중에서) 일부는~ 또 다른 일부는…'

A   각 네모 안에서 어법에 맞는 표현을 고르시오.

distinguish 구별하다
commensalism 공생
meaningful 의미 있는, 중요한

1. When your shadow is shorter than you are, which means the sun's rays are at their strongest, it's important to protect you / yourself .

2. There are some features of human language that distinguish human communication from that / those of animals.

3. Commensalism is a relationship between two living organisms in which one benefits and another / the other is neither harmed nor helped.

4. Many businesses try to find new customers instead of focusing on the one / ones they already have.

5. Challenges make life interesting, and overcoming it / them makes life meaningful.

B   다음 글의 밑줄 친 부분 중 어법상 틀린 것을 찾아 바르게 고치시오.

self-esteem 자존(심), 자부심
egotism 자만; 이기주의
strive 노력하다, 힘쓰다
mutation 돌연변이
malformed 기형인

1. Try to inspire people so much that they think to ①themselves, "I'm lucky!" You should attempt to be someone who encourages others and keeps ②them going. If you do, your voice will be ③the ones they hear in ④their head when they need a boost to their self-esteem.

2. Egotism is an obstacle to self-improvement that can cause us to favor one opinion over ①another. And if our ego grows too big, we stop caring about other people and only act to benefit ②ourselves. Therefore, instead of feeding the ego, we should strive to starve ③them.

3. DNA needs to make exact copies of ①it to ensure that the new molecules perfectly resemble the old ②ones. Differences are considered mutations and may well be harmful to the health of the organism. Some of these malformed cells die, but ③others survive.

1

Time Limit 2분15초

(A), (B), (C)의 각 네모 안에서 어법에 맞는 표현으로 가장 적절한 것은?

The 18th century is often called the "age of reason" because it was a time when rational and scientific thought were usually considered more important than the imagination. However, when the Scottish philosopher David Hume tried to explain how people form ideas, he had to acknowledge the importance of the imagination. His ideas then greatly influenced the philosopher Adam Smith, who adapted (A) it / them to create a theory of the psychology of scientific discovery. In this theory, the imagination actively attempts to explain various natural phenomena. Ultimately, Smith claims that the goal of scientific theory is (B) those / that of satisfying the imagination. Therefore, it can be argued that all scientific theories are products of the imagination and that the concept of truth does not directly apply to (C) them / themselves .

rational 이성[합리]적인
philosopher 철학자
phenomena *(pl.)* 현상

	(A)		(B)		(C)		(A)		(B)		(C)
①	it	.....	those	.....	them	②	it	.....	those	.....	themselves
③	them	.....	those	.....	them	④	them	.....	that	.....	them
⑤	them	.....	that	.....	themselves						

2

Time Limit 2분00초

다음 글의 밑줄 친 부분 중, 어법상 틀린 것은?

One of the best ways to make ambitious people waste their time is by offering them work that is "prestigious." ①That's how you get people to spend all their time doing meaningless things just for prestige. However, if you want to do what you truly love, you shouldn't worry about prestige. That's because, if you do anything well enough, you'll make ②it prestigious. Just follow your passion, and let prestige happen ③by itself. Also, if you have to choose between two types of work you admire equally, and one is more prestigious, you probably ought to choose ④the other. Prestige will always slightly influence your opinions about what's respectable, so if two different jobs appear to be equal, it's likely that you actually have more genuine respect for the less prestigious ⑤ones.

ambitious 야심 있는
prestigious 명망 있는
(*n.* prestige 위신, 명성)
respectable 존경할 만한, 훌륭한
genuine 진짜의, 진실한

Unit 16 형용사와 부사

형용사와 부사는 수식하는 대상이 서로 다르므로 이를 구분하여 사용하며, 형태는 비슷하나 뜻이 전혀 다른 형용사와 부사에 주의한다.

1. Three hours will be enough for us to make your home [free / freely] of any dirt.

2. Individual fish or birds react [most / almost] instantly to the movements of their neighbors in the school or flock.

3. The first shops sold just [a few / a little] products, such as meat and bread.

Self-Check
정답 확인
1. 형용사는 보어로 쓰이지만, 부사는 보어로 쓸 수 없다.
2. most는 '대부분의'를 뜻하는 형용사이고, almost는 '거의'를 뜻하는 부사이다.
3. a few는 셀 수 있는 명사와, a little은 셀 수 없는 명사와 함께 쓰이는 수량 형용사이다.

|정답| **1.** free **2.** almost **3.** a few

기출 문제 통으로 보기!   (A), (B), (C)의 각 네모 안에서 어법에 맞는 표현으로 가장 적절한 것은? [모의평가]

Many social scientists have believed for some time (A) [that / what] birth order directly affects both personality and achievement in adult life. In fact, people have been using birth order to account for personality factors such as an aggressive behavior or a passive temperament. One might say, "Oh, I'm the eldest of three sisters, so I can't help that I'm so overbearing," or "I'm not very successful in business, because I'm the youngest child and thus less (B) [aggressively / aggressive] than my older brothers and sisters." Recent studies, however, have proved this belief to be false. In other words, birth order may define your role within a family, but as you mature into adulthood, (C) [accepted / accepting] other social roles, birth order becomes insignificant.

	(A)		(B)		(C)
①	that	……	aggressively	……	accepting
②	that	……	aggressive	……	accepting
③	that	……	aggressive	……	accepted
④	what	……	aggressive	……	accepted
⑤	what	……	aggressively	……	accepted

|출제 의도 파악 Testing Point|

(A) have believed의 목적어 역할을 하는 명사절을 이끄는 접속사 that이 와야 한다.

(B) 주어를 설명하는 주격보어 자리이므로 형용사 aggressive가 오는 것이 적절하다.

(C) 분사구문의 의미상 주어(you)와 분사가 능동 관계이므로, 현재분사인 accepting이 와야 한다.

|정답| ②

1 형용사와 부사의 역할

형용사는 명사를 수식하거나 주어나 목적어를 설명하는 보어 역할을 하고, 부사는 형용사나 다른 부사, 동사, 또는 문장 전체를 수식한다.

A Consumers say that <u>organic</u> <u>products</u> are too <u>expensive</u>.
　　　　　　　　　　　　형용사　　　　　　　　　형용사(SC)

B You must water your plants to keep them <u>alive</u>.
　　　　　　　　　　　　　　　　　　　　　　　형용사(OC)

C People who <u>exercise</u> <u>regularly</u> are better at <u>thinking</u> <u>creatively</u>.
　　　　　　　　　　　　　　부사　　　　　　　　　　　　　　　부사

A 소비자들은 유기농 제품들이 너무 비싸다고 말한다. **B** 너는 너의 식물이 살아 있도록 물을 주어야 한다. **C** 규칙적으로 운동하는 사람들이 창의적으로 생각하는 데 더욱 능하다.

2 혼동하기 쉬운 형용사와 부사

A Fighting **deadly** diseases is usually very tough because the medical treatments are **costly**.

B While the boss was out, Tim worked **hard** while other employees **hardly** worked.

C Measles is a **highly** contagious disease that causes a **high** fever and a rash.

A 치명적인 질병과 싸우는 것은 보통 치료비가 많이 들기 때문에 매우 힘들다. **B** 상사가 자리에 없는 동안 Tim은 열심히 일한 반면 다른 직원들은 일을 거의 하지 않았다. **C** 홍역은 고열과 발진을 일으키는 전염성이 매우 강한 질병이다.

> **A -ly 형태의 형용사**
> costly(비싼), daily(매일의), deadly(치명적인), friendly(친근한), likely(~할 것 같은), lively(활기찬), lovely(사랑스러운) 등
>
> **B C 비슷한 형태의 형용사와 부사**
> → 암기장 p.06 참고

3 수량 형용사

many와 (a) few는 셀 수 있는 명사와 함께, much와 (a) little은 셀 수 없는 명사와 함께 쓰여 수나 양을 표현한다. a few와 a little은 '조금 있는'을, few와 little은 '거의 없는'을 의미한다.

A Too **much** caffeine can keep you from sleeping well.

B The young girl will bake cookies with **a little** help from her mother.

C There are **few** words that can describe the horror of the latest tragedy.

A 너무 많은 양의 카페인은 당신이 잠을 잘 잘 수 없게 할 수 있다. **B** 그 소녀는 어머니께 약간의 도움을 받아 쿠키를 구울 것이다. **C** 최근의 그 비극적인 사건의 공포를 묘사할 수 있는 말은 거의 없다.

어법 더하기	형용사의 한정적 용법 vs. 서술적 용법

명사 앞에서 명사를 수식하는 한정적 용법으로만 쓰이는 형용사	보어 역할을 하는 서술적 용법으로만 쓰이는 형용사
live, main, elder, total, own, favorite 등	afraid, alive, alike, ashamed, asleep, aware 등

A

각 네모 안에서 어법에 맞는 표현을 고르시오.

poverty trap 빈곤의 덫
investigate 조사하다

1. None of her friends know where she has been | late / lately |.

2. Josh didn't show up at the meeting today, which has happened very | rare / rarely | in the past few years.

3. He provides the support to make his employees | confident / confidently | in their problem-solving skills.

4. In developing countries, without education, there is | little / a little | chance of escaping the poverty trap.

5. The social historians investigated things that had stayed | large / largely | the same for centuries, such as people's diet.

B

다음 글의 밑줄 친 부분 중 어법상 틀린 것을 찾아 바르게 고치시오.

shingles 대상포진
blister 물집, 수포
prospect 가능성
mobility (사회적) 이동성,
유동성
extinction 멸종, 소멸

1. It turns out that mild cases of shingles with ① only a little blisters are more common than ② previously thought, probably because many of these cases go ③ unrecognized. Some sufferers experience ④ mostly itching, while others feel pain at even the slightest touch.

2. In the U.S., the prospect of ① upwardly mobility enjoyed by everyone from the ② early settlers to today's modern population is what is called the "American Dream." Although it unites Americans with a common vision, there is a ③ lively debate over whether this dream is still ④ alive and well.

3. The earliest settlers in the American south found alligators to be ① exceedingly abundant in ② many streams, especially in Florida and Louisiana. Today, however, this creature has become ③ scarce, having been driven ④ most to extinction in ⑤ nearly all the southern states.

1

Time Limit 1분45초

(A), (B), (C)의 각 네모 안에서 어법에 맞는 표현으로 가장 적절한 것은?

The reason we procrastinate can depend on either the given task itself or our own personalities. Understanding which it is can assist us in dealing with the situation efficiently. One common reason for putting things off is that we find a particular task (A) unpleasant / unpleasantly . If this is the case, the best solution is to get the task over and done with (B) quick / quickly . Another common cause is disorganization; those of us who are organized can fend off the temptation to put things off by relying on detailed schedules and lists that prioritize everything we need to accomplish. Knowing exactly how long a project will take and when it is due allows us to identify the precise day we need to begin in order to avoid it being (C) late / lately .

	(A)	(B)	(C)		(A)	(B)	(C)
①	unpleasant	······ quick	······ late	②	unpleasant	······ quickly	······ late
③	unpleasant	······ quick	······ lately	④	unpleasantly	······ quickly	······ late
⑤	unpleasantly	······ quick	······ lately				

procrastinate 미루다, 연기하다
efficiently 능률적으로
disorganization 무질서, 혼란
fend off ~을 피하다, 막아내다
prioritize 우선순위를 매기다

2

Time Limit 2분00초

다음 글의 밑줄 친 부분 중, 어법상 틀린 것은?

The leaking of private personal information can leave one ①vulnerable to all kinds of wrongdoing. For example, if the medical records of a person living with mental illness are released, that person could be denied housing or employment. That's because, even though these individuals can often live normal and productive lives, there is still ②much misunderstanding in society about mental illness. Similarly, a person who has been arrested, even if he or she turned out to be ③innocent, can be discriminated against. It has been shown that employers are much less ④likely to hire someone who has been arrested, even if he or she was acquitted. Also, because individuals can be wronged so ⑤serious by the release of sensitive personal information, this leaves them open to extortion by those with access to that information.

leak 새다, 누설되다
vulnerable (~에) 취약한, 연약한
wrongdoing 범법[부정] 행위; 범죄
discriminate 차별하다
acquit 무죄를 선고하다
extortion 강요, 강탈

Unit 17 비교 구문

형용사와 부사의 성질, 상태, 수량 등의 정도를 표현하는 비교 구문의 기본 형태에는 원급, 비교급, 최상급이 있다. 이때, 비교 대상은 문법적으로 대등한 형태여야 한다는 것에 주의하고, 시험에 자주 출제되는 주요 비교 표현들은 따로 알아 둔다.

기출 문장으로 Warm Up! 다음 각 네모 안에서 어법에 맞는 표현을 고르시오.

1. In many countries, soccer is | much / more | popular than any other sport.

2. In many places, soil erosion occurs at a | much / very | faster rate than that of the natural processes of weathering that replace the soil.

3. The more secure children feel, | the able / the better able | they are to move toward a life of their own.

Self-Check
정답 확인
1. 비교 구문의 기본 형태는 「비교급+than」이다.
2. 비교급 앞에 much, still, even, far 등을 사용해 비교급을 강조할 수 있다.
3. 「the+비교급~, the+비교급…」은 '~하면 할수록 더욱 …하다'를 의미한다.

|정답| **1.** more **2.** much **3.** the better able

기출 문제 통으로 보기! 다음 글의 밑줄 친 부분 중, 어법상 틀린 것은? [수능]

To be a mathematician you don't need an expensive laboratory. The typical equipment of a mathematician ① is a blackboard and chalk. It is better to do mathematics on a blackboard ② than on a piece of paper because chalk is easier to erase, and mathematical research is often filled with mistakes. One more thing you need to do is to join a club ③ devotes to mathematics. Not many mathematicians can work alone; they need to talk about what they are doing. If you want to be a mathematician, you had better ④ expose your new ideas to the criticism of others. It is so easy to include hidden assumptions ⑤ that you do not see but that are obvious to others.

|출제 의도 파악 Testing Point|

① 주어인 the typical equipment 가 셀 수 없는 명사이므로, 단수 동사 is를 쓴다.

② 앞에 비교급 better가 쓰였으므로, 비교 대상을 나타내기 위해 than을 쓴다.

③ 문장의 본동사는 is이므로, devotes 는 a club을 수식하는 과거분사 devoted로 고쳐야 한다.

④ 조동사 had better 뒤에 동사원형 을 쓴다.

⑤ hidden assumptions를 선행사 로 하는 목적격 관계대명사 that이 쓰였다.

|정답| ③ (devotes → devoted)

1 비교 구문의 기본 형태

A Exercise can be **as effective as** medication in treating common diseases.

B The land heats up **more quickly than** the sea in the daytime.

C Saturn was once thought to be **the farthest** planet in our solar system.

A 「as+원급+as」 '~만큼 …한[하게]' (원급의 부정은 「not so [as] ~ as」로 나타낸다.)

B 「비교급+than」 '~보다 …한[하게]'

C 「the+최상급+of 명사구/in 명사구/that(관계사)절」 '가장 ~한[하게]'

A 운동은 흔한 질병을 치료하는 데 있어 약물치료만큼 효과적일 수 있다. **B** 낮에는 육지가 바다보다 빨리 뜨거워진다. **C** 토성은 한때 우리 태양계에서 가장 먼 행성으로 여겨졌다.

2 비교급의 강조

much, still, even, far, a lot 등이 비교급 앞에 쓰여, '훨씬'의 의미로 비교급을 강조한다.

A Making mistakes is **a lot better than** not doing anything.

B Sam, who is **much younger than** his colleagues, received the promotion.

• very는 비교급을 수식할 수 없음에 유의한다.

A 실수를 하는 것이 아무것도 하지 않는 것보다 훨씬 낫다. **B** Sam은 그의 동료들보다 훨씬 어리지만, 승진을 했다.

3 주요 비교 표현

A The dinosaur is said to have been **ten times as big as** an elephant.
= ten times bigger than

B Keep in mind that **the more** you practice, **the easier** tasks will become.

C As I grow older, I feel that time is going **faster and faster** every year.

A 「배수사+as+원급+as (= 배수사+비교급+than)」 '~보다 몇 배로 …한[하게]'

B 「the+비교급~, the+비교급…」 '~하면 할수록 더욱 …하다'

C 「비교급+and+비교급」 '점점 더 ~한[하게]'

A 공룡은 코끼리보다 열 배 더 컸던 것으로 전해진다. **B** 네가 더 많이 연습할수록 과업은 더 쉬워질 것이라는 점을 명심하라. **C** 나는 나이를 먹어가면서 매년 시간이 점점 더 빨리 흘러가는 것처럼 느낀다.

어법 더하기 **주의해야 할 형용사의 비교급과 최상급**

원급	비교급	최상급	원급	비교급	최상급
late	later(뒤[나중]의)	latest(최신의)	far	farther(더 먼)	farthest(가장 먼)
	latter(후자의)	last(마지막의)		further(추가의)	furthest(최고도의)
old	older(더 늙은)	oldest(가장 늙은)	*현대영어에서는 farther와 further가 혼용되어 쓰이므로 출제 가능성이 낮다.		
	elder(손위의)	eldest(제일 손위의)			

A

각 네모 안에서 어법에 맞는 표현을 고르시오.

fatality 죽음, 사망자(수)
estimate 추정하다

1. The cherry blossom festival was not more fun / as fun as we thought it would be.

2. Traffic fatality rates are estimated to be three times greater at night than / as they are during the day.

3. A study shows that women talk almost three times as much / more as men, with the average woman saying 13,000 words more than the average man per day.

4. According to statistics, the larger cities get, much more / the more likely it is that their crime rates will rise.

5. We believe education is the more powerful / the most powerful weapon that we can use to make the world better.

B

다음 글의 밑줄 친 부분 중 어법상 틀린 것을 찾아 바르게 고치시오.

domain 영역[분야]
expertise 전문 지식[기술]

1. Ads on mobile phones are ①twice as effective as desktop ads among the general population, and they are ②far more effective when it comes to wealthy consumers. That's because the more wealthy consumers are, ③the most connected to mobile Internet they tend to be.

2. Information on an unfamiliar topic is about ①as meaningless to most adults as a random list of words. Experts, however, have a greater range of knowledge about a certain domain ②than others, and their ability to recall given information related to their area of expertise is typically ③a lot better that of the average person.

3. Schools are becoming high-tech, so ①more and more kids will be doing their schoolwork online, ②sooner rather than later. In fact, using computer games is one of ③the last techniques used to make students ④more motivated to learn.

1 Time Limit 2분00초

(A), (B), (C)의 각 네모 안에서 어법에 맞는 표현으로 가장 적절한 것은?

Aristotle was interested in finding the most general of principles. To his mind, the more general the knowledge, (A) the more / the most admirable it was. But some believe that Aristotle made one of the most important mistakes in the history of philosophy. He noted that theoretical knowledge is often acquired not so much for practicality (B) than / as out of curiosity, further proposing that there were two types of theoretical knowledge: one that was practical and one that was not. People interested in (C) the later / the latter were interested in it for its own sake, so Aristotle believed this to be the nobler pursuit. However, many people now argue that he confused motive with result, and that both types of knowledge are equally worthwhile.

admirable 감탄할 만한;
우수한
theoretical 이론의, 이론
적인
acquire 습득하다[얻다]
practicality 실현 가능성,
현실성
noble 고결한, 고귀한

	(A)	(B)	(C)
①	the more	than	the later
②	the most	than	the later
③	the more	as	the later
④	the most	as	the latter
⑤	the more	as	the latter

2 Time Limit 1분45초

다음 글의 밑줄 친 부분 중, 어법상 틀린 것은?

Although female executives must have great ambition and confidence in themselves, they are often ①far less confident that their companies will support their rise. In fact, a recent survey on gender and workplace diversity showed cultural factors at work to be more than ②twice as likely as individual factors to influence women's confidence. While the survey showed that the career ambitions of female workers were ③just as high as those of their male coworkers, it also showed that there are aspects of corporate culture that are making it ④harder and harder for women to reach the top, such as lower levels of interaction with and support from male employees. Also, men are ⑤much indifferent than women when it comes to this problem, so they tend not to support diversity initiatives that would correct the gender imbalance.

executive (기업의) 중역,
임원
diversity 다양성
gender imbalance 성(性)
불균형

Testing Point
① 서술적 용법의 형용사
② 비교 구문
③ 대명사의 수 일치
④ 형용사 vs. 부사
⑤ 형용사 vs. 부사

1

다음 글의 밑줄 친 부분 중, 어법상 틀린 것은?   Time Limit 2분00초

You can see the damage meteorite impacts are capable of doing simply by looking up at the heavily cratered moon. The earth and the moon are ①alike in that both intercept meteorites. But why does the moon have so many craters while the earth does not? The earth receives just ②as many incoming meteorites as the moon, but actual impact craters are few and far between thanks to ③their atmosphere. Small meteorites burn up before ever reaching the earth's surface. And even when some do reach the surface, their impact craters are ④quickly eroded by weather generated in the atmosphere. But because the moon lacks an atmosphere, its surface has been struck by every meteor whose trajectory it has interrupted, and the resulting craters have remained essentially ⑤unchanged for the last 4 billion years.

Testing Point
① 형용사 vs. 부사
② 비교 구문
③ 형용사 vs. 부사
④ 서술적 용법의 형용사
⑤ 비교급의 강조

2

다음 글의 밑줄 친 부분 중, 어법상 틀린 것은?   Time Limit 2분00초

On June 6th, 1912, Alaska was rattled by a series of small earthquakes that turned out to be predecessors to the 20th century's most powerful volcanic eruption. The initial blast launched an enormous cloud of ash ①skyward, and the eruption continued for 60 hours, launching rock fragments and gas high into the atmosphere. By the time it ended, approximately 30 cubic kilometers of volcanic material had covered the region, ②thirty times more than that from the eruption of Mount St. Helens, which was one of North America's largest volcanic explosions in recent years. A few hours later, ash began to descend and continued to do so for three days, which made breathing ③difficultly and blocked out the sun. Despite all of this, few people outside of Alaska were ④aware of the eruption. ⑤Even more surprising is the fact that no one was sure which volcano had erupted.

Vocabulary

1 meteorite 운석   cratered 분화구가 많은(n. crater 분화구)   intercept 가로막다   erode 풍화[침식]시키다   trajectory 궤도

2 rattle ~을 덜걱덜걱 움직이다; 혼란시키다   predecessor 전임자; 이전의 것   eruption (화산의) 폭발, 분화; (화산의) 분출 (물)   fragment 조각, 파편   descend 내려오다, 내려가다

3 다음 글의 밑줄 친 부분 중, 어법상 틀린 것은?　　　　**Time Limit** 2분15초

As comets streak through our solar system, they often release dust, forming an elliptical trail of debris that crosses the orbital paths of the planets. During its ①yearly orbit around the sun, the earth proceeds to pass through this debris, and meteor showers occur. The next year, the same thing happens, which is why ②most meteor showers are predictable events. The duration of these showers, however, can vary; some last for mere hours, ③the other for days. The deciding factor is the width of the dust trail at the point where the earth passes through ④it. Solar winds emanating from the sun can move the dust from the original path of the comet — the smaller the dust particle, ⑤the farther it can be moved, broadening the trail.

Testing Point
① 혼동하기 쉬운 형용사
② 혼동하기 쉬운 형용사
③ 부정대명사
④ 대명사의 수 일치
⑤ 비교 구문

4 다음 글의 밑줄 친 부분 중, 어법상 틀린 것은?　　　　**Time Limit** 1분45초

In an experiment, students were ①randomly assigned roles in a game — some were heroes, others were villains, and the rest were neutral characters. After playing this game for five minutes, they were asked to give either chocolate sauce or spicy sauce to another participant, with the warning that the other person would be required to consume as much as they poured. The results were ②revealing: For participants who played heroes, the amount of chocolate sauce they poured was ③twice as much as the amount of chili sauce. And they poured more chocolate than participants who played either of ④the other roles. But the amount of chili sauce poured by participants who played the villain role was ⑤near double the amount of chocolate sauce they poured.

Testing Point
① 형용사 vs. 부사
② 형용사 vs. 부사
③ 비교 구문
④ 부정형용사
⑤ 형용사 vs. 부사

---

3 comet 혜성　**streak** 전속력으로[쏜살같이] 가다　**elliptical** 타원형의　**debris** 파편, 잔해　**orbital** 궤도의　**meteor shower** 유성우(流星雨)　**emanate** 발산[방사]하다
4 randomly 무작위로　**villain** 악당; 악역　**neutral** 중립적인

→

"People are always blaming their circumstances for
what they are. I don't believe in circumstances.
The people who get on in this world are the people
who get up and look for the circumstances they want,
and if they can't find them, make them."

George Bernard Shaw

Chapter 5

기타 구문

→

Unit 18 병렬구조

등위접속사 또는 상관접속사로 연결되는 어구들은 문법적으로 서로 대등한 형태인 병렬구조를 이룬다. 이는 비교·대조를 나타내는 구문에서도 동일하게 적용된다.

기출 문장으로 Warm Up! **다음 각 네모 안에서 어법에 맞는 표현을 고르시오.**

1. By placing the trees near the edge of the yard and to grow / growing grapes on a fence, we can have a more enjoyable outdoor living space.

2. Climate change may not only force the shutting down of gas-producing areas, but also increase / increasing the possibility of exploration in areas of the Arctic through the reduction in ice cover.

3. You are under the impression that you do not have as many items to pack as you really are / do.

Self-Check
정답 확인

1. 전치사 by의 목적어인 동명사구가 등위접속사 and로 병렬 연결되어 있다.
2. 조동사 may 뒤의 동사원형이 상관접속사 「not only A but also B」에 의해 병렬 연결되어 있다.
3. 「as+원급+as」 비교 구문에서 비교 대상이 되는 동사가 일반 동사 have이므로, 대동사 do를 쓴다.

|정답| **1.** growing **2.** increase **3.** do

기출 문제 통으로 보기! **다음 글의 밑줄 친 부분 중, 어법상 틀린 것은?** [모의평가]

Mr. Brown wanted his students to learn math in the context of real life. He felt it was not enough for them just to work out problems from a book. To show his students how math could really help ①them, he held several contests during the year. The contests allowed his students ②to have fun while they practiced math and raised money. Once he filled a fishbowl with marbles, asked the students to guess how many marbles there were, and ③awarded a free lunch to the winner. Another time they entered a contest to guess how many soda cans the back of a pickup truck ④was held. To win, they had to practice their skills at estimating, multiplying, dividing, and measuring. They used ⑤most of the prize money for an end-of-the-year field trip.

│출제 의도 파악 Testing Point│

① 앞에 나온 명사 students를 받는 복수형 대명사 them이 적절하다.

② allowed의 목적격보어로 to부정사가 쓰였다.

③ 동사 filled, asked, awarded가 등위접속사 and로 연결된 병렬구조이다.

④ 주어인 the back of a pickup truck이 동작의 주체이므로, 동사의 태는 수동이 아니라 능동이 되어야 한다.

⑤ '대부분'을 나타내는 대명사 most가 적절하다.

|정답| ④ (was held → held)

1 등위접속사로 연결된 병렬구조

A The club's members are expected **to communicate** effectively *and* **(to) work** collaboratively.

B In the evenings we **watched** TV, **played** cards, *or* **read** some books.

C The machine **is believed** to cause harm *but* **is not used** frequently enough to pose a significant threat.

• 접속사나 비교·대조 구문에 의해 연결되는 어구들은 문법적인 형태 (품사, 시제, 태 등)가 동일해야 한다.

A 그 동호회 회원들은 효과적으로 의사 소통하고 협동적으로 일할 것으로 기대된다. **B** 저녁이면 우리는 TV를 보거나, 카드놀이를 하거나, 책을 읽었다. **C** 그 기계는 해를 일으킬 수 있다고 여겨지지만 심각한 위협이 될 만큼 자주 사용되지 않는다.

2 상관접속사로 연결된 병렬구조

A He marched with his soldiers, *neither* **washing** himself *nor* **changing** his clothing.

B After reading the book, I felt *not* **that I understood more**, *but* **that I was understood**.

C I had to make the decision *either* **to revise** the paper *or* **(to) write** something new.

• 상관접속사의 종류
→**Unit11** p.63 참고

A 그는 씻지도 않고 옷을 갈아입지도 않고 자신의 병사들과 함께 행군했다. **B** 그 책을 읽은 뒤, 나는 더 많은 것을 이해한다기보다는 내가 이해받고 있다고 느꼈다. **C** 나는 그 논문을 수정할 것인지 새로운 것을 쓸 것인지에 대한 결정을 내려야 했다.

3 비교·대조 구문의 병렬구조

A I'm *more interested* in altering images that already exist *than* in creating new ones.

B I think **describing reality** is totally *different from* **dealing with it**.

A 나는 새로운 이미지를 창조하는 것보다 이미 존재하는 이미지를 변형시키는 것에 더 흥미를 느낀다. **B** 나는 현실을 묘사하는 것과 그것에 대처하는 것은 완전히 다르다고 생각한다.

A 각 네모 안에서 어법에 맞는 표현을 고르시오.

applicant 지원자
passionate 열중한, 열심인
carbon dioxide 이산화탄소

1. The applicants look forward to hearing from or speak / speaking with the employer.

2. Jenny will stay the course and be as passionate as her coworkers do / are about the work.

3. The new course will not only allow students to have interesting discussions but also give / to give them more chances to develop practical skills.

4. Many people assume that we yawn because our bodies are trying to get rid of extra carbon dioxide and taking / take in more oxygen.

5. You would be better off investing your money rather than simply put / putting it under your mattress.

B 다음 글의 밑줄 친 부분 중 어법상 틀린 것을 찾아 바르게 고치시오.

sensationalize 선정적으로 다루다[표현하다]
strive 노력하다; 분투하다
meditation 명상, 묵상
sink 빠지다; 가라앉다
recall 생각해내다; 상기시키다

1. Politicians constantly say things and ①take actions that are meant not to improve things but ②to have a positive effect on voters. In turn, the media tends to repeat the most extreme comments and ③to sensationalize events in order to attract and ④keeps viewers' attention.

2. Our country is headed toward a disaster, but neither reducing spending nor ①raising taxes will save us. Unless we shift course, our children will enjoy far fewer benefits than we ②are. We need economic growth, and that only comes from innovation. We should all be creative, striving to fix problems and ③to make things better.

3. Our machine offers the same benefits as meditation. You simply sit down, put the headphones on, and ①sinking into a state of relaxation. After you remove the headphones, your brain will function more effectively than it ②did before. What's more, your ability both to recall information and ③to memorize new things will be increased.

Time Limit 2분00초

(A), (B), (C)의 각 네모 안에서 어법에 맞는 표현으로 가장 적절한 것은?

Fallout radiation is caused by particles that are made radioactive by a nuclear explosion and (A) distributed / distributes in different areas surrounding the site of the blast. If a nuclear blast were to occur, particles would be scooped up from the ground and irradiated. Those only rising a short distance would land near the center of the blast, but because most people in this area would have already been killed, these particles would not cause many deaths. Efforts at rescue or eventual (B) reconstructing / reconstruction, though, would be complicated by the residual radioactivity. Meanwhile, some particles would be carried long distances by the wind, returning to the ground with eventual rainfall. Affected areas would become "hot spots" and give off more intense radiation than their surroundings (C) are / would.

fallout radiation 방사성 낙진
radioactive 방사성[능]의
blast 폭발
irradiate 방사선을 쬐다: 빛 나게 하다
residual 남은. 잔여[잔류]의

	(A)	(B)	(C)
①	distributed	…… reconstructing	…… are
②	distributed	…… reconstructing	…… would
③	distributed	…… reconstruction	…… would
④	distributes	…… reconstructing	…… are
⑤	distributes	…… reconstruction	…… would

Time Limit 2분15초

다음 글의 밑줄 친 부분 중, 어법상 틀린 것은?

Through the process of evolution, many male animals have developed horns to fight each other over females. One scientist believes that this development is basically the same as ①one in plants called milkweeds. The pollen of these plants is contained within structures called pollinaria, which attach themselves to insects and ②are thus carried to other flowers. Some of these pollinaria, however, have horn-like structures. The scientist believes their purpose is to push away other pollinaria, preventing them from attaching themselves to insects and thus ③reducing competition. The scientist concludes that neither self-propulsion nor ④well-developed sensory perception is required for there to be a struggle for reproductive dominance. He suggests that physical contact alone is enough not only to influence the mating success of competitors but also ⑤promotes the evolution of weaponry.

evolution 진화
horn 뿔
milkweed [식물] 박주가리
pollen 꽃가루, 화분
pollinaria (pl.) 꽃가루 덩이
self-propulsion 자기 추진
dominance 우위. 우성(優性)
weaponry 무기(류)

Unit 19 어순

특정 어구가 강조되거나 다른 문장에 삽입될 때 어순이 변하는 경우가 있다. 특히 주어와 동사의 순서가 바뀌는 도치 구문은 수능에 자주 출제되므로 유의하여 알아 둔다.

다음 각 네모 안에서 어법에 맞는 표현을 고르시오.

1. Beneath the stamped imprint | a notation was / was a notation | from the bank in ink.

2. I asked a clerk where | did they keep / they kept | books about computers.

3. Possibly the most effective way to focus on your goals is to | write them down / write down them |.

Self-Check
정답 확인

1. 부사(구)가 강조되어 문두에 오면 주어와 동사가 도치된다.
2. 간접의문문은 「의문사+주어+동사」의 어순을 취한다.
3. 「동사+부사」로 이루어진 구동사의 목적어가 대명사인 경우 「동사+대명사+부사」의 어순을 취한다.

|정답| **1.** was a notation **2.** they kept **3.** write them down

---

기출 문제 통으로 보기! **(A), (B), (C)의 각 네모 안에서 어법에 맞는 표현으로 가장 적절한 것은?** [모의평가]

Language never stands still. Every language, until it ceases to (A) | speak / be spoken | at all, is in a state of continual change. The English which we speak and write is not the same English that was spoken and written by our grandfathers. Nor (B) | was their English / their English was | precisely like that of Queen Elizabeth's time. The farther back we go, (C) | the little / the less | familiar we find ourselves with the speech of our ancestors. So finally we reach a kind of English that is quite strange to us, as if it were a foreign tongue.

	(A)		(B)		(C)
①	speak	……	their English was	……	the less
②	speak	……	was their English	……	the little
③	be spoken	……	was their English	……	the less
④	be spoken	……	was their English	……	the little
⑤	be spoken	……	their English was	……	the little

|출제 의도 파악 Testing Point|

(A) to부정사와 의미상 주어인 every language가 수동 관계이므로, 수동형 to부정사를 써야 한다.

(B) nor가 앞 문장의 내용을 받아 문두에 오는 경우 주어와 동사가 도치되므로, **was their English**가 적절하다.

(C) '~할수록 더욱 …하다'의 의미인 「the 비교급~, the 비교급…」 구문이므로, 비교급 형태의 **the less**가 적절하다.

|정답| ③

1 도치 구문

부정어(구)나 장소·방향을 나타내는 부사(구), 혹은 보어가 강조되어 문두에 오면, 주어와 동사의 순서가 바뀌는 도치가 일어난다.

A Never in my wildest dreams **did I** think I would go to India.
　　　부정어
B Next to the table **is a window** overlooking the vineyards.
　　　부사구
C So great **was his** astonishment that he was speechless.
　　　보어
D Jane has never been to Japan, and neither **has her sister**.

A 내가 인도에 가게 될 줄은 꿈에도 생각 못 했다. **B** 테이블 옆에는 포도원이 내려다보이는 창문이 있다. **C** 너무 놀라 그는 말문이 막혔다. **D** Jane은 한 번도 일본에 가보지 못했고, 그녀의 언니 또한 그렇다.

A 부정어(구)에 의한 도치
never, not, little, hardly, rarely, seldom, scarcely, only 등이 문두에 오면서 주어와 동사가 도치되는데, 일반 동사가 있는 문장은 「do[does, did]+주어+동사원형」의 어순을 취한다.

D 관용적 도치
so, neither, nor가 앞 절 또는 문장의 내용을 받으면서 문두에 오는 경우 도치가 일어난다.

2 간접의문문

간접의문문의 어순은 「의문사+주어+동사」이며, 의문사가 주어 역할을 하는 경우는 「의문사(주어)+동사」의 어순이 된다.

A I wonder where that skinny person gets his strength from.
　　　　　　　의문사　　　S　　　　　V
B No one knows who will have the best game.
　　　　　　　의문사 (S)　　V

A 저렇게 마른 사람에게 어디서 그런 힘이 나오는지 궁금하다. **B** 게임의 승자가 누가 될지는 아무도 모른다.

3 기타 주의해야 할 어순

A I am not **so strong a man** as my father was.

Our diversity is what makes us **such a strong organization**.

B Our soil is **fertile enough to grow** big, healthy tomatoes.

C Children's development largely depends on how their parents **bring them up**.

A 나는 우리 아버지가 그랬던 것만큼 강한 남자가 아니다. / 우리의 다양성은 우리를 매우 강한 단체로 만들어주는 요소이다. **B** 우리 땅은 크고 싱싱한 토마토를 재배하기에 충분히 비옥하다. **C** 아동의 발달은 부모가 그들을 어떻게 양육하는가에 크게 좌우된다.

A 「so+형용사+a(n)+명사」
「such+a(n)+형용사+명사」
B 「형용사/부사+enough to-v」
C 「동사+부사」로 이루어진 구동사의 목적어가 대명사인 경우 「동사+대명사+부사」의 어순을 취한다.
→ **암기장** p.07 참고

어법 더하기　**주요 도치 구문**

- 「not only V+S but also ...」 '~뿐 아니라 …도' ex) Not only **did she** see a ghost but also talked to it.
- 「not until ~ V+S」 '~한 후에야 …하다' ex) Not until he got cancer **did he** stop smoking.
- 「no sooner V+S than ...」 '~하자마자 …하다' ex) No sooner **had he** arrived than he fell ill.

A

각 네모 안에서 어법에 맞는 표현을 고르시오.

quantity 양, 분량

1. Hardly had they / they had arrived at Munich International Airport when their connecting flight to Berlin was announced.

2. Essay editing time depends largely on how many words is your essay / your essay is.

3. So / Such beautiful a place was my hometown that when memories of it come to my mind, tears of happiness fill my eyes.

4. Inside the tomb an underground palace was / was an underground palace whose artwork was made with a large quantity of mercury.

5. If you're a teenager, your life goals may change, but you have enough time to think over them / think them over.

B

다음 글의 밑줄 친 부분 중 어법상 틀린 것을 찾아 바르게 고치시오.

veteran 재향 군인
census 인구조사
shaman 마술사
flee 달아나다, 도망하다
(flee-fled-fled)

1. Not until 1978 ① the Veterans of Foreign Wars admitted women. The organization did not consider them veterans. Neither ② did the Vietnam Veterans of America (VVA). Only after a former army nurse met with its founders and ③ won them over ④ did the VVA accept women.

2. Some census statistics from the Roman Empire are available today. But they are not ① enough reliable to be very useful, as the empire included many provinces and it is unclear ② which of these were counted as part of the population statistics. Also clouding the science of the census ③ is the question as to whether it included women and slaves.

3. In a distant land ① lived a great shaman. He had ② such strong powers that he was able to live in the sky. He brought only fire and his sister with him. But he added ③ so much fuel to the fire that it became the sun. His sister burned her face on the sun and fled, becoming the moon. Her brother tried to ④ track down her, but failed.

정답 및 해설 **p.46**

Time Limit 1분45초

(A), (B), (C)의 각 네모 안에서 어법에 맞는 표현으로 가장 적절한 것은?

In 1924, George Mallory, when asked (A) why he desired / why did he desire to climb Mount Everest, famously replied, "Because it is there." He clearly had no firm idea as to the reason he was driven to climb the mountain, and (B) neither do / do neither many of the others who attempt to climb it. While money or fame may motivate some climbers, others seem to see the peak of Everest, the highest place on earth, as a connecting point between this world and the next. (C) So is great / So great is the desire of human beings to reach heaven that Mount Everest unconsciously becomes a representation of what they wish to attain. Climbing to its top is therefore symbolic of ascending to a higher state.

peak 산꼭대기, 정상
attain 달성하다, 이루다
ascend 오르다; 높아지다

	(A)		(B)		(C)
①	why he desired	·····	neither do	·····	So is great
②	why he desired	·····	do neither	·····	So is great
③	why he desired	·····	neither do	·····	So great is
④	why did he desire	·····	do neither	·····	So great is
⑤	why did he desire	·····	neither do	·····	So is great

Time Limit 2분00초

다음 글의 밑줄 친 부분 중, 어법상 틀린 것은?

Scattered throughout Europe and Russia for centuries, the Jewish people long dreamed of establishing their own nation. The history of ①how Israel was created dates back to 1897 and the founding of the Zionist movement. But creating a Jewish homeland did not happen quickly, ②nor was it easy. It was eventually decided that the creation of ③such a nation could only take place in Palestine, but the Palestinian people living in the area were obviously unwilling to ④give it up. At first, Jewish people began to relocate there in small numbers, living peacefully among the established population. Only after a few years, when the number of Jewish settlers began to increase sharply, ⑤the Palestinian people grew hostile and unwelcoming.

Zionist 시온주의자
unwilling 꺼리는, 싫어하는
relocate 이주하다
hostile 적대적인

Unit 20 특수 구문

가주어 it, 가목적어 it이 쓰인 구문과 강조 구문 등은 문장의 기본 형식에서 변형된 것이므로 유의하여 알아 둔다.

기출 문장으로 Warm Up! **다음 각 네모 안에서 어법에 맞는 표현을 고르시오.**

1. When she reached her car, it / this occurred to her that she might have forgotten to turn off the gas range.

2. The lack of time for relaxation makes it more difficult get / to get the most out of your studies.

3. The trees made hardly any difference in the amount of noise, but they block / did block the view of the highway.

Self-Check
정답 확인
1. 진주어 that절을 대신하여 가주어 it을 쓴 형태이다.
2. to부정사구인 진목적어를 대신해 가목적어 it을 쓴 형태이다.
3. 동사의 의미를 강조하기 위해서 동사 앞에 조동사 do[does, did]를 쓴 형태이다.

|정답| **1.** it **2.** to get **3.** did block

기출 문제 통으로 보기! **(A), (B), (C)의 각 네모 안에서 어법에 맞는 표현으로 가장 적절한 것은?** [수능]

I was five years old when my father introduced me to motor sports. Dad thought (A) it / which was a normal family outing to go to a car racing event. It was his way of spending some quality time with his wife and kids. (B) Few / Little did he know that he was fueling his son with a passion that would last for a lifetime. I still remember the awesome feeling I had on that day in May when my little feet (C) carried / were carried me up the stairs into the grandstands at the car racing stadium.

|출제 의도 파악 **Testing Point**|

(A) 뒤에 오는 진주어 to go to a car racing event를 대신하는 가주어 it이 필요하다.

(B) 부정어가 문두에 나와 도치된 형태로, 셀 수 없는 추상적인 개념을 나타내는 Little이 적절하다.

(C) my little feet가 carry의 주체이고 바로 뒤에 목적어(me)가 나오므로, 동사의 태는 능동형인 carried가 적절하다.

|정답| ①

	(A)		(B)		(C)
①	it	......	Little	......	carried
②	it	......	Few	......	were carried
③	it	......	Little	......	were carried
④	which	......	Few	......	carried
⑤	which	......	Little	......	were carried

1 가주어 it

문장의 주어가 to부정사구, 명사절 등으로 길어지면, 주어 자리에 가주어 it을 쓰고 진주어를 뒤로 보낸다.

A It can be confusing <u>to use the same term for different things.</u>
진주어 (to부정사구)

B It is not clear <u>how many people were injured in the accident.</u>
진주어 (명사절)

A 다른 것들에 대해 같은 용어를 사용하는 것은 혼란을 줄 수 있다. **B** 그 사고에서 얼마나 많은 사람들이 부상을 당했는지는 확실하지 않다.

2 가목적어 it

5형식 문장의 목적어가 to부정사구, 명사절 등으로 길어지면, 목적어 자리에 가목적어 it을 쓰고 진목적어를 뒤로 보낸다.

A We consider it an honor <u>to be able to help you in this painful time.</u>
진목적어 (to부정사구)

B He thought it strange <u>that the girl wore shorts in winter.</u>
진목적어 (명사절)

A 우리는 이 괴로운 순간에 당신을 도울 수 있음을 영광으로 생각합니다. **B** 그는 그 소녀가 겨울에 반바지를 입고 있는 것을 이상하게 여겼다.

• 가목적어 it을 주로 쓰는 동사
make, think, find, believe, consider 등

3 강조 구문

A It is language **that** allows us to identify things and think of them in general terms.

B The students who **do read** a newspaper daily scored higher on the test than those who don't.

A 우리가 사물을 알아보고 그것을 일반적인 용어로 생각할 수 있게 하는 것은 바로 언어이다. **B** 신문을 매일 꼭 읽는 학생들이 그렇지 않은 학생들보다 시험에서 더 높은 점수를 받았다.

A 「it is[was] ~ that[who]」 강조 구문
주어, 목적어, 부사(구) 등을 it is[was]와 that 사이에 두어 강조한다. 강조되는 말이 사람인 경우 that 대신 who를 쓸 수 있다.

B 「do[does, did]+동사원형」
'정말[확실히, 꼭] ~하다'

어법 더하기 **it을 이용한 주요 구문**

- 「it seems that S+V」 '~인 것 같다' ex) **It seems that** you didn't get enough sleep last night.
- 「it is likely that S+V / It is likely to-v」 '~할 것 같다' ex) **It is likely that** Tom will succeed.
- 「it takes+시간/노력/돈+to-v」 '~하는 데 …가 들다'
  ex) **It took** many years **to overcome** my fear of public speaking.
- 「take it for granted that S+V」 '~을 당연하게 여기다'
  ex) We **take it for granted that** the sun will come up tomorrow morning.

A 각 네모 안에서 어법에 맞는 표현을 고르시오.

jury 배심(원단)
the accused 피의자[피고
(인)]
pronounce 선고하다

1. I'm getting heavier, but I find it hard [motivate / to motivate] myself to exercise.

2. If a jury determines that the accused is guilty, [it / that] is the judge who pronounces the sentence.

3. They decided [it / which] would be best for their children to get away from the city for a while.

4. It is essential to ask the trainer [that / which] fitness class will most suit your specific goals.

5. Some people believe [it / that] necessary to teach children a manual skill appropriate to their gender and age.

B 다음 글의 밑줄 친 부분 중 어법상 틀린 것을 찾아 바르게 고치시오.

demonstrate 입증하다
radio wave 전파
patent ~의 특허를 얻다
transmit 전송[송신]하다
radical 급진적인, 과격한
obese 비만인
transaction 거래

1. In 1886, Heinrich Rudolf Hertz demonstrated the existence of radio waves, but ①it was Nikola Tesla who patented the technology in 1897. Radio waves transmit invisible information through the air. Today, we take it for granted ②that they exist, but at that time ③this was quite radical to demonstrate that things we cannot see are all around us.

2. We have been told that, as students, it is we ①who must change our own lifestyles for the better. It is clear ②that there is less chance of becoming stressed out and obese if we spend more time being active outdoors. When I'm outside, I ③did feel much healthier and relaxed.

3. In the 1980s, the term "globalization" became popular, due to the new technology that made it easier ①complete international transactions. Some believe it is developing countries ②that need globalization most, as ③it provides them with the chance to join the world economy. They argue that these nations ④do benefit from international trade, despite some negative effects.

1 Time Limit 1분45초

(A), (B), (C)의 각 네모 안에서 어법에 맞는 표현으로 가장 적절한 것은?

Although most teenagers argue with their parents, it is extremely unlikely (A) what / that these fights will have a serious effect on family relationships. This is because the teenagers are simply taking the first steps toward breaking free of their parents' control. Although this can be a difficult realization for the parents, (B) it / they can be reassured that most children continue to value their parents' opinions well into their adult life. The cause of these arguments is often simply the fact that teens and adults view things quite differently. For example, while parents might see appearance as a part of gaining the acceptance of others, teenagers consider (C) it / that important to choose their own clothes as a form of personal expression, as doing so is a symbol of their independence.

realization 깨달음, 이해
reassure 안심시키다
acceptance 받아들임, 수용

	(A)	(B)	(C)		(A)	(B)	(C)
①	what	it	that	②	what	they	it
③	that	it	it	④	that	it	that
⑤	that	they	it				

2 Time Limit 2분00초

다음 글의 밑줄 친 부분 중, 어법상 틀린 것은?

The past and future are merely illusions, and only the present is real. ①This is easy to understand, but difficult to put into practice. The best way to focus on the present is by using gratitude and forgiveness. Gratitude works by making you appreciate all the things you currently have instead of thinking about things you want in the future. And gratitude can keep you from worrying about the future, but it is forgiveness ②that can prevent you from reliving the past. Everyone ③does have painful memories from their past. However, holding onto these memories makes ④them impossible to achieve true happiness, which only exists in the present. The pain may still be there, but ⑤it seems that dwelling on it only makes things worse.

gratitude 감사
relive 다시 체험하다, 회상하다
dwell on ~을 곱씹다

Testing Point

① 가주어 it
② 「so ~ that ...」 구문
③ 도치 구문
④ 도치 구문
⑤ 병렬구조

1 다음 글의 밑줄 친 부분 중, 어법상 **틀린** 것은?　　　　　　　Time Limit 2분00초

Imagine a sequence in which each number is the sum of the two numbers that precede it: 1, 1, 2, 3, 5, 8, 13, 21, 34, 55, 89, 144, and so on. This is known as a Fibonacci series. There is nothing special about the sequence itself, but ①it is quite amazing that this pattern repeatedly occurs in nature. In fact, it appears so frequently in nature ②that it can be considered a universal principle. The petals of many flowers appear only in Fibonacci numbers. ③So do the seeds of sunflowers. This phenomenon has been long known, but only recently ④scientists have begun to understand why it occurs. They believe it is a matter of efficiency related to optimizing light intake or ⑤maximizing space.

Testing Point

① such의 어순
② 병렬구조
③ 「it is ~ that」 강조
　구문
④ 간접의문문의 어순
⑤ 도치 구문

2 다음 글의 밑줄 친 부분 중, 어법상 **틀린** 것은?　　　　　　　Time Limit 2분15초

The philosopher Jean-Paul Sartre rejected the idea of a common human nature that finds its ideal in a divine being. He believed that there was ①no such pre-existing idea of humanity that limits or determines human existence. In order to express this belief, he came up with the idea that "existence precedes essence." Furthermore, he dismissed the notion of there being any fundamental guidelines for life and ②thinking of humans as beings that must ultimately confront the fact that life does not have any intrinsic meaning. It is in fact a doctrine of radical freedom ③that Sartre is proposing. Not only are we always free to choose our own actions, we are also free to choose ④who we essentially are. In other words, only through our decisions ⑤can we construct what it means to be a human being.

| Vocabulary |

1 sequence 일련의 연속　precede ~에 앞서다; ~보다 우선하다　efficiency 효율, 능률　optimize 최대한으로 활용하다
intake 빨아들임, 흡입
2 divine 신의; 신성한　dismiss 묵살하다　intrinsic 고유한, 본질적인　doctrine 신조; 교리　radical 근본적인
construct 생각해 내다; 건설하다

3 다음 글의 밑줄 친 부분 중, 어법상 틀린 것은?

Time Limit 2분00초

Empire Architecture is proud to introduce the Bayview Tower, a five-star luxury hotel built to be partially floating on the water. With this hotel, Empire Architecture is focusing on unconventional elements and ① playfully emphasizing building features that are usually mundane. The hotel has 200 rooms arranged so that no two have an identical view. The building is as much a showplace for architectural design ② as it is a fully functional hotel. In the lobby-level restaurant, ③ so are near the ocean's waves that their spray covers the front window with salty droplets. And, because Empire Architecture is not only committed to beauty but also ④ to energy conservation, the window acts as a curtain, opening when the weather is ⑤ cool enough and closing when it is not.

Testing Point
① 병렬구조
② 「as much A as B」 구문
③ 도치 구문
④ 병렬구조
⑤ enough의 어순

4 다음 글의 밑줄 친 부분 중, 어법상 틀린 것은?

Time Limit 1분45초

Earworms, which are songs that get stuck in our heads and ① stay there for an extended period, may actually have a useful neurological function. A group of researchers is developing the theory that they act much like a screensaver, giving the brain a minor task to keep it alert when it is idle. ② It may be the case that earworms act as a kind of stimulant, much like upbeat music does. However, there are those who view earworms as a nuisance and find it hard ③ accept that they serve a purpose. One woman explained ④ how she had been plagued by a single song for years, hearing it every time she experienced stress. Even if earworms ⑤ do keep the brain alert, it is clear that not everyone appreciates the service.

Testing Point
① 병렬구조
② 가주어 it
③ 가목적어 it
④ 간접의문문의 어순
⑤ 강조의 do

---

3 partially 부분적으로 **unconventional** 색다른, 독특한 **mundane** 재미없는, 일상적인 **identical** 동일한, 똑같은 **droplet** 작은 (물)방울
4 neurological 신경학(상)의 **alert** 기민한 **idle** 나태한 **stimulant** 흥분제, 자극제 **upbeat** 즐거운, 명랑한 **nuisance** 성가신 것 **plague** 괴롭히다

→

"People are always blaming their circumstances for
what they are. I don't believe in circumstances.
The people who get on in this world are the people
who get up and look for the circumstances they want,
and if they can't find them, make them."

George Bernard Shaw

Actual Test

실전 모의고사

→

1

(A), (B), (C)의 각 네모 안에서 어법에 맞는 표현으로 가장 적절한 것은?　　Time Limit 1분45초

A group of scientists who study the body's natural daily rhythm (the so-called "circadian clock") claim that they have discovered a way to determine what time of day (A) | is a person / a person is | most likely to die. The researchers were initially looking at the way things such as preferred sleep times are determined by a person's circadian rhythms. But when investigators went back and looked at subjects who had been participating in the study for a long time, (B) | some of whom / some of them | had passed away, they made a surprising discovery. They saw that the subjects with the early-riser genotype tended to die just before 11 a.m., while those with the late-sleeper genotype mostly died just before 6 p.m. In other words, the same gene that determined people's sleep-wake patterns (C) | predicted / predicting | their time of death.

	(A)	(B)	(C)
①	is a person	…… some of whom	…… predicted
②	is a person	…… some of them	…… predicting
③	a person is	…… some of whom	…… predicted
④	a person is	…… some of whom	…… predicting
⑤	a person is	…… some of them	…… predicted

2

다음 글의 밑줄 친 부분 중, 어법상 틀린 것은?　　Time Limit 2분00초

Europe's first family coats-of-arms originated in the early Middle Ages, and by the feudal period they ①had come into common use. They became very important for medieval knights, who used them to quickly and easily identify ②themselves to both friends and foes during tournaments and battles. Interestingly, a similar system developed in feudal Japan, ③although, of course, it used different images and symbols. Women, except for a reigning queen, were typically not entitled to wear or use family crests, and neither ④were members of the clergy. This was because, historically, women and clergymen did not take part in medieval tournaments or fight in battle. Therefore, they ⑤should not have had a helmet or shield on which to display their family's crest.

3

(A), (B), (C)의 각 네모 안에서 어법에 맞는 표현으로 가장 적절한 것은?　　Time Limit 2분00초

Though most people think loud noise is just harmful to the ears, there does exist a sound system powerful enough to harm the whole human body. When (A) turning / turned to maximum volume, the sound system in the European Space Agency (ESA)'s sound test chamber can produce sound over 154 decibels. This isn't deadly in itself, but the walls of the chamber, made from thick concrete and coated with epoxy resin, (B) design / are designed to reduce noise absorption and increase internal reverberation. This would cause harmful vibrations within the body. The ESA uses this sound system to test satellites to make sure that no damage will occur when they (C) are launched / will be launched . In order to keep the engineers safe, the sound system is isolated behind thick walls and only operated when all of the doors to the chamber are safely closed.

	(A)	(B)	(C)
①	turning	design	will be launched
②	turning	are designed	are launched
③	turned	design	are launched
④	turned	are designed	are launched
⑤	turned	are designed	will be launched

4

다음 글의 밑줄 친 부분 중, 어법상 틀린 것은?　　Time Limit 2분15초

In *The Protestant Ethic and the Spirit of Capitalism*, Max Weber examines the seeming fact that it was in those areas of Europe where Calvinistic Protestantism had taken root ①which modern capitalism mainly developed. To explain this connection, Weber claims that predestination, ②one of Calvinism's central doctrines, and the remote and unknowable Protestant God were sources of great anxiety for the individual ③regarding his or her state of grace. In order to reduce that anxiety, people committed to a "calling" that involved hard work, thrift, and self-discipline, the financial rewards ④of which were saved and reinvested rather than consumed. Weber claims that because these qualities were also ⑤those required for success under the newly developing capitalist economy, those Calvinist Protestants came to form the center of the new capitalist class.

1

(A), (B), (C)의 각 네모 안에서 어법에 맞는 표현으로 가장 적절한 것은? Time Limit 1분45초

Most of the stars we can see in the night sky (A) contain / contains large amounts of metals, such as iron. However, the first stars in our universe were made up entirely of hydrogen, helium and tiny traces of lithium. Without heavier elements to cool these clouds of gas, they became (B) massive / massively, quickly burned through all of their fuel, and exploded into supernovas. During various stages of their evolution, the intense heat of those first stars fused many of the hydrogen and helium atoms into heavier elements, which in turn enabled long-living, low-mass stars to (C) create / be created. Eventually, some of those stars ended up in our part of the universe, although they were unnoticed by astronomers for a long time.

	(A)		(B)		(C)
①	contain	......	massive	......	create
②	contain	......	massive	......	be created
③	contain	......	massively	......	be created
④	contains	......	massive	......	be created
⑤	contains	......	massively	......	create

2

다음 글의 밑줄 친 부분 중, 어법상 틀린 것은? Time Limit 1분45초

Even the novice antique hunter knows that acquiring a rare item can greatly improve one's collection. Such an item ① may be sought for its exquisite craftsmanship, some unique feature, or simply because of its age. So old ② are some collectibles that they are designated antiquities—artifacts from ancient civilizations. On the other hand, rare collectibles can also be of very recent origin, sometimes ③ being just a few years old. What all of these rare objects have in common, ④ whatever their type or age, is that it's extraordinarily hard to get your hands on them. The combination of rarity and appeal can make an item very valuable. But, whether a rare item is worth a lot of money or ⑤ being relatively inexpensive, it will make a great addition to any collection.

3

(A), (B), (C)의 각 네모 안에서 어법에 맞는 표현으로 가장 적절한 것은?   **Time Limit** 2분00초

Once the capital of medieval East Anglia, Dunwich is now a small village (A) where / that for the past eight centuries has been shrinking due to coastal erosion. The town, once a prosperous seaport with a population of 3,000, was largely destroyed by storms in 1286 and 1347, and its coastline, which is made up of soft rock, (B) continued / has continued to erode since then. Most of Dunwich now lies under the sea, and there is almost nothing left. In fact, all that remains now are a couple of buildings. Although the ruins of Greyfriars' Monastery remain an impressive part of the landscape, most affecting are the village's palpable sense of absence and the realization that within another century, it (C) may well / may as well disappear for good.

	(A)	(B)	(C)
①	where	continued	may well
②	where	has continued	may well
③	where	has continued	may as well
④	that	has continued	may well
⑤	that	has continued	may as well

4

다음 글의 밑줄 친 부분 중, 어법상 틀린 것은?   **Time Limit** 2분15초

When physical systems are brought ①close enough to each other to exchange energy, they evolve towards a state that scientists call "thermal equilibrium." When systems reach thermal equilibrium, they have the same temperature. This is equivalent to saying that these systems share the available molecular energy as ②even as possible. For example, imagine two containers, each holding a gas consisting of simple molecules. If the containers' walls ③come into contact, heat will flow from one container to the other. These two containers will eventually reach a state of thermal equilibrium, with the energy ④distributed equally between them. It also logically follows ⑤that if two systems are in a state of thermal equilibrium with a third, then they are in thermal equilibrium with each other. Scientists refer to this as the "zeroth law."

1

(A), (B), (C)의 각 네모 안에서 어법에 맞는 표현으로 가장 적절한 것은?   Time Limit 1분45초

There is a UNESCO World Heritage Site in Alberta, Canada with a highly unusual name. It's called Head-Smashed-In Buffalo Jump. If you know the history of the area, the strange name makes perfect sense. For many years, Blackfoot hunters killed bison there by causing whole herds to stampede over a cliff and (A) falling / fall to their death. Legend has it that the name comes from a time when a young warrior who wanted to witness the event was at the bottom of the cliff. More buffalo came over the cliff than he (B) expected / had expected , and he was buried under the falling buffalo. He was found later by his fellow hunters with his head completely (C) crushing / crushed . Nobody knows how old this story is, but the original Blackfoot place name means "where we got our heads smashed."

	(A)		(B)		(C)
①	falling	……	expected	……	crushing
②	falling	……	expected	……	crushed
③	falling	……	had expected	……	crushing
④	fall	……	expected	……	crushed
⑤	fall	……	had expected	……	crushed

2

다음 글의 밑줄 친 부분 중, 어법상 틀린 것은?   Time Limit 2분00초

The "little ice age," ① evidence of which dates back to 1300, lasted until the mid-1800s and represents the coldest period in the Northern Hemisphere over the past thousand years. One of the reasons behind this drop in temperatures ② may have been a decrease in solar energy. Scientific analysis of tree rings and ice cores shows low levels of solar radiation throughout the period. Also in the mix were volcanoes, which seem ③ to have erupted with greater frequency after 1500. When a volcano erupted violently in Indonesia in 1815, it caused ④ devastatingly low temperatures across the globe the following year. Known as the "year without a summer," 1816 brought crop failures to northern Europe and snow to the northeastern United States as ⑤ lately as early June.

3

(A), (B), (C)의 각 네모 안에서 어법에 맞는 표현으로 가장 적절한 것은?　　**Time Limit** 1분45초

The Internet shopping site Amazon.com uses 80 large warehouses to store the products it sells. Considering each warehouse's enormous size, it's quite surprising that everything in these warehouses is stocked and tagged by workers. Even more astonishing (A) | is / are | the fact that there is no system for organizing these items. Instead of categorizing and classifying goods, items are simply placed (B) | whichever / wherever | there is space. However, this lack of organization has some advantages. For one thing, the company doesn't need to worry about sudden changes in its product range disrupting its warehouse procedures, as everything is simply being stored haphazardly. Also, the lack of a standardized storage system means that all available shelf space can be used. Finally, the decision not (C) | organizing / to organize | warehouse goods saves the company time.

	(A)		(B)		(C)
①	is	......	whichever	......	organizing
②	is	......	wherever	......	organizing
③	is	......	wherever	......	to organize
④	are	......	whichever	......	to organize
⑤	are	......	wherever	......	to organize

4

다음 글의 밑줄 친 부분 중, 어법상 틀린 것은?　　**Time Limit** 2분00초

From the moment a child is born, his or her unique sociocultural setting, which includes things like family, community, social class, language, and religion, starts to affect ①how he or she thinks and behaves. This happens not only through formal interactions like parental instruction and schooling, ②but also through informal interactions, such as those with friends. How a child will respond to these various factors, as well as which ones will be the most influential, tends ③to be unpredictable. However, the ways individuals respond ④to be raised in similar cultures are very often similar. Furthermore, speech patterns, body language, and forms of humor that are culturally induced become so deeply embedded ⑤that the individual may not be fully aware of them.

1 (A), (B), (C)의 각 네모 안에서 어법에 맞는 표현으로 가장 적절한 것은?　Time Limit 2분00초

The thickness of a non-Newtonian fluid varies based on the degree of pressure (A) applying / being applied . For example, punching a shear thickening non-Newtonian fluid will lead to its atoms rearranging (B) them / themselves , making the fluid behave more like a solid. As a result, you will not be able to push your hand through it. However, if you push your hand into the fluid slowly and gently, less pressure will be applied, and you will be able to penetrate it. A shear thinning non-Newtonian fluid acts in the opposite manner, so applying pressure to it will cause it (C) to become / becoming thinner rather than thicker. Paint, ketchup and nail polish are all examples of shear thinning non-Newtonian fluids. Once the pressure is removed from these fluids, however, they rapidly return to their original state.

*shear thickening 전단 경화(유동을 가하면 점도가 증가하는 현상)
**shear thinning 전단 박화(유동을 가하면 점도가 감소하는 현상)

(A)	(B)	(C)
① applying	…… them	…… becoming
② applying	…… themselves	…… becoming
③ applying	…… themselves	…… to become
④ being applied	…… them	…… to become
⑤ being applied	…… themselves	…… to become

2 다음 글의 밑줄 친 부분 중, 어법상 틀린 것은?　Time Limit 2분00초

It is said that the setting where a service takes place ①providing what is called "physical evidence." Physical evidence is the environment and anything else that accompanies the communication of a service. These things are assumed ②to be important because, without a material product, consumers need tangible cues to judge the quality of what they are purchasing. Therefore, the more intangible a service is, ③the greater the need to provide physical evidence. Think about going to a sporting event: your ticket has your team's logo ④printed on it, and the athletes are wearing uniforms that display the team's colors. Even an exciting atmosphere at the stadium can provide physical evidence, letting the consumers ⑤know that they are getting a high-quality service in exchange for what they've paid.

3

(A), (B), (C)의 각 네모 안에서 어법에 맞는 표현으로 가장 적절한 것은?　　**Time Limit** 1분45초

As our skin serves as a barrier that protects us from dangerous infections, it is the loss of this protection (A) [that / what] is the greatest cause for concern when it comes to the treatment of burn victims. Doctors usually replace the burned portion with healthy skin from another part of the body, but imagine if new skin could simply be applied like spray paint. At Wake Forest University, researchers have invented a device that does just this. It is placed above a patient's hospital bed, (B) [which / where] it uses a special laser to determine the dimensions of the burned area and then delivers the appropriate amount of skin cells to the places they are needed. Although the device has yet to be approved for use on humans, it has already proven (C) [effective / effectively] on mice.

	(A)		(B)		(C)
①	that	······	which	······	effectively
②	what	······	where	······	effectively
③	what	······	which	······	effective
④	what	······	where	······	effective
⑤	that	······	where	······	effective

4

다음 글의 밑줄 친 부분 중, 어법상 틀린 것은?　　**Time Limit** 2분15초

There is a special type of beam ①known as a particle beam that is composed of electro-magnetic waves. While standard daylight is a mixture of different colors, each one having a different wavelength, the waves making up particle beams are quite different. ②Not only do they all have the same wavelength, but they are lined up so that their peaks all coincide with one another. And since particle beams ③can be concentrated on a tiny point, they are capable of transmitting tremendous amounts of energy. In fact, because they can produce enough heat to vaporize metal, they can be used as highly precise cutting tools, and some are even ④powerful enough to cut diamond —the hardest material known to man. Particle beam technology also has the potential of being used in military equipment, such as particle gyroscopes, which are being developed ⑤directing bombs and artillery shells to their targets.

1 (A), (B), (C)의 각 네모 안에서 어법에 맞는 표현으로 가장 적절한 것은?　　Time Limit 2분00초

　　In 1535, a Spanish ship departed Panama, bound for Peru. Soon, however, a fierce storm (A) arose / was arisen , and the crew was forced to battle for their lives. Although they survived, they were lost at sea with little food and water. Eventually, an island was sighted, and it turned out to be one of a group of 13 major islands, along with many smaller islets. There were many strange animals living there, including giant tortoises, which inspired the sailors (B) naming / to name the islands the Galapagos, the Spanish word for tortoise. Although it is unknown how these tortoises first arrived, it is suspected that they floated from the mainland atop pieces of driftwood. However, it is still unclear why each of the islands in the Galapagos group (C) has / have a distinct subspecies of tortoise.

	(A)		(B)		(C)
①	arose	······	naming	······	has
②	arose	······	to name	······	has
③	was arisen	······	naming	······	have
④	was arisen	······	to name	······	have
⑤	was arisen	······	to name	······	has

2 다음 글의 밑줄 친 부분 중, 어법상 틀린 것은?　　Time Limit 2분15초

　　It is sometimes noted that elderly individuals possess a distinct odor unlike ①that of younger people. This is actually caused by a specific chemical produced by skin glands, called 2-nonenal, breaking down into tiny airborne molecules. A study by Japanese researchers found that a person's 2-nonenal concentration increases ②as he or she gets older. In an experiment, the researchers had subjects ranging in age from 26 to 75 ③to wear special odor-collecting shirts while they slept. Afterwards, they analyzed the shirts and found more 2-nonenal in the shirts of the subjects over 40 than they ④did in the shirts worn by the younger subjects. Even in older subjects, the 2-nonenal concentration continued to increase with age, with the oldest subjects producing ⑤three times as much as those who were middle-aged.

3

(A), (B), (C)의 각 네모 안에서 어법에 맞는 표현으로 가장 적절한 것은?　　**Time Limit** 1분45초

When I visited my friend in Lebanon, she immediately invited me into her home, (A) [having been set up / having set up] a wide variety of Lebanese dishes on the kitchen table. The first thing she had me try was called "labneh." It was smooth and white, and it looked like sour cream or yogurt. She proudly dipped a piece of brown bread in the labneh and gave it to me. I couldn't help (B) [to be amused / being amused] by the way she offered me the bread, delicately holding it between her thumb and forefinger — it made her look like a princess! If I had to describe Lebanese cuisine in one small phrase, it (C) [would be / would have been] "simple elegance." To me, Lebanese cuisine proves that the best things in life are often the simplest.

	(A)	(B)	(C)
①	having been set up	to be amused	would have been
②	having been set up	being amused	would be
③	having been set up	to be amused	would be
④	having set up	being amused	would be
⑤	having set up	to be amused	would have been

4

다음 글의 밑줄 친 부분 중, 어법상 틀린 것은?　　**Time Limit** 2분00초

Unlike principles, rules are specific, but limited in scope, prescribing certain types of action for particular sets of circumstances. "Don't smoke in elevators" is a rule. However, "To maintain good relations with other people, ①it is required that you treat them courteously" is a principle. Someone who follows this principle would not talk loudly in a movie theater, ②nor would he do any number of other things considered rude. Unfortunately, though, many aspects of our social lives that ought to be governed by principles ③have now been bureaucratized by rules. Movie theaters ④find necessary to inform viewers that it is forbidden to talk during movies. Because they are so concrete, rules will never be able to cover every possible situation ⑤to which a principle could apply.

1 (A), (B), (C)의 각 네모 안에서 어법에 맞는 표현으로 가장 적절한 것은?　　**Time Limit** 1분45초

Although it was once thought that all memory was stored in the brain, a recent study reported that memory (A) occurs / occurred throughout the whole nervous system. When certain chemicals in the brain are activated, the message is sent to every part of the body by a process called "chemotaxis," which enables cells (B) communicate / to communicate remotely using the blood and fluid that surround the brain and spinal cord. Sometimes, the body hides especially painful memories in muscle tissue. However, deep tissue massage can reactivate these memories, causing the person to suddenly experience repressed emotions. (C) Another / Other case of muscle memory can be seen in patients receiving organ transplants. Some have reported having completely new emotional reactions to certain events, which could mean that they've begun to experience the donor's emotions.

	(A)	(B)	(C)
①	occurs	communicate	Another
②	occurs	to communicate	Another
③	occurs	communicate	Other
④	occurred	to communicate	Other
⑤	occurred	communicate	Other

2 다음 글의 밑줄 친 부분 중, 어법상 틀린 것은?　　**Time Limit** 2분15초

In ①a few New Zealand cave systems, visitors are likely to encounter a mysterious glow. The source of this light is bioluminescent glowworms, the ②highly predatory larvae of a species of gnat. Soon after hatching, they weave a silk thread that can be up to 40 centimeters long and ③has droplets of sticky mucus. Upon entering these cave systems, insects observe the light from glowworms nestled in the ceiling and, mistakenly believing they are still outside, fly upward toward the light, blundering into the silk threads as they do so and ④become entangled. Sensing their struggles, the glowworms pull in their threads and consume the helpless insects. Eventually, there comes a time ⑤when the glowworms transform into their adult form as gnats and fly away.

3

(A), (B), (C)의 각 네모 안에서 어법에 맞는 표현으로 가장 적절한 것은?   **Time Limit** 2분00초

The city of Powder Springs, Georgia had seven springs whose water had over two dozen minerals that made the nearby sand look like gunpowder. (A) Being / Having been six square miles and with a population under twenty thousand, it seemed to Catherine to be the perfect place for her and her son to settle down. Perhaps that's because it was a place (B) that / where she thought was much better than the community she herself had grown up in. When Catherine was her son's age, she wanted a house with a yard. Now she and her son had a house that sat on three quarters of an acre — plenty of room for her son to run around and play. Seeing her son have the life she wished she (C) had / had had brought her great joy.

	(A)		(B)		(C)
①	Being	......	that	......	had
②	Having been	......	that	......	had
③	Being	......	that	......	had had
④	Having been	......	where	......	had had
⑤	Being	......	where	......	had had

4

다음 글의 밑줄 친 부분 중, 어법상 틀린 것은?   **Time Limit** 1분45초

Scattered throughout Japan ① is dozens of *sokushinbutsu*, Buddhist monks whose corpses were mummified following a bizarre ritual. For three years they exercised vigorously while surviving on a harsh diet of roots and bark, ② which burned the fat from their body. For the next three years they drank a poisonous tea that drained them of their bodily fluids and ③ killed any bacteria that could cause their body to decay after they died. After all of this, each monk locked himself in a tiny tomb, ringing a small bell each day to show that he was still ④ alive, with the understanding that when the bell no longer rang, the tomb would be sealed. Monks who ⑤ had succeeded in mummifying themselves were honored, but the government made this practice illegal in the 19th century.

1

(A), (B), (C)의 각 네모 안에서 어법에 맞는 표현으로 가장 적절한 것은? Time Limit 1분45초

Logic and math, two tools commonly employed to help people (A) make / making sense of the world, work well in conjunction due to the fact that neither is affected by reality. Three apples on a table, for example, are part of reality; however the concept of "three" is an abstraction. Math consists wholly of such abstractions, and when these abstractions become too complex to be easily understood, logic can (B) call on / be called on to organize them and make them more comprehensible. Because mathematical concepts, such as sums and fractions, are clearly defined and have few exceptions to their rules, statements about them are (C) much / very easier to prove true or false than statements related to reality, such as "All cats like fish."

(A)		(B)		(C)
① make	......	call on	......	much
② make	......	be called on	......	much
③ make	......	be called on	......	very
④ making	......	call on	......	very
⑤ making	......	be called on	......	much

2

다음 글의 밑줄 친 부분 중, 어법상 틀린 것은? Time Limit 2분15초

If you've ever watched jazz musicians improvise, you ① might have noticed that they were playing in a distinctive and highly personal style. They are able to get into a remarkable mental state ② in which they are suddenly generating music that has never been heard, played, or even thought of before. What emerges is completely spontaneous. Many studies ③ have been done on the parts of a person's brain that are active when listening to music, but few have looked at the brain activity that takes place while music is being composed. One research study using functional magnetic resonance imaging, or fMRI, and volunteer musicians ④ to shed some light on this. It shows that during improvisation, the parts of the brain linked to self-censoring and inhibition are turned off, while ⑤ those linked to self-expression are turned on.

3

(A), (B), (C)의 각 네모 안에서 어법에 맞는 표현으로 가장 적절한 것은?   **Time Limit** 2분00초

Researchers collected the growth measurements of hundreds of thousands of trees belonging to 403 different species, calculated their growth rates, and (A) analyzing / analyzed them to identify trends. They found that the growth rates of most species increase as the trees grow older and larger, which contradicts the usual assumptions. It also means that older trees can absorb more carbon from the atmosphere than scientists had previously thought. Carbon being absorbed in this way (B) reduce / reduces the atmosphere's carbon dioxide levels, acting as a counterbalance to the CO2 being created through human activity. The researchers expressed surprise at (C) their / its own findings, explaining that "it is as if the star players on your favorite sports team were a bunch of 90-year-olds."

(A)	(B)	(C)
① analyzing	reduce	their
② analyzing	reduces	their
③ analyzing	reduces	its
④ analyzed	reduce	its
⑤ analyzed	reduces	their

4

다음 글의 밑줄 친 부분 중, 어법상 틀린 것은?   **Time Limit** 2분00초

A famous opera singer was scheduled to perform in a small city. The night of the show found the theater packed and every ticket ① sold, but as the crowd waited for the opera to begin, the theater's manager unexpectedly walked onto the stage. "I'm sorry," he said, "but the man ② whom you've come to hear is ill. We have found a talented substitute ③ we hope will provide you with an enjoyable evening." Although the crowd was dismayed to hear the manager ④ to announce such bad news, the opera went ahead as planned and the substitute singer performed admirably under the circumstances. Despite this, he was faced with ⑤ nothing but silence when he took a bow at the end. Suddenly, one little boy stood up and yelled, "You were great, Dad!" Only then did the crowd shower the man with the applause he deserved.

1 (A), (B), (C)의 각 네모 안에서 어법에 맞는 표현으로 가장 적절한 것은?   Time Limit 1분45초

In 1995, a concert by the renowned violinist Itzhak Perlman had just begun when one of the strings on his violin suddenly snapped. Everyone expected him to stop the show to either replace the string or (A) retrieved / retrieve a substitute violin, but he did not. Instead, he continued to play passionately, despite the fact that it is nearly impossible to perform a symphony with merely three strings. When he finished, the entire audience stood up and cheered wildly, recognizing his (B) amazing / amazed achievement. After the cheering had quieted down, he humbly addressed the audience by saying, "You know, sometimes it is the artist's task (C) to find / finding out how much music you can still make with what you have left."

	(A)	(B)	(C)
①	retrieved	amazing	to find
②	retrieved	amazed	to find
③	retrieved	amazed	finding
④	retrieve	amazing	to find
⑤	retrieve	amazing	finding

2 다음 글의 밑줄 친 부분 중, 어법상 틀린 것은?   Time Limit 2분00초

It is difficult to believe that the population of passenger pigeons, which at one time surpassed the combined populations of all other North American birds, ①was reduced to just a single bird by 1914. The causes of this tragedy were ②uncontrolled hunting and a demand for pigeon meat among European settlers. In a single year in the state of Michigan alone, a billion birds were killed for food, and by 1880 there were only a few thousand passenger pigeons left, ③scattered across North America. Hunting ceased, as it was no longer profitable, but ④their population never recovered. No one is sure why, but it is believed that, as their breeding behavior required large communities, the widely dispersed flocks ⑤may not have a sufficient concentration to encourage mating.

3 (A), (B), (C)의 각 네모 안에서 어법에 맞는 표현으로 가장 적절한 것은?　Time Limit 1분45초

Many people believe that proper health care involves visiting as many specialists as possible to undergo countless tests and, (A) if / unless an illness is detected, spending an extended period in the hospital. However, research has shown that (B) no one / none of this necessarily makes you live a longer and healthier life. On the contrary, excessive medical care can actually shorten your life span. Researchers found that patients who receive aggressive medical care don't live longer or enjoy better health than those who receive moderate treatment. In fact, the patients treated most aggressively are more likely to suffer from infections or medical errors that come from uncoordinated care, such as doctors (C) prescribe / prescribing drugs that interact badly with one another.

	(A)		(B)		(C)
①	if	……	no one	……	prescribe
②	if	……	none	……	prescribe
③	if	……	none	……	prescribing
④	unless	……	no one	……	prescribe
⑤	unless	……	none	……	prescribing

4 다음 글의 밑줄 친 부분 중, 어법상 틀린 것은?　Time Limit 2분00초

In recent years, China ①has developed an undesirable reputation as a source of counterfeit goods. But the country's latest imitation product is a surprising one: eggs. It ②barely seems possible that someone could produce fake eggs, but it's true. It all started when some villagers found some strange eggs for sale at their local market. Their price was very good — ③so good to be true, in fact, as they were actually made of wax and resin. Although they look very realistic, there are a few ways to identify fake eggs. The first clue is that their shells are smoother than ④those of genuine eggs. Also, if you end up ⑤cracking one open, absolutely no odor will emanate from it. And finally, if the yolk breaks, the yellow and white colors will mix together.

1 **(A), (B), (C)의 각 네모 안에서 어법에 맞는 표현으로 가장 적절한 것은?**   **Time Limit** 2분00초

During the medieval period, anatomical knowledge in the Arabic world was far greater than (A) ⎮ that / those ⎮ in Europe, where practical anatomy, which generally requires the dissection of corpses, was not often studied. Because of this, treatments for illnesses in Europe varied from physician to physician. However, certain practices could be found across the continent. Possibly the greatest step forward (B) ⎮ taking / taken ⎮ in medieval European medicine was the isolation of those suffering from contagious diseases. Drawing blood through the use of leeches was also commonplace. Surgery was a primitive and risky procedure, but it was sometimes used on patients suffering from hernias, cataracts or gallstones. Among poor villagers, folk medicines made from herbs were in high demand, so there were some who would risk (C) ⎮ calling / being called ⎮ a "witch" to provide them.

*hernia (의학) 탈장(脫腸) **cataract 백내장 ***gallstone 담석

	(A)	(B)	(C)
①	that	taking	being called
②	that	taken	being called
③	that	taken	calling
④	those	taking	calling
⑤	those	taken	being called

2 **다음 글의 밑줄 친 부분 중, 어법상 틀린 것은?**   **Time Limit** 2분00초

Barong and Rangda are sacred symbols of the Balinese Hindus, symbolizing the intertwined nature of good and evil. Barong can refer to a character, a mask or a dance, with Barong animal masks, ①which feature tigers, boars and buffaloes, representing the forces of good. However, it is a mystical beast called the *barong kek* ②that is the most characteristic of these animals. Rangda — literally meaning "widow" but interpreted as an evil witch — is the complete opposite of Barong. ③During a Barong dance, Rangda puts men armed with daggers under a trance and forces them ④to stab themselves. However, they are protected from harm by the power of Barong, reaffirming that Barong is keeping the village safe. But the dance is not so much a triumph of good over evil ⑤than a continual stalemate, with Barong's victory never proving conclusive.

3

(A), (B), (C)의 각 네모 안에서 어법에 맞는 표현으로 가장 적절한 것은?　　**Time Limit** 1분45초

Psychologists now officially recognize that Internet Addiction Disorder (IAD) is a serious and widespread condition with symptoms similar to those of substance abuse, causing shaking, nausea and anxiety. Among those most vulnerable (A) is / are people who use media as an escape from mental and emotional pressure. Internet addicts cannot bring (B) them / themselves to leave their screens; thus their minds are trapped in a virtual world for hours and hours. Over time, they begin to neglect their friends, family, and work, which can lead to depression, social isolation and more serious consequences. These potential negative aspects of Internet use need to be brought up whenever the beneficial contributions the Internet (C) makes / is made are mentioned in a public forum.

	(A)	(B)	(C)
①	is	them	makes
②	is	themselves	is made
③	are	them	is made
④	are	themselves	makes
⑤	are	themselves	is made

4

다음 글의 밑줄 친 부분 중, 어법상 틀린 것은?　　**Time Limit** 2분15초

Montecristo is a small island located between Corsica and the Italian mainland. It might have been overlooked by the world ① had it not been the setting of Alexandre Dumas's novel *The Count of Monte Cristo*. In the 16th century, Montecristo was controlled by a Turkish pirate, ② leading to rumors that his accumulated wealth was hidden somewhere on the island. When Dumas visited Montecristo in 1842, ③ such impressed by its natural beauty was he that he decided to set his novel there and use its legendary hidden treasure as part of the plot. Today, the Italian government restricts access to the island, although visitors ④ are allowed to apply for a one-day visa. No one is sure whether or not the island's hidden wealth actually exists, but the government wants to prevent treasure hunters ⑤ from damaging Montecristo's natural environment.

1

(A), (B), (C)의 각 네모 안에서 어법에 맞는 표현으로 가장 적절한 것은? Time Limit 2분00초

In the North Sea, a landmass referred to as Doggerland by archaeologists existed until about 6500 BCE, (A) connecting / connected the island of Britain to the European mainland before eventually being swallowed by the sea's waters. The area is thought (B) to be / to have been more or less a frigid tundra with little wildlife up until about 13,000 years ago, when the climate began to warm and wildlife, including mammoths, saber-toothed tigers, deer, and lions, began to thrive. But with the end of the Ice Age, ocean levels began to rise. Although the rise (C) would not have been / would have been gradual, with the water level increasing by only a meter or two per century, Britain eventually became an island. Geologists believe that this process was completed about 8,000 years ago.

	(A)	(B)	(C)
①	connecting	to be	would not have been
②	connecting	to have been	would not have been
③	connecting	to have been	would have been
④	connected	to be	would not have been
⑤	connected	to have been	would have been

2

다음 글의 밑줄 친 부분 중, 어법상 틀린 것은? Time Limit 2분15초

After heavy rains, earthworms ①stretched out on streets and sidewalks are a common sight. Although the conventional wisdom in the past was that these creatures had simply abandoned their rain-filled burrows to avoid drowning, that ②views as a misconception now. Earthworms breathe through their skin, ③a process which actually requires moisture and makes them unlikely to drown the way a human would. In fact, it is believed they can survive total submersion in water for several days. Therefore, researchers have hypothesized a new reason why earthworms crawl to the earth's surface when it rains: migration. Under dry conditions, it is difficult ④for these creatures to travel long distances, but after a significant rainfall there is enough moisture available to allow them ⑤to safely journey to a new habitat.

3

(A), (B), (C)의 각 네모 안에서 어법에 맞는 표현으로 가장 적절한 것은?　　**Time Limit** 1분45초

There's a great new product available for people who have trouble putting together a grocery list—a device that can be used to compile a list of products by scanning bar codes or by saying the product names out loud. It's about 15 centimeters long and 2 centimeters wide, and it makes use of Wi-Fi (A) ⎡send / to send⎤ this information directly to the website providing the service. Therefore, (B) ⎡once / unless⎤ your list is ready, you can just double-check it on your computer or smartphone, enter your payment information, and schedule a delivery. (C) ⎡Almost / Most⎤ products that you order will be delivered the very next day. This makes the device the perfect product for busy professionals who don't have time to go to the grocery store.

	(A)	(B)	(C)
①	send	once	Most
②	send	unless	Almost
③	to send	once	Most
④	to send	unless	Most
⑤	to send	once	Almost

4

다음 글의 밑줄 친 부분 중, 어법상 틀린 것은?　　**Time Limit** 1분45초

The theory of cognitive dissonance attempts to explain ① how people are naturally able to deal with their own disharmonious beliefs. In an experiment, participants were required to perform dull tasks for an hour, afterwards receiving either $1 or $20 in return for their time. Later, when asked to complete a survey, those paid a single dollar ② rating the tasks as more enjoyable than those paid $20. According to the researchers, those who had been paid $20 felt it was sufficient payment for ③ having wasted an hour on boring tasks. But those who had been paid $1 sought a means of justifying their low pay, convincing ④ themselves that the tasks had been pleasurable. This reduced the level of cognitive dissonance they were experiencing, ⑤ thereby easing their troubled minds.

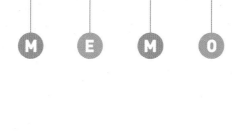

지은이

NE능률 영어교육연구소

NE능률 영어교육연구소는 혁신적이며 효율적인 영어 교재를 개발하고
영어 학습의 질을 한 단계 높이고자 노력하는 NE능률의 연구조직입니다.

특급 어법

펴 낸 이	주민홍
펴 낸 곳	서울특별시 마포구 월드컵북로 396(상암동) 누리꿈스퀘어 비즈니스타워 10층 (주)NE능률 (우편번호 03925)
펴 낸 날	2020년 10월 30일 개정판 제1쇄 발행
전　　화	02 2014 7114
팩　　스	02 3142 0356
홈페이지	www.neungyule.com
등록번호	제 1-68호
I S B N	979-11-253-3518-4 53740
정　　가	12,000원

NE 능률

고객센터

교재 내용 문의 : contact.nebooks.co.kr (별도의 가입 절차 없이 작성 가능)
제품 구매, 교환, 불량, 반품 문의 : 02-2014-7114
☎ 전화문의는 본사 업무시간 중에만 가능합니다.

NE능률 교재 MAP

아래 교재 MAP을 참고하여 본인의 현재 혹은 목표 수준에 따라 교재를 선택하세요.
NE능률 교재들과 함께 영어실력을 쑥쑥~ 올려보세요!
MP3 등 교재 부가 학습 서비스 및 자세한 교재 정보는 www.nebooks.co.kr 에서 확인하세요.

초1-2	초3	초3-4	초4-5	초5-6

초6-예비중	중1	중1-2	중2-3	중3
			첫 번째 수능 영어 기초편	첫 번째 수능 영어 유형편
				첫 번째 수능 영어 실전편

예비고·고1	고1	고1-2	고2-3, 수능 실전	수능, 학평 기출
기강잡고 독해 잡는 필수 문법	빠바 기초세우기	빠바 구문독해	빠바 유형독해	다빈출코드 영어영역 고1독해
기강잡고 기초 잡는 유형 독해	능률기본영어	The 상승 구문편	빠바 종합실전편	다빈출코드 영어영역 고2독해
The 상승 직독직해편	The 상승 문법독해편	맞수 수능듣기 실전편	The 상승 수능유형편	다빈출코드 영어영역 고3독해
올클 수능 어법 start	수능만만 기본 영어듣기 20회	맞수 수능문법어법 실전편	수능만만 어법어휘 모의고사 345제	다빈출코드 영어영역 듣기
얇고 빠른 미니 모의고사 10+2회 입문	수능만만 기본 영어듣기 35+5회	맞수 구문독해 실전편	수능만만 영어듣기 모의고사 20회	다빈출코드 영어영역 어법·어휘
	수능만만 기본 문법·어법·어휘	맞수 수능유형 실전편	수능만만 영어듣기 모의고사 35회	다빈출코드 수학영역 수학 I
	수능만만 기본 영어독해	맞수 빈칸추론	수능만만 영어독해 모의고사 20회	다빈출코드 수학영역 수학 II
	맞수 수능듣기 기본편	특급 독해 유형별 모의고사	특급 빈칸추론	다빈출코드 수학영역 미적분
	맞수 수능문법어법 기본편	수능유형 PICK 독해 실력	특급 듣기 실전 모의고사	다빈출코드 수학영역 확률과 통계
	맞수 구문독해 기본편	수능 구문 빅데이터 수능빈출편	특급 어법	
	맞수 수능유형 기본편	얇고 빠른 미니 모의고사 10+2회 실전	특급 어법 + 글의 흐름·요약문	
	수능유형 PICK 독해 기본		특급 수능·EBS 기출 VOCA	
	수능유형 PICK 듣기 기본		올클 수능 어법 완성	
	수능 구문 빅데이터 기본편		능률 EBS 수능특강 변형 문제 영어(상), (하)	
	얇고 빠른 미니 모의고사 10+2회 기본		능률 EBS 수능특강 변형 문제 영어독해연습 영어(상), (하)	
			능률 EBS 수능완성 변형 문제 영어	

수능 이상/ 토플 80-89· 텝스 600-699점	수능 이상/ 토플 90-99· 텝스 700-799점	수능 이상/ 토플 100· 텝스 800점 이상		

특급

어법

수능 1등급 만드는 고난도 유형서

정답 및 해설

NE
능률

특급

어법

수능 1등급 만드는 고난도 유형서

정답 및 해설

Chapter 1

Unit 01 주어와 동사의 수 일치 본문 p.14

기출 문장으로 Warm Up!

1. 과학자들에게 가장 중요한 외적 보상은 동료들의 인정이다.
2. 이미 사회적으로 소외된 사람들을 투표에서 제외하는 것은 계급 제도를 발생시키기 때문에, 우리의 민주주의를 파괴한다.
3. 그 섬에는 그곳에 매장된 것으로 추정되는 인디언들의 뼈가 들어 있는 깊은 동굴이 있다.

기출 문제 통으로 보기!

해석 테이프의 디지털 제작이 빠르게 그리고 꾸준히 성장해왔지만, 영상 기록을 위해 필름이 여전히 주로 선호되는 제작 분야에서는 일부 눈에 띄게 이를 거부하는 사람들도 있다. 간단히 말해서, 필름 상의 영상이 여전히 항상 더 우수하고 시각적으로 더 미묘한 차이가 있는 것으로 보인다. 일단 필름 룩으로 영화 필름에 찍히면, 그러한 영상은 편집을 위해 디지털 테이프 형식으로 옮겨져야 한다. 예를 들어, 전국적으로 판촉되는 많은 상품의 고급 광고들의 경우 여전히 보통 필름으로 촬영된다. 여기서도 화려한 전국적인 광고 활동상의 필름 룩에 대한 선호가 널리 퍼져 있다. 그렇지만, 텔레비전 프로듀서들은 어떤 영상의 '룩'을 보다 완전히 결정짓는 것은 그것이 디지털로 기록된 것인지 필름으로 기록된 것인지보다 바로 카메라 렌즈의 사용이라는 것을 널리 받아들이고 있다.

어휘 holdout 협조[참가]를 거부하는 사람 nuance ~에 미묘한 차이를 주다 celluloid 영화 필름 footage 장면[화면] glossy 화려한 prevail 만연하다, 팽배하다

어법 유형 훈련 본문 p.16

A

정답 1. is 2. has 3. are 4. was 5. is

1 Exercising [in hot weather without drinking enough fluids] is the main cause of heat stroke.
(S = Exercising ... fluids, V = is)

해설 exercising이 이끄는 동명사구가 문장의 주어이므로, 단수 동사 is를 쓴다.

해석 더운 날씨에 충분한 수분을 섭취하지 않고 운동하는 것은 열사병의 주요 원인이다.

2 The way [in which animals communicate with members of their own species] has always fascinated laypeople and scientists alike.
(S = The way, V = has)

해설 목적격 관계대명사절의 선행사인 the way가 주어이므로, 단수동사 has를 쓴다.

해석 동물들이 그들 자신의 종 구성원들과 의사소통하는 방식은 항상 비

전문가들과 과학자들 모두를 매료시켜 왔다.

3 A recent report revealed [that the majority of food stamp recipients are working-age people].
(S' = the majority of food stamp recipients, V' = are)

해설 부분표현(the majority of) 뒤에 나오는 명사(recipients)에 동사의 수를 일치시키므로, 복수 동사 are를 쓴다.

해석 최근의 한 보고서는 식료품 할인 구매권 수령자들의 대다수가 노동 가능한 인구라고 밝혔다.

4 So eager was the runner to win the race that his rival could hardly keep up with him.
(SC = So eager, V = was, S = the runner)

해설 보어가 문두에 나와 주어와 동사가 도치된 문장으로, 주어인 the runner에 수를 일치시켜 단수 동사 was를 쓴다.

해석 그 달리기 선수는 경주에서 이기기를 정말 간절히 바랐기 때문에 그의 라이벌은 그를 거의 따라잡을 수 없었다.

5 Not only job postings but also information [regarding the company {to which you are applying}] is available on the Internet.
(A = job postings, B = information, V = is)

해설 상관접속사(not only A but also B)가 주어에 쓰인 경우, B(information)에 동사의 수를 일치시키므로, 단수 동사 is를 쓴다.

해석 일자리 공시뿐만 아니라 당신이 지원하려는 회사에 관한 정보도 인터넷상에서 이용 가능하다.

B

정답 1. ① are → is 2. ① do → does 3. ③ has → have

1 Finding ways [to get rid of worms in humans] ①is one of the world's most dire health issues. It is estimated [that more than half of the human population ②is affected by worms]. In many cases, neither the person nor the person's physician ③is aware of the condition.
(S = Finding ways ... humans, V = is; 가주어 It, 진주어 that ... worms, S' = more than half of the human population, V' = is affected; S = neither the person nor the person's physician, V = is)

해설 ① finding이 이끄는 동명사구가 주어이므로, 단수 동사 is를 써야 한다.
② 부분표현(half of) 뒤에 나오는 명사(the human population)가 단수이므로, 단수 동사 is는 적절하다.
③ 상관접속사(neither A nor B)가 주어에 쓰인 경우 B(the person's physician)에 동사의 수를 일치시키므로, 단수 동사 is가 적절하다.

해석 인체 내의 기생충을 제거하기 위한 방법들을 찾는 것은 세계에서 가

장 심각한 건강 문제 중 하나이다. 인구의 절반 이상이 기생충의 영향을 받는 것으로 추정된다. 많은 경우에, 당사자도 그의 주치의도 그 상태를 알아차리지 못한다.

2 Not only ①does Facebook have millions of users [who ②access the site through their phones], but it also receives nearly a third of its ad revenue from mobile use. There are clearly more people [connecting to the Internet from mobile devices] than previously thought.

해설 ① 부정어구(not only)가 문두에 나와 주어와 동사가 도치된 문장으로, 주어인 Facebook에 수를 일치시켜 단수 동사 does를 써야 한다.
② 주격 관계대명사절 내의 동사는 선행사(millions of users)에 수를 일치시키므로, 복수 동사 access가 적절하다.
③ 「there+be+S」 구문에서 동사는 뒤에 나오는 주어(more people)에 수를 일치시켜야 한다.

해석 Facebook은 (휴대) 전화를 이용해 사이트에 접속하는 수백만 명의 사용자를 보유하고 있을 뿐만 아니라, 광고 수익금의 거의 3분의 1을 모바일 이용으로부터 얻는다. 모바일 기기를 이용하여 인터넷에 접속하는 사람들이 이전에 생각했던 것보다 분명 더 많이 있다.

3 People [visiting the Gardner Museum] ①are often awed by its splendor. The areas [around the courtyard] ②are usually illuminated by sunlight, but most of the Gardner's galleries ③have unusually low levels of light. This creates the interplay of light and shadow [that ④has long been a signature of the Gardner experience].

해설 ③ 부분표현(most of) 뒤에 나오는 명사(the Gardner's galleries)에 동사의 수를 일치시키므로, has를 have로 고쳐야 한다.
① 현재분사구의 수식을 받는 people이 주어이므로, 복수 동사 are가 적절하다.
② 전치사구의 수식을 받는 the areas가 주어이므로, 복수 동사 are가 적절하다.
④ 주격 관계대명사절 내의 동사는 선행사(the interplay of light and shadow)에 수를 일치시키므로, 단수 동사 has를 썼다.

해석 Gardner 미술관을 방문하는 사람들은 흔히 그곳의 화려함에 압도된다. 안뜰 주변의 장소들은 보통 햇빛이 비쳐 환하지만, Gardner 화랑의 대부분은 빛의 양이 현저히 적다. 이는 오랫동안 Gardner 미술관 체험의 특징이 되어 온 빛과 그림자의 상호작용을 만들어 낸다.

1   정답 ⑤

해석 전 세계적으로 자료를 수집하고 통계 자료를 만드는 새로운 방법들이 개발됨에 따라 설문 조사가 행해지는 방식이 변하고 있다. 이는 인터넷 연결성뿐만 아니라 이동 네트워크가 급속히 팽창되고 있다는 사실에 주로 기인한다. 결국, 이것은 전 세계적으로 휴대전화 사용을 증가시켰다. 전 세계적으로, 휴대전화 사용자 수는 끝없이 증가하고 있는 것처럼 보인다. 사실상, 일부 국가에서는, 휴대전화를 90퍼센트 이상의 가구에서 찾아볼 수 있다. 이 때문에, 전화 설문과 문자 메시지 설문은 정보 수집 기술에 혁신을 일으켰다. 정보를 수집하는 더 빠르고 더 저렴한 방법들은 결코 없었다.

해설 **(A)** 「A as well as B」는 'B뿐만 아니라 A도'라는 의미로 동사의 수를 A(mobile networks)에 일치시켜야 하므로, 복수 동사 are가 와야 한다. **(B)** 「the number of+복수 명사」는 '~의 수'라는 의미로 단수 취급하므로, 단수 동사 seems가 적절하다. **(C)** 부정어구 never가 문두에 나와 there와 동사가 도치된 문장이다. 주어가 faster and cheaper ways이므로, 복수 동사 have가 적절하다.

구문 분석 [1행] *The way* [surveys are conducted] is changing these days, **as** new methods [of collecting data and producing statistics] are developed around the world. : 첫 번째 [ ]는 the way를 선행사로 하는 관계부사절로, the way와 관계부사 how는 같이 쓸 수 없다. as는 '~함에 따라'를 의미하는 접속사이다.

[3행] This is primarily due to the fact [that mobile networks, as well as Internet connectivity, are being rapidly expanded]. : the fact와 [ ]는 동격 관계이다.

2   정답 ③

해석 최근에 많은 지지를 얻고 있는 한 세제 개혁안은 일률 과세 제도인데, 이 제도는 모든 납세자들에게 그들의 소득 수준에 상관없이 동일한 세율을 부과한다. 이 일률 과세 제도에 반대하는 사람들은 고소득의 납세자들에게 더 높은 세율이 적용되는 누진 과세 제도가 더 공평하다고 말한다. 그러한 제도에서는, 더 큰 부담이 그것을 감당할 수 있는 개인들에게 부과된다. 하지만, 현재 이용 가능한 세액공제, 면제, 소득공제, 세법 허점의 복잡한 망은 주로 고소득 납세자들에게 이득을 주며, 결과적으로 그들은 실질적인 세율을 더 낮출 수 있다. 흔히, 이 세율은 소득이 더 낮은 개인들의 세율보다 낮다. 이 때문에, 현재 누진 과세 제도라고 불리는 것은 사실상 훨씬 덜 공평한 것이다.

해설 ③ 주어가 the complex web이므로, 단수 동사 benefits가 되어야 한다.
① 문장 전체의 주어가 one tax-reform idea이므로, 단수 동사 is가 적절하다.
② 주어가 a progressive tax system이므로, 단수 동사 is가 적절하다.
④ 주어에 해당하는 선행사가 high-income taxpayers이므로, 관계사절 내의 동사로는 복수 동사 are가 적절하다.
⑤ 주어가 관계대명사 what이 이끄는 명사절이므로, 단수 동사 is가 적절하다.

03 | Unit 01 정답과 해설

구문 분석 [1행] *One tax-reform idea* [that has been gaining a lot of support recently] is *the flat tax system*, **which** would impose the same tax rate on all taxpayers, ... : [ ]는 one tax-reform idea를 선행사로 하는 주격 관계대명사절이다. which는 the flat tax system을 선행사로 하는 계속적 용법의 주격 관계대명사이다.

Unit 02 시제   본문 p.18

기출 문장으로 Warm Up!

1. 2001년 여름에, Jimmy Carter 전 미국 대통령이 주택 건설 사업에 참여하기 위해, 한국 아산시를 방문했다.

2. 당신이 해야 할 일은 그저 브로콜리가 부드러워질 때까지 3분에서 5분 동안 물에 끓이는 것뿐이다.

3. 1960년대 이후로, 수백만 명의 미국인들이 조깅을 하기 시작했다.

기출 문제 통으로 보기!

해석 그날은 Mary의 13번째 생일이었다. 그날은 또한 그녀의 삼촌 집에서 맞는 그녀의 첫 번째 생일이었다. 모두가 Mary를 위한 선물을 가져왔다. Elena는 스타킹을, Steve는 지갑을, Chris는 아주 오래된 은 귀걸이 한 쌍을 가져왔는데, Chris는 자신이 어린 소녀였을 때부터 그것을 가지고 있었다고 말했다. Jack 삼촌은 자신과 Barbara 숙모에게 있어 어째서 Mary가 딸 같은지에 대해 장황한 연설을 했다. 그러고 나서, 그는 Mary에게 50달러 지폐가 들어있는 봉투를 하나 건넸다. Mary는 Barbara 숙모의 도움과 조언으로 새 옷 몇 벌을 살 예정이었다. 기적이다! 아주 많은 선물과 아주 많은 돈이 한꺼번에 그녀의 눈을 빛나게 만들었다. 그녀는 모두에게 입맞춤을 하고 싶었다.

어휘 lengthy 장황한, 지루한 tuck 집어[끼워] 넣다

어법 유형 훈련   본문 p.20

A 정답 1. consist **2.** had already made **3.** has passed **4.** stick **5.** achieved

1 We learned last time [that visible light waves consist of a continuous range of wavelengths].

해설 과학적 사실은 항상 현재시제로 나타내므로, consist를 써야 한다.

해석 우리는 지난 시간에 가시광선의 파장이 연속적인 범위의 파장으로 이루어진다는 것을 배웠다.

2 When the police arrived at the crime scene [where a number of people had been shot], the suspect had already made his getaway.

해설 경찰이 도착한 과거 시점 이전에 용의자가 이미 도주한 것이므로 과거완료인 「had p.p.」가 적절하다.

해석 많은 사람들이 총에 맞은 범죄 현장에 경찰이 도착했을 때, 용의자는 이미 도주했다.

3 Nearly a week has passed [since Abby dropped out of school for financial reasons], but I still can't believe [(that) she is no longer our classmate].

해설 since가 이끄는 부사절이 쓰여 과거부터 현재까지의 기간을 나타내므로, 주절의 시제는 현재완료 has passed를 쓴다.

해석 Abby가 경제적인 이유로 학교를 그만둔 이후로 거의 일주일이 지났지만, 나는 그녀가 더 이상 우리반 친구가 아니라는 것을 여전히 믿을 수 없다.

4 You will never get fat [as long as you stick to a low-fat, low-calorie, low-carbohydrate diet].

해설 조건을 나타내는 부사절에서 현재시제가 미래시제를 대신하므로, stick이 적절하다.

해석 당신이 저지방, 저칼로리, 저탄수화물 식단을 유지하는 한 결코 살이 찌지 않을 것이다.

5 Derek Steward, a young novelist, achieved phenomenal success early in his career but has never really improved since.

해설 과거 시점을 가리키는 부사구(early in his career)가 쓰였으므로, 과거시제 achieved가 적절하다.

해석 젊은 소설가인 Derek Steward는 작품 생활 초기에는 놀랄 만한 성공을 거두었지만, 이후로는 전혀 나아지지 않았다.

B 정답 1. ③ has not yet emerged → had not yet emerged **2.** ③ will continue → continues **3.** ② had reappeared → has reappeared

1 The *Historia*, [published less than 40 years {after Guttenberg ① invented the printing press}], contains about 200 pages of continuous, artfully printed text, yet ② is divided only by chapter headings. Apparently, the concept of paragraphs ③ had not yet emerged.

해설 ③ 문맥상 아직 '생겨나지 않았었다'의 의미로, 기준 시점(책이 출간된 시점)이 과거이고 그 이전부터 기준 시점까지의 일을 나타내므로, 과거완료 had not yet emerged가 되어야 한다.

① 역사적 사실을 나타내므로 과거시제 invented가 쓰였다.
② 변하지 않는 현재의 사실을 나타내는 현재시제 is가 적절하다.

해석 Guttenberg가 인쇄기를 발명한 지 40년이 되기 전에 출간된 「Historia」는 약 200페이지의 계속 이어지는 정교하게 인쇄된 글을 포함하고 있지만, 각 장의 제목에 의해서만 나누어진다. 아무래도, 아직 단락이라는 개념이 생겨나지 않았던 것 같다.

2 In the United States, from 2000 to 2011, 1,672 prisoners [who ① were jailed for a week or less] ② ended up suffering from mental illness. Prisons cannot be considered suitable places for rehabilitation [if this situation ③ continues].

해설 ③ 시간과 조건을 나타내는 부사절에서는 현재시제가 미래시제를 대신하므로, will continue는 continues가 되어야 한다.
① 특정 과거 시점(from 2000 to 2011)에 일어난 일이므로, 과거시제인 were가 적절하다.
② 특정 과거 시점을 나타내는 부사구(from 2000 to 2011)가 쓰였으므로, 과거시제인 suffered from이 적절하다.

해석 미국에서, 2000년부터 2011년까지, 일주일 이내로 교도소에 수감된 1,672명의 죄수들이 정신질환을 앓게 되었다. 이런 상황이 계속된다면 교도소는 갱생에 적합한 장소로 여겨질 수 없다.

3 Researchers first ① identified Avian influenza A in the 1900s, and [since that time] the disease ② has reappeared sporadically around the world. Despite the fact [that there have been few human fatalities], a pandemic could occur [unless it ③ is managed effectively].

해설 ② since가 이끄는 부사구가 과거부터 현재까지 계속되는 일을 나타내므로, 현재완료 has reappeared가 되어야 한다.
① 특정 과거 시점을 나타내는 부사구(in the 1900s)가 쓰였으므로, 과거시제 identified가 적절하다.
③ unless가 이끄는 조건을 나타내는 부사절에서는 현재시제가 미래시제를 대신하므로 is가 적절하다.

해석 연구원들은 1900년대에 A형 조류 인플루엔자를 처음으로 발견했는데, 그 이후 그 질병은 전 세계에서 산발적으로 다시 나타났다. 사망자가 거의 없다는 사실에도 불구하고, 그것이 효과적으로 관리되지 않는다면 전 세계적인 유행병이 발생할 수도 있다.

본문 p.21

1 정답 ②

해석 몇 년 전에, AK-47 소총을 고안한 사람이 자신이 죽음에 대한 책임이 있는지의 여부가 궁금하다는 편지를 썼다. 그는 자신이 만든 무기가 방어용으로 사용되도록 의도된 것이라 주장했지만, 그가 극심한 후회로 고통받았음이 분명하다. 그가 이렇게 느낀 최초의 발명가는 아니었다. 다이너마이트를 만든 사람인 Alfred Nobel은 자신의 발명으로 야기된 파괴를 속죄하는 마음으로 나중에 노벨상을 제정했다. 그리고 최초의 원자폭탄을 개발하는 데 성공했던 과학자 집단은 미국 정부에 그것을 사용하지 말 것을 요구했다. 이 모든 사람들처럼, 일단 당신이 무엇인가를 발명하면, 당신은 그것의 사용을 통제할 수 없을 것이다.

해설 (A) 역사적인 사실을 나타내므로, 과거시제인 created가 적절하다. (B) 원자폭탄 개발에 성공한 것은 과거에 일어난 일이므로, 과거시제인 succeeded가 적절하다. (C) 시간이나 조건을 나타내는 부사절에서는 현재시제가 미래시제를 대신하므로, invent가 적절하다.

구문 분석 [1행] .... the man [who designed the AK-47] wrote a letter [in which he wondered {whether he had blood on his hands}]. : 첫 번째 [ ]는 the man을 선행사로 하는 주격 관계대명사절이다. 두 번째 [ ]는 a letter를 선행사로 하며, 관계사절 내에서 목적격 관계대명사 which가 전치사 in의 목적어 역할을 한다. { }는 wondered의 목적어 역할을 하는 명사절로, whether는 '~인지 아닌지'의 의미이다.

[7행] And the group of scientists [that succeeded in developing the first atomic bomb] asked the American government not to use it. : [ ]는 the group of scientists를 선행사로 하는 주격 관계대명사절이다. ask는 to부정사를 목적격보어로 취하며, to부정사의 부정은 to부정사 앞에 not을 붙여 나타낸다.

2 정답 ①

해석 지난 몇 년에 걸쳐, 언론에 나오는 사람들은 기상과 기후라는 용어를 혼동하는 나쁜 관습을 만들어 왔다. 하지만 기상 변화는 사실 한 지역의 기후의 일부가 아니다. 우리는 모두 기후 변화 문제를 잘 알고 있지만, 세계의 모든 곳이 때때로 몹시 덥거나 몹시 추운 기간을 경험한다. 그런데 언론에서는 과잉 반응을 보인다. 예를 들어, 많은 신문에서 2년 전 10월에 대서양 해안을 강타한 심한 눈보라가 기후 변화의 징후라고 언급했다. 그리고 그들은 눈이 거의 내리지 않았던 지역에 눈이 내리자 그것을 기후 변화라고 불렀다. 다음에 우리가 10월 말에 눈을 목격하게 되면, 그들은 아마도 똑같은 말을 할 것이다. 하지만 변덕스러운 날씨가 기후 변화와 같은 것은 아니다.

해설 ① 부사구 over the past few years가 쓰여 과거부터 현재까지 계속되는 일을 나타내므로, 현재완료 have developed가 되어야 한다.
② 현재 상태를 나타내고 있으므로 현재시제를 써야 하며, 「every+단수명사」는 항상 단수 취급하므로 experiences가 적절하다.
③ 명백한 과거 시점을 가리키는 부사구(in October two years ago)가 쓰였으므로, 과거시제 hit이 적절하다.
④ 문맥상 눈이 내린 과거 시점을 기준으로 그 이전부터 과거까지의 일을 나타내므로, 과거완료시제가 적절하다.
⑤ 시간을 나타내는 부사절에서 미래의 일을 나타낼 때에는 현재시제를 사용하므로, witness가 적절하다.

구문 분석 [5행] .... many newspapers suggested [that a large snowstorm {that hit the Atlantic coast in October two years ago} was a sign of climate change]. : [ ]는 suggested

05 | Unit 02 정답과 해설

의 목적어 역할을 하는 명사절이다. { }는 a large snowstorm을 선행사로 하는 주격 관계대명사절이다.

[7행] And they called it climate change [when it snowed in
　　　　 S　 V　　 O　　　 OC
a region {where snow had rarely been seen}]. : [ ]는 때를 나타내는 부사절이고, { }는 a region을 선행사로 하는 관계부사절이다.

Unit 03　수동태　　　　　　　　　　　　본문 p.22

기출 문장으로 Warm Up!

1. 어느 바이올린 연주자가 그녀의 성공 비결을 질문 받았을 때, 그녀는 "계획된 태만입니다."라고 답했다.
2. 우리는 다양한 소비자 행동이 인생을 흥미롭게 만드는 것임을 믿도록 양육되었다.
3. 개울과 달리, 빙하가 움직이는 것은 볼 수 없다.

기출 문제 통으로 보기!

해석 초콜릿은 시원하고 건조한 장소에서 1년까지 상하지 않을 수 있다. 찬장의 온도가 평균 화씨 75도 이상이 되면, 코코아 버터의 분리에 의해 초콜릿에 흰색의 얇은 막이 빠르게 생길 수 있다. 이 초콜릿은 쉽게 부서지는 경향이 있기 때문에, 장식용으로는 사용되지 않는 것이 좋지만, 이것을 여전히 먹을 수 있다. 초콜릿은 냉장고나 냉동실에 보관될 수 있지만, 그것은 시간이 지나면 다른 음식의 냄새가 밸 것이므로, 사용하기 전에 맛을 보라. 또한, 언 초콜릿 조각은 항상 내게 다소 딱딱하고 아무런 맛도 나지 않는 느낌을 주기 때문에, 반드시 초콜릿을 먹기 전에 실온에 두어라.

어휘 Fahrenheit 화씨의　layer 층, 막　separation 분리

어법 유형 훈련　　　　　　　　　　　　본문 p.24

A

정답 1. be fed　2. was referred to　3. to play
4. was exposed to　5. consists of

1　Newborns have tiny stomachs and should be fed
　　　 S　　 V₁　　　　　　　　　　　 V₂
small amounts of food frequently.

해설 주어(newborns)가 동사 feed의 주체가 아닌 대상이므로, 수동태 be fed를 쓴다.

해석 신생아들은 위가 작아서 소량의 음식을 자주 먹어야 한다.

2　[Before oranges were introduced to the English-
　　　　　　　 S'　　 V'
speaking world], the color was referred to as
　　　　　　　　　　　 S　　　 V
"yellow-red."

해설 주어(the color)가 동사 refer의 주체가 아닌 대상이므로, 수동태 was referred to를 쓴다. 「refer to A as B」는 'A를 B라고 부르다'의

의미이다.

해석 오렌지가 영어권 국가에 소개되기 이전에 그 색은 '황적색'으로 불렸다.

3　The media is seen to play a role in strengthening
　　　 S　　　 V
negative gender stereotypes.

해설 지각동사(see)의 목적격보어로 쓰인 동사원형은 수동태에서 to부정사로 바뀌므로, to play가 적절하다.

해석 대중매체가 부정적인 성(性) 고정관념을 강화하는 데 일조하는 것이 목격된다.

4　[After my skin was exposed to the sun for a long
　　　　　　 S'　　　 V'
time], it finally began to tan.
　　　 S　　　 V

해설 「be exposed to」는 '～에 노출되다'의 의미로, 전치사 by 대신 to를 쓰는 수동태이다.

해석 내 피부는 오랫동안 햇빛에 노출된 후에, 결국 타기 시작했다.

5　The desert's plant life consists of grasses and thorn
　　　　　　 S　　　　　 V
bushes rather than trees.

해설 「consist of」는 '～로 이루어지다'를 의미하는 자동사로 수동태로 쓸 수 없다.

해석 사막의 식물은 나무보다는 풀과 가시덤불로 이루어져 있다.

B

정답 1. ② are laughed → are laughed at
2. ② was often made work → was often made to work
3. ② is destroying → is being destroyed

1　Children ①are often frightened of many things. But
　　　 S　　　 V
kids [whose reactions ②are laughed at or (are)
　　 S↑　　　　　　　 V'₁
ignored] may ③grow up [without being able to
　　　　　 V'₂
express their feelings properly]. Therefore, parents
　　　　　　　　　　　　　　　　　　　　 S
should ④be trained to deal with their children's fears
　　　　 V
correctly.

해설 ② '～을 비웃다'의 의미인 laugh at은 동사와 전치사가 결합하여 타동사의 역할을 하는 구동사로, 수동태로 쓰일 때에도 한 덩어리로 움직여 are laughed at이 되어야 한다.
① 「be frightened of」는 '～을 두려워하다'의 의미로, 전치사 by 대신 of를 쓰는 수동태이다.
③ 주어인 kids가 '성장하는' 주체이므로 능동태인 grow up이 적절하다.
④ 문맥상 부모들은 훈련하는 주체가 아니라 '훈련받는' 대상이므로, 수동태인 be trained가 적절하다.

해석 아이들은 보통 많은 것들을 두려워한다. 하지만 자신의 반응이 비웃

음 당하거나 무시되는 아이들은 자신의 감정을 적절하게 표현하지 못한 채 성장할지도 모른다. 그러므로, 부모들은 자녀들의 두려움에 바르게 대처하도록 훈련이 되어야 한다.

2 A woman ①was enrolled in a college program [that included a mandatory internship]. As an intern, she ②was often made to work all day without a break. Even worse, she did not receive payments [until weeks after her work ③was completed], and sometimes she ④was not paid at all.

해설 ② 사역동사(make)의 목적격보어로 쓰인 동사원형은 수동태에서 to부정사로 바뀌므로, was often made to work가 되어야 한다.
① 「be enrolled in」은 '~에 등록하다'의 의미이다. enroll은 '등록하다'의 의미로, 자동사와 타동사 둘 다 가능하므로, was enrolled in과 enrolled in이 모두 적절하다.
③ 주어(her work)가 '완료된' 것이므로, 수동태인 was completed가 적절하다.
④ 문맥상 주어(she)가 동사 pay의 주체가 아닌 대상이므로, 수동태인 was not paid가 적절하다.

해석 한 여성이 의무적인 인턴 근무를 포함하는 한 대학 과정에 등록했다. 인턴 사원으로서, 그녀는 종종 휴식 시간 없이 온종일 일해야 했다. 더욱 심한 것은, 그녀는 일이 완료된 지 몇 주 후까지도 보수를 받지 못했고, 때때로 그녀는 돈을 전혀 받지 못했다.

3 Agriculture [in tropical regions] ①is being developed, but, at the same time, the rainforest ②is being destroyed. Many of the fruits and grains [(that) we buy from tropical countries] ③have been grown in areas [where rainforests once ④thrived]. Sadly, the trees ⑤have been cut down to make way for vast plantations.

해설 ② 주어(the rainforest)가 파괴하고 있는 주체가 아닌 '파괴당하고 있는' 대상이므로, 현재진행형 수동태인 is being destroyed가 되어야 한다.
① 주어(agriculture)가 '발전되고 있는' 것이므로, 현재진행형 수동태 is being developed는 적절하다.
③ 문장의 주어인 many of the fruits and grains가 '재배되어 온' 대상이므로, 현재완료 수동태인 have been grown이 적절하다.
④ thrive는 '무성해지다'의 의미인 자동사로 수동태로 쓸 수 없으므로, 능동태인 thrived가 적절하다.
⑤ '~을 잘라 쓰러뜨리다'의 의미인 cut down은 동사와 부사가 결합되어 타동사 역할을 하는 구동사로, 여기서는 나무가 '잘려져 온' 대상이므로 현재완료 수동태인 have been cut down이 적절하다.

해석 열대 지방의 농업은 발전되고 있지만, 동시에, 열대우림은 파괴되고 있다. 우리가 열대국들로부터 구매하는 과일과 곡류의 상당수는 열대우림이 한때 무성했던 지역에서 재배되어 왔다. 애석하게도, 그 나무들은 방대

한 농장의 길을 열어 주기 위해 벌목되어 왔다.

본문 p.25

어법 유형 실전

1 정답 ④

해석 IRV(Instant runoff voting)는 세 명 이상의 입후보자들 중에서 단일 후보를 선출하는 데 사용된다. 하지만, 한 사람을 선택하는 대신, 투표자들은 선호 순서에 따라 후보자들의 순위를 매긴다. 그러고 나서 각 투표자의 첫 번째 선택에 근거하여 총 투표수가 집계된다. 다른 후보자가 총 투표수의 과반수를 득표하지 않는 한, 가장 적은 표를 받는 후보자는 누구든지 다음 단계에서 제외된다. 누군가 그러한(과반수 이상을 득표하는) 경우에는, 그 사람이 당선자로 지명된다. 그렇지 않으면, 탈락되지 않은 후보자 중 각 투표자가 가장 높은 순위를 매긴 후보자에 근거하여 총 투표수가 재집계된다. 다시 말해서, 각 투표는 선거의 매 단계에서 고려되는데, 그것은 간단히 각 경쟁에서 남아 있는 최상위를 차지한 후보자에게 적용되는 것이다. 이것은 한 명의 후보자가 총 투표수의 과반수를 득표할 때까지 계속된다.

해설 **(A)** 문맥상 가장 적은 표를 받은 후보자가 '제외된다'는 내용으로 주어와 동사의 관계가 수동이므로, 수동태인 is left out이 적절하다. **(B)** 선행사(each voter's highest-ranked candidate)와 관계사절 내의 동사가 수동 관계에 있으므로, 현재완료 수동태인 has not been eliminated가 적절하다. **(C)** remain은 '남아 있다'를 의미하는 자동사로, 수동태로 쓰지 않는다.

구문 분석 [4행] **Whichever** candidate receives the fewest votes is left out of the next round, *unless* another candidate wins more than half of the ballots. : whichever는 명사절을 이끄는 복합관계형용사로, '~하는 …은 어느 것이든지[누구든지]'의 의미이다. unless는 조건절을 이끄는 접속사로, '~하지 않는 한'의 의미이고, 「if ~ not」으로 바꿔 쓸 수 있다.

[6행] In *the event* [that one **does**], he or she is named the winner. : [ ]는 the event를 선행사로 하는 관계부사절이다. does는 대동사로, 앞 문장에 나온 wins more than half of the ballots를 대신한다.

2 정답 ③

해석 영웅과 악당 사이의 관계는 때때로 동떨어진 것으로 보인다. 하지만, 작가의 관점에서 보면, 그들은 밀접한 관련이 있다. 대개, 영웅이 악당에 의해 특별히 표적이 되거나, 영웅이 끝내기를 원하는 악행을 악당이 저지르고 있다. 이 두 유형의 인물들은 유사한 특성을 지니는 것으로 보이는데, 그들은 추종자가 아니라 주동자이며, 보통 매우 똑똑하고 단호하다는 점이다. 게다가, 작가의 용어로, 영웅과 악당은 모두 불같거나(hot) 차가운(cold) 것으로 언급된다. 다시 말해서, 그들은 두 개의 기본적인 범주로 나뉠 수 있다. 불같은 영웅은 열정적이고 감정적인 반면에, 불같은 악당은 난폭하고 예측할 수 없다. 반면에, 차가운 영웅으로 분류될 수 있는 인물은 대개 침착하고 고독한 반면에, 차가운 악당은 잔인하고 부정직하다.

해설 ③ appear는 '~인 것 같다'라는 의미의 자동사로 수동태로 쓸 수 없으므로, appear가 되어야 한다.

① 주어인 the relationship이 동떨어진 것으로 '보여진다'는 의미로 수동태를 쓰며, 주어에 be동사의 수를 일치시킨다. 이때, 지각동사(see)의 목적격보어는 수동태에서 to부정사로 바뀜에 유의한다.

② 문맥상 영웅이 '표적이 되고 있는' 것이므로, 현재진행형 수동태가 쓰였다.

④ 「refer to ~ as ....」는 '~을 …로 부르다'의 의미로, 주어가 행위의 대상이 되므로 수동태가 쓰였다. 「be referred to as」는 '~로 언급되다[불리다]'의 의미이다.

⑤ 주어와 동사의 관계가 수동이므로, 수동태인 be divided가 쓰였다. 이때, 전치사 by 대신 into를 써서 '~로 나뉘다'의 의미를 나타낸다.

구문 분석 [3행] Usually, **either** [the hero is being specifically targeted by the villain], **or** [the villain is doing *something evil* {that the hero wants to put an end to}]. : 두 개의 [ ]가 상관접속사 「either A or B」에 의해 병렬 연결되었다. { }는 something evil을 선행사로 하는 목적격 관계대명사절이다.

[11행] .... *a character* [who would be categorized as a cold hero] is usually calm and solitary, **while** cold villains are cruel and deceitful. : [ ]는 a character를 선행사로 하는 주격 관계대명사절이다. while은 '~인 반면에'라는 의미의 접속사로 쓰였다.

Unit 04 가정법 본문 p.26

기출 문장으로 Warm Up!

1. 노래가 오직 음표로만 이루어져 있고, 쉼표가 없다면 어떤 상황이 벌어질지 상상해 보라.
2. Nuttall은 결코 그 대학 교수진의 구성원이 아니었고, 실제로 그녀가 그 일자리를 제안받았더라도 그러한 자리를 받아들였을 것이라는 증거는 전혀 없다.
3. 그녀는 마치 그녀가 말하는 법을 이제 막 배운 것처럼 들리게 하는 억양을 지니고 있었다.

기출 문제 통으로 보기!

해석 Clauss가 두 시간 동안 파도타기를 한 후에 자신의 젖은 서핑복을 벗고 있었을 때, 한 소년이 물을 가리키며 뛰어왔다. "아이들 두 명이 곤경에 처했어요."라고 소년이 말했다. Clauss는 수영을 하던 두 명의 아이들이 물속에서 허우적거리며 팔을 휘젓고 있는 것을 보았다. 그는 자신의 서핑 보드를 붙잡고서, 파도 속으로 뛰어갔다. Clauss는 맹렬하게 헤엄쳐서 가까스로 손을 뻗어 두 명 중 한 명을 잡아 그 소년을 서핑 보드에 태웠다. 그는 차가운 바닷물에 일곱 번 뛰어들어, 나머지 한 소년을 찾았지만 운이 나빴다. 해변에 있던 한 경찰관은 Clauss가 그렇게 빠르고 단호하게 대처하지 않았다면, 한 명이 아닌 두 명의 익사자가 나왔을 것이라고 말했다.

어휘 splash 첨벙거리다; 물을 튀기다   furiously 맹렬히   decisively 단호히   drowning 익사

어법 유형 훈련

A

정답 1. were 2. might have been united 3. had known 4. could have been 5. would be

1 [If organisms were all the same], none would be better suited for survival than any other, and natural selection could not occur.

해설 주절에 「조동사의 과거형+동사원형」이 쓰인 가정법 과거 문장이므로, if절의 동사는 과거시제 were를 쓴다.

해석 생물이 모두 똑같다면, 아무것도 다른 것보다 생존에 더 적합한 것이라곤 없어서, 자연선택은 일어날 수 없을 것이다.

2 [Had Napoleon won at Waterloo and taken more victories], Europe might have been united at that time.

해설 if가 생략되어 주어와 동사가 도치된 조건절에 과거완료가 쓰였고 주절에 과거를 나타내는 부사구 at that time이 있으므로, 과거 사실의 반대를 가정하는 가정법 과거완료 형태인 might have been united가 적절하다.

해석 나폴레옹이 Waterloo에서 이기고 더 많은 승리를 거뒀다면, 유럽은 그때 통합되었을지도 모른다.

3 There are a few things [(that) I wish I had known {when I was graduating from high school and starting my adult life}].

해설 가정법 절이 주절보다 이전의 일을 언급하므로, 「I wish+가정법 과거완료」를 쓴다. '~했으면 좋을 텐데'의 의미이다.

해석 내가 고등학교를 졸업해서 성인으로서 삶을 시작했을 때 알았더라면 좋을 것들이 몇 가지 있다.

4 My shoulder took the brunt of the damage, but things could have been a lot worse [without the helmet {(that) I always wear}].

해설 if절 대신에 '~이 없었다면'의 의미인 without을 이용하여 과거 사실의 반대를 가정하고 있으므로, 가정법 과거완료 형태인 could have been이 적절하다.

해석 내 어깨에 가장 큰 손상을 입었지만, 내가 항상 착용하는 헬멧이 없었다면, 상황은 훨씬 더 안 좋았을 수도 있다.

5 [If my cancer had not been found during my annual checkup], I would be in the hospital with widespread cancer today.

해설 if절은 과거 사실의 반대를 가정하고 있지만, 주절에 현재를 가리키는 부사 today가 쓰인 혼합 가정법으로 would be가 적절하다.

해석 내 암이 연례 건강검진 중에 발견되지 않았다면, 나는 현재 온몸으로 퍼진 암으로 입원해 있을 것이다.

정답 1. ② had been → were[was] **2.** ③ didn't get → hadn't gotten **3.** ① wouldn't have existed → wouldn't exist

1 Chris decided to take a bus to his hometown [because the tickets were on sale]. Otherwise, he ①would have flown home. But now he is stuck in traffic, [feeling {as if he ②were[was] trapped in a cage}]. [Were it not for the traffic], he ③would be with his family right now.

해설 ② 주절과 가정법 절이 같은 시점의 일을 이야기하고 있으므로, 「as if+가정법 과거」의 형태가 되어야 한다. 따라서 had been을 were나 was로 고쳐야 한다.
① 이 문장에서 otherwise는 if the tickets hadn't been on sale의 의미로 과거 사실의 반대를 가정하므로, 가정법 과거완료 형태인 would have flown이 적절하다.
③ if가 생략되어 주어와 동사가 도치된 조건절에 가정법 과거(were)가 쓰였고, 주절에 현재를 나타내는 부사구 right now가 있으므로, 현재 사실의 반대를 가정하는 가정법 과거 형태인 would be가 적절하다.

해석 Chris는 버스표가 할인 중이었기 때문에 버스를 타고 자신의 고향에 가기로 결정했다. 그렇지 않았더라면, 그는 비행기를 타고 집으로 갔을 것이다. 하지만 지금 그는 마치 우리 안에 갇힌 것처럼 느끼면서, 교통 체증으로 꼼짝도 못 하고 있다. 교통 체증만 아니라면, 그는 지금 그의 가족과 있을 것이다.

2 I wish [I ①had known about your tutoring program earlier]. It was wonderful. I ②wouldn't have had the opportunity [to succeed in engineering] [without the skills {(that) I learned in your program}]. I wouldn't be where I am today [if I ③hadn't gotten help from your dedicated tutoring staff].

해설 ③ 주절은 현재의 사실과 반대되는 일을 나타내고 조건절은 과거의 사실과 반대되는 일을 가정하는 혼합 가정법 형태이므로, didn't get을 hadn't gotten으로 고쳐야 한다.
① 가정법 절이 주절보다 이전의 일을 나타내고 있으므로, 「I wish+가정법 과거완료」를 썼다.
② without으로 시작하는 부사구가 if절을 대신하여 과거 사실의 반대를 가정하고 있으므로, 가정법 과거완료 형태인 wouldn't have had가 적절하다.

해석 내가 당신의 개별교수 프로그램을 좀 더 일찍 알았더라면 좋았을 것이다. 그것은 훌륭했다. 당신의 프로그램에서 배운 기술이 없었다면 나는 공학 분야에서 성공할 기회를 갖지 못했을 것이다. 내가 당신의 헌신적인 강사진의 도움을 받지 못했다면 나는 지금의 내 위치에 있지 못할 것이다.

3 Ancient Greece was the cornerstone of Western civilization. But Western culture [as we know it] ①wouldn't exist [had the Persians defeated the Greeks]. [If the Persian army ②had done so], it is highly likely [that it ③would have marched forward and Athens ④would have been destroyed].

해설 ① if가 생략되어 주어와 동사가 도치된 조건절은 과거 사실의 반대를 가정하고, 주절은 현재 사실을 반대로 가정하는 혼합 가정법 문장이다. 따라서, wouldn't have existed는 wouldn't exist가 되어야 한다.
② 과거 사실의 반대를 가정하는 가정법 과거완료 형태인 had done이 적절하다.
③ 과거 사실의 반대를 가정하는 would have marched가 적절하다.
④ 과거 사실의 반대를 가정하는 would have been destroyed가 적절하다.

해석 고대 그리스는 서부 문명의 초석이었다. 그런데 페르시아인들이 그리스인들을 이겼다면, 우리가 알고 있는 서구 문화는 존재하지 않을 것이다. 페르시아 군대가 그렇게 했다면, 그들은 전진했을 것이고 아테네는 파괴되었을 가능성이 매우 높다.

본문 p.29

어법 유형 실전

정답 ⑤

해석 어떤 영화에, 한 우주 비행사가 사고로 인해 우주복 없이 우주선을 떠난 후에 살아남는 장면이 있다. 하지만, 그것이 진짜 사고였더라면, 그 비행사는 매우 짧은 시간 동안만 생존할 수 있었을 것이다. 우주복은 우주 비행사들이 호흡할 수 있게 하기 위해, 기압이 일정하게 유지되고 산소가 공급되는 환경을 만든다. 우주복이 없다면, 인간은 산소 부족으로 질식할 것이고 기압 부족으로 체액 내에 기포가 형성되는 색전증으로 고통받을 것이다. 사람은 의식을 잃기 전에 아마도 15초 정도 버틸 수 있을 것이다. 이 영화에서, 우주 비행사는 우주복 없이 나가기 전에 폐에서 모든 공기를 내쉬었음에 틀림없는데, 왜냐하면, 그가 그렇게 하지 않았더라면, 우주의 진공은 산소가 팽창하게 만들었을 것이고, 이는 치명적인 기포가 그의 심장과 뇌로 들어가게 만들었을 것이다.

해설 **[A]** 주절에 「could have p.p.」의 형태가 쓰였으므로, 가정법 과거완료의 조건절로 if it had been이 와야 한다. 여기서는 접속사 if가 생략되어 주어와 동사가 도치된 형태로 쓰였다. **[B]** if절 대신에 without으로 시작하는 부사구가 쓰인 가정법 과거 구문으로, would suffocate가 적절하다. **[C]** 조건절이 if he hadn't (exhaled all of the air from his lungs)로 가정법 과거완료를 썼으며, 과거 사실에 대한 반대를 가정하므로 would have caused가 적절하다.

구문 분석 [9행] .... the astronaut **must have exhaled** all of the air from his lungs ...., the vacuum of space would have caused the oxygen to expand, [forcing deadly air bubbles into his heart and brain]. : 「must have p.p.」는 '~했음에 틀림없다'의 의미로 과거 사실에 대한 강한 추측을 나타낸다. [ ]는 결과를 나타내는 분사구문으로, forcing을 which would have forced로 바꿔 쓸 수 있다.

2

정답 ③

해석 사전형량조정제도는 일종의 사법상의 협상으로, 만약 당신이 체포당하면, 당신의 변호사가 검사와 협상을 시도할 수 있는 선택권을 갖는 것이다. 만약 당신의 변호사가 성공적이라면, 당신은 즉시 유죄를 인정하는 대신 더 낮은 형벌을 받는 데 동의할 것이다. 사법제도에 이러한 사전형량조정제도가 없다면, 법정은 소송으로 과부하가 걸릴 것이다. 어떤 사람들은 이러한 사전형량조정제도가 죄지은 사람을 돕는다고 항의하지만, 실제로는 이 제도가 없었다면 무혐의로 풀려났을 수도 있는 일부 범죄자들이 최소한 얼마간이라도 감옥에서 보내도록 보장해 준다. 이것은 완벽한 시스템은 아니지만, 효과적인 시스템이다. 사전형량조정제도가 없다면, 이미 과부화된 수감 체계는 훨씬 더 많은 수감자를 감당할 수밖에 없게 될 것이다.

해설 ③ 현재 사실의 반대를 가정하는 가정법 과거이므로, hadn't have를 didn't have로 고쳐야 한다.
① 가정법 구문에서 if가 생략되어 주어(you)와 동사(were)가 도치되었다. 「were to-v」는 실현 가능성이 거의 없는 경우에 쓰는 가정법이다.
② 현재 사실의 반대를 가정하는 would agree가 적절하다.
④ 과거 사실의 반대를 가정하는 가정법 과거완료가 적절하다. otherwise는 if절을 대신하여 '그렇지 않았다면'의 의미로 쓰였다.
⑤ 현재 사실의 반대를 가정하는 would be forced가 적절하다.

구문 분석 [7행] ..., but the reality is they assure [that *some criminals* {who would otherwise have been acquitted} spend at least some time in jail]. : [ ]는 assure의 목적어 역할을 하는 명사절이다. { }는 some criminals를 선행사로 하는 주격 관계대명사절이다.

Unit 05 조동사 본문 p.30

기출 문장으로 Warm Up!

1. 나는 내 남동생에게 신경을 거의 쓰지 않았던 것을 후회한다. 다시 말해서, 나는 작년에 그 애에게 좀 더 신경을 썼어야 했다.
2. 목걸이를 수선하는 것이 어렵게 되자, 어머니는 그것을 내게 보내셔서 내가 그것을 만든 금세공인에게 도움을 청해야 한다고 제안하셨다.
3. 그는 자신이 잠을 거의 자지 않았다고 주장했지만, 사진 몇 장은 그가 실험실에서 잠을 자곤 했다는 것을 보여준다.

기출 문제 통으로 보기!

해석 고고학자인 Mark Aldenderfer는 히말라야 산맥 높은 곳에 있는 고대 촌락 근처에서 인간의 유해를 찾는 것을 목표로, 작년에 네팔의 Mustang 지역에 있는 외딴 절벽 동굴을 탐험하러 나섰다. 거의 즉시, 그

는 그가 찾고 있던 것과 정면으로 맞닥뜨렸다. 바위에서 불쑥 나와 있는 채로 두개골 하나가, 그가 그것을 쳐다보고 있었던 바로 그때, 그를 쳐다보고 있었던 것이다. 대략 2,500년을 거슬러 올라가면, 그 두개골은 여러 개의 무덤 동굴 안에 쌓인 많은 인간의 뼈들 사이에 있었다. Aldenderfer와 그의 팀은 DNA 분석이 이 고립된 지역 주민들의 기원을 정확히 찾아내길 기대하고 있는데, 이 주민들은 티베트 고원이나 남단에서 이주해 왔을지도 모른다.

어휘 remains (죽은 사람·동물의) 유해 settlement 촌락, 부락; 정착 skull 두개골 pinpoint 정확히 찾아내다 inhabitant 주민

어법 유형 훈련

본문 p.32

A

정답 1. must 2. was treated 3. might have been 4. may as well take 5. cannot

1 My computer must have gotten a virus; I can't run any programs.
S · V · O

해설 문맥상 '~했음에 틀림없다'의 의미가 되어야 하므로, 과거의 일에 대한 강한 추측을 나타내는 「must have p.p.」가 적절하다.

해석 내 컴퓨터는 바이러스에 걸렸음에 틀림없다. 나는 어떤 프로그램도 실행할 수 없기 때문이다.

2 The suspect argued [that he was treated harshly during the police investigation last month].
S · V · S' · V'

해설 주장을 나타내는 동사(argue) 뒤의 that절이 '~해야 한다'라는 당위성이 아닌 단순 사실을 나타내므로, that절의 동사는 인칭과 시제에 맞춰 쓴다.

해석 그 용의자는 지난달에 경찰 조사를 받는 동안 자신이 가혹 행위를 당했다고 주장했다.

3 Charlie Chaplin, [whose career spanned more than 75 years], might have been born several years earlier than is currently believed.
S · V

해설 문맥상 '~했을지도 모른다'의 의미로 과거 사실에 대한 추측을 나타내므로, 「might have p.p.」가 적절하다.

해석 경력이 75년을 넘었던 Charlie Chaplin은 현재 믿어지는 것보다 몇 년 더 일찍 태어났을지도 모른다.

4 We'll never finish before the deadline, so we may as well take a break.
S · V · S · V

해설 문맥상 '~하는 것이 더 낫다'라는 의미의 「may as well+동사원형」이 적절하다.

해석 우리는 마감 전에 결코 끝마치지 못할 것이므로, 잠시 휴식을 취하는 게 낫다.

5 My husband <u>cannot have been</u> there at that time, [as
S   V
I <u>was having</u> dinner with him in our home].
S'   V'

해설 문맥상 '~했을 리가 없다'라는 의미의 「cannot have p.p.」가 적절하다.

해석 내가 우리 집에서 남편과 저녁을 먹고 있었기 때문에, 내 남편은 그때 그곳에 있었을 리가 없다.

정답 1. ② may cause → may have caused **2.** ② must have → must have had **3.** ④ went → (should) go

1 [When I was ill], <u>my manager</u> <u>allowed</u> <u>me</u> <u>to stay</u>
S   V   O   OC
home, but I ①<u>couldn't help thinking</u> [that I wouldn't
S'   V'
<u>be able to finish</u> the project on time]. So, I went to the
V'
office. The next week, <u>one of my coworkers</u> <u>called</u> in
S   V
sick. It occurred to me [that I ②<u>may have caused</u> her
가주어   진주어 S'   V'
illness]. I wondered, "Who else ③<u>could I have</u>
V'   S'
<u>infected</u>?"

해설 ② 문맥상 '~했을지도 모른다'의 의미가 되어야 하므로, 과거 일에 대한 추측을 나타내는 may have caused가 되어야 한다.
① '~하지 않을 수 없다'의 의미인 「cannot help v-ing」가 쓰였다.
③ 과거 일에 대한 추측을 나타내는 「could have p.p.」가 적절하다.

해석 내가 아팠을 때, 나의 책임자는 나에게 집에서 쉬라고 했지만, 나는 내가 그 프로젝트를 제때 끝낼 수 없을 거라는 생각을 하지 않을 수 없었다. 그래서 나는 사무실에 나갔다. 그 다음 주에, 내 동료 중 한 명이 병가를 냈다. 내가 그녀의 병의 원인이 되었을지도 모른다는 생각이 들었다. 나는 '내가 또 다른 누구에게도 옮겼을 수 있을까?' 하고 생각했다.

2 <u>Anyone</u> [who <u>has studied</u> <u>the theory of evolution</u>]
S   V'   O'
①<u>may well think</u> [that only male birds sing] and [that
V
they do so solely to attract females]. But 71% of
⟨목적⟩
female birds sing, too. Both genders [of the
ancestors of songbirds] ②<u>must have had</u> reasons [to
V
sing], and <u>the preference</u> [of females for singing
S
males] ③<u>cannot have been</u> the primary reason for
V
the evolution of birds' songs.

해설 ② 문맥상 '~했음에 틀림없다'의 의미가 되어야 하므로, 과거 일에 대한 강한 추측을 나타내는 must have had가 되어야 한다.
① '~할 것이다'의 의미인 「may well+동사원형」이 쓰였다.
③ 문맥상 '~였을 리가 없다'의 의미로, 과거 일에 대한 추측을 나타내는 cannot have been이 적절하다.

해석 진화론을 공부한 적이 있는 사람이라면 누구나 수새만 노래를 부르

고 그것들이 오로지 암컷에게 구애하기 위해서만 그렇게 한다고 생각할 것이다. 하지만 암새의 71퍼센트가 역시 노래를 부른다. 명금(鳴禽)의 조상은 암수 모두 노래를 부를 이유가 있었음에 틀림없으며, 노래를 부르는 수새에 대한 암새의 선호가 새의 노래의 진화에 대한 주된 이유였을 리가 없다.

3 <u>My son</u> ①<u>used to ask</u> <u>me</u> <u>to pretend</u> [(that) we were
S   V   O   OC
on an airplane]. One day he suggested [(that) <u>we</u>
S'
②<u>(should) fly</u> to another planet]. [(Being) Surprised], <u>I</u>
V' S
<u>asked</u> him [if he ③<u>would rather</u> <u>take a spaceship</u>
V A
than (<u>take</u>) an airplane]. But he insisted [(that) <u>we</u>
B S'
④<u>(should) go</u> to another planet in an airplane to meet
V'
aliens and (to) sing songs with them].

해설 ④ 주장을 나타내는 동사(insist) 뒤의 that절이 '~해야 한다'는 당위성을 내포하므로, that절의 동사는 「(should)+동사원형」 형태의 (should) go가 되어야 한다.
① '~하곤 했다'의 의미로 「used to-v」가 쓰였다.
② 제안을 나타내는 동사(suggest) 뒤의 that절이 당위성을 내포하므로, that절의 동사 자리에 동사원형(fly)이 쓰였다.
③ 'B하느니 차라리 A하고 싶다'의 의미인 「would rather+동사원형(A)+than+동사원형(B)」가 쓰였다.

해석 내 아들은 내게 우리가 비행기를 타고 있다고 가장하자고 부탁하곤 했다. 어느 날 그 애는 우리가 비행기를 타고 다른 행성으로 가야한다고 제안했다. 나는 놀라서 그 애에게 비행기보다는 차라리 우주선을 타겠느냐고 물었다. 하지만 아이는 우리가 비행기를 타고 다른 행성에 가서 외계인을 만나고 그들과 함께 노래를 불러야 한다고 주장했다.

본문 p.33
어법 유형 실전

정답 ⑤

해석 전통 농업 방식을 고집하는 농부들은 도산(倒産)의 길을 벗어날 수 없을지도 모른다. 많은 개발도상국이 빠른 속도로 농업 분야를 현대화하면서, 추수량을 늘리고 인건비를 줄이고 있다. 결과적으로, 규격화된 농산품을 생산하는 지역 농민들은 경쟁할 수 없게 될 것이고, 그러니, 1차 상품 사업을 포기하는 것이 최우선시되어야 함은 필수적이다. 유감스럽게도, 최근 많은 농부들이 그릇된 결정을 내렸다. 시대에 뒤처진 방법에 투자를 늘리고 구식 방안들을 수용하는 대신에, 그들은 장래를 바라보고 경쟁에 밀리지 않을 방법을 찾았어야 했다. 그러므로 재정적으로 힘든 상황에 직면한 지역의 일반 농민들이 너무 늦기 전에 새로운 시장을 찾도록 장려되어야 한다.

해설 **(A)** '~일지도 모른다'는 의미의 조동사 may를 써서 may not be가 적절하다. 「may have p.p.」는 과거 사실에 대한 추측을 나타낸다. **(B)** '필수적인'의 의미의 형용사 essential 다음의 that절이 당위성을 나타내므로, that절의 동사는 「(should)+동사원형」을 쓴다. **(C)** 문맥상 '~했어야 했는데 (하지 않았다)'를 의미하는 「should have p.p.」가 적절하다.

구문 분석 [1행] <u>Farmers</u> [who insist on clinging to traditional
S

agriculture techniques] <u>may not be able to avoid</u> going
V
down the path of bankruptcy. : [ ]는 farmers를 선행사로 하는
주격 관계대명사절이다.

[8행] Instead of further **investing** in outdated processes
and **embracing** conventional ideas, they should have
been **looking** to the future and **finding** ways *to keep* pace
with the competition. : investing과 embracing, looking과
finding이 각각 접속사 and에 의해 병렬 연결되었다. to keep은 ways
를 수식하는 형용사적 용법의 to부정사이다.

2   정답 ⑤

해석 대부분의 부모들은 자녀를 비판하기보다는 오히려 그들에게 그들이
얼마나 아름다운지를 말해주려고 한다. 하지만, 아이들에게 그들의 아름다
움에 대해 반복적으로 칭찬해주는 것은 사실 그들의 자신감에 부정적인
영향을 줄지도 모른다. 한 전문가는 부모가 외모에 대해 너무 자주 언급하
는 것을 조심해야 한다고 충고하는데, 이는 외모가 인생에서 가장 중요한
것이라는 잘못된 믿음을 만들어 낼 수 있기 때문이다. 그녀는 또한 부모가
자녀들 앞에서 긍정적이거나 부정적인 방식으로 그들 자신의 외모에 대해
말하는 것도 조심해야 한다고 제안했다. 부모들은 모든 칭찬이 아이들에게
좋다고 생각할 수도 있겠지만, 아이들은 자신이 어떻게 보여지는지가 자신
에게 최고의 칭찬을 가져다주는 것이라면, 그것이 가장 중요한 것임에 틀
림없다고 생각할 것이다. 그래서, (외모) 대신 다른 자질들에 대해 긍정적으
로 의견을 말해 주는 것이 최선이다.

해설 ⑤ 문맥상 '~임에 틀림없다'의 의미가 되어야 하므로, must be가
적절하다. 「must have p.p.」는 '~였음에 틀림없다'라는 의미로, 과거 사
실에 대한 강한 추측을 나타낸다.
① 「would rather+동사원형(A)+than+동사원형(B)」은 'B하느니 차라
리 A하고 싶다'의 의미이다.
② 충고나 조언을 뜻하는 동사(advise) 뒤에 당위성을 나타내는 that절이
왔으므로, that절의 동사는 「(should+)동사원형」을 쓴다.
③ 제안을 뜻하는 동사(suggest) 뒤에 당위성을 나타내는 that절이 왔으
므로, that절의 동사는 「(should+)동사원형」을 쓴다.
④ 「may well+동사원형」은 '~하는 것도 당연하다, 아마 ~할 것이다'의
의미이다.

구문 분석 [3행] One expert has advised [that parents (should)
be careful about commenting on appearances too often],
as **this** can create the false belief [that looks are the most
important thing in life]. : 첫 번째 [ ]는 has advised의 목적절이다.
this는 앞에 나온 commenting on appearances too often을 가
리킨다. the false belief와 두 번째 [ ]는 동격 관계이다.

[8행] ..., but children will think **that** if <u>how they look</u> is [<u>what</u>
S'   V'
<u>brings them the most praise</u>], then **that** must be the most
SC'   S'   V'
important thing. : 첫 번째 that은 think의 목적절을 이끄는 접속사
이고, 두 번째 that은 how they look을 가리키는 지시대명사이다. [ ]는
선행사를 포함하는 관계대명사 what이 이끄는 명사절로, if절 내의 주격
보어 역할을 한다.

---

1   정답 ④

해석 미국의 Detroit라는 도시에는, 호화로운 Michigan 극장이 현재
주차할 장소로 이용되고 있는데, 이는 그것을 아마도 세계에서 가장 인상
적인 주차장으로 만들 것이다. 이 부지에는 사실 오래된 자동차 공장이 있
었는데 그것은 1926년에 철거되었고, 그곳에 극장을 짓기 위해 그 당시
엄청난 액수의 돈인 5백만 달러가 쓰였다. 유감스럽게도, 그곳은 그 도시
의 경기 하락이 극장의 폐쇄로 이어지면서 1976년에 버려졌다. 그 건물을
철거하는 것은 인접한 건물을 불안정하게 만들었을 것이므로, 그것은 대신
주차장으로 개조되었다. 역설적이게도 그 극장이 문을 닫기 전에 직면한
문제들 중 하나는 주차 공간의 부족이었다.

해설 ④ 과거 사실에 대한 추측을 나타내므로, 「would have p.p.」 형태
인 would have destabilized가 되어야 한다.
① 문맥상 '사용되고 있다'는 의미를 나타내는 현재진행형 수동태 is
being used가 적절하다.
② '(과거에) ~하곤 했다'의 의미를 나타내는 「used to-v」가 쓰였다.
③ it이 가리키는 a theater가 '버려진' 것이므로, 수동태 was
abandoned가 쓰였다.
⑤ 문맥상 극장이 문을 닫은 것보다 이전의 사실을 가리키므로 대과거인
had been이 적절하다.

구문 분석 [1행] ..., the luxurious Michigan Theater is now
being used as a place **to park** cars, [making it perhaps
the most impressive parking garage in the world]. : to park
는 a place를 수식하는 형용사적 용법의 to부사이다. [ ]는 결과를 나
타내는 분사구문으로, making을 and it makes로 바꿔 쓸 수 있다.

[3행] The site actually used to contain *an old automobile
factory*, [which was torn down in 1926], **with $5 million
... spent** to build a theater in its place. : [ ]는 an old
automobile factory를 선행사로 하는 계속적 용법의 주격 관계대명사
절이다. 「with+명사+분사」는 '~가 …한 채로'의 의미이다.

2   정답 ⑤

해석 최근 과학자들은 이전에는 가벼운 형태의 고통이라고 여겨지던 가
려움이 사실은 그 자체의 신경 경로를 사용한다는 것을 발견했다. 가려운
느낌을 초래하는 일련의 생물학적 반응들을 일으키는 원인은 일반적으로
수수께끼로 남아 있었다. 하지만, 일부 분자 유전학자들은 최근에 NPPB
라고 불리는 유전자가 신체의 가려움 반응을 촉발시킨다는 사실을 발견했
다고 발표했다. 그들이 행한 실험에서, 이 유전자(NPPB)가 부족하도록
유전자상으로 조작된 쥐들은 그들이 가려운 감각을 느꼈어야 하는 상황
에 처했을 때, 아무것도 느끼지 않았다. 이 유전학자들에 따르면, 이 경로
와 관련된 신경 세포들을 알아내는 것은 과학자들이 건선, 습진, 그리고 다
른 치료하기 힘든 피부 질환을 동반하는 만성적인 가려움을 완화하는 약
을 개발하도록 도울 수 있다.

해설 ⑤ that 이하는 주격 관계대명사절로, 선행사(the chronic
itching)에 수를 일치시켜 단수 동사 accompanies가 되어야 한다.

---

① 문장 내에 삽입된 주격 관계대명사절로, 선행사(itching)와 동사 think
의 관계가 수동이므로 수동태를 쓰며, 선행사에 수를 일치시켜 단수 동사
가 와야 한다. 이때, 문맥상 이전의 일을 나타내므로 과거시제를 썼다.
② 자동사인 remain이 현재까지 영향을 미치는 현재완료시제로 쓰였으
며, 주어가 what이고는 관계대명사절이므로 단수 동사 has가 쓰였다.
③ 문맥상 과학자들이 발표하기 이전에 발견한 사실을 나타내므로, 과거시
제로 쓰인 reported보다 한 시제 앞선 과거완료가 적절하다.
④ 「should have p.p.」는 '~했어야 했는데 (하지 않았다)'의 의미이다.

구문 분석 [2행] **What** causes *the series of biological
responses* [that results in a feeling of itchiness] has mostly
remained a mystery. : 문장의 주어로 선행사를 포함하는 관계대명
사 what이고는 명사절이 쓰였다. [ ]는 the series of biological
responses를 선행사로 하는 주격 관계대명사절이다.

[6행] .... when mice [genetically altered to lack this gene]
were subjected to *situations* [*in which* they should have
felt an itching sensation], ... : 첫 번째 [ ]는 앞에 나온 mice를 수
식하는 과거분사구이다. 주어 mice가 복수이므로, 복수 동사 were가 왔
다. 두 번째 [ ]는 situations를 선행사로 하는 관계대명사절로, 관계대명
사 which가 전치사 in의 목적어 역할을 한다.

[8행] .... identifying the neurons [involved in this pathway]
could **help scientists develop** drugs *to relieve* the chronic
itching .... : [ ]는 the neurons를 수식하는 과거분사구이다. 「help+
목적어+(to-)v」 구문은 '~가 …하는 것을 돕다'의 의미이다. to relieve는
drugs를 수식하는 형용사적 용법의 to부정사이다.

3

정답 ④

해석 제조회사는 그들에 의해 설계되고 만들어진 제품의 결함에 의해 야
기되는 부상에 대해 법적 책임이 있다. 유감스럽게도, 회사는 때때로 상식
이 부상을 막을 수 있었을 것이라고 주장하면서, 소비자들의 책임으로 돌
린다. 하지만, 많은 제품의 위험 요소들은 드러나지 않기 때문에, 위험한 제
품으로 인한 부상을 막는 유일한 상식적인 방법은 고품질 설계와 장인 정
신의 세심한 적용이다. 이익을 내는 것은 중요하지만, 소비자들의 안전도
중요하다. 수준 이하의 제품을 만들려는 회사는 거의 없으며, 실제로 대부
분의 사업체는 정해진 안전 지침 내에서 운영된다. 하지만, 어떤 제조회사
들은 소비자의 안전을 보장하기 위해 요구되는 적절한 절차를 따르는 것을
거부하면서, 상습적으로 법을 위반하는 것으로 보인다. 그러한 경우에, 그
범법자들이 자신의 행동에 대해 벌금을 내야 하는 것은 당연하다.

해설 ④ so가 앞의 내용을 받아 절 앞에 나오면서 주어와 동사가 도치
된 문장으로, 주어(the safety)에 수를 일치시켜 단수 동사 is로 고쳐야
한다.
① 주격 관계대명사절 내의 동사와 선행사(products)의 관계가 수동이므
로 수동태를 쓰며, 문맥상 과거부터 현재까지의 일을 나타내므로 현재완료
시제가 적절하다.
② 「could have p.p.」는 '~할 수도 있었을 텐데'라는 의미로, 과거 일에
대한 추측을 나타낸다.
③ 주어가 the only sensible way이므로, 단수 동사 is가 쓰였다.
⑤ '당연한'을 의미하는 형용사 natural 다음의 that절이 '~해야 한다'는
당위성을 나타내므로, that절의 동사는 「(should+)동사원형」의 형태가
적절하다.

구문 분석 [1행] Manufacturers are legally responsible for
injuries [caused by defects in *products* {that have been
designed and built by them}]. : [ ]는 injuries를 수식하는 과거분
사구이다. { }는 products를 선행사로 하는 주격 관계대명사절이다.

[9행] .... certain manufacturers seem to be habitual
offenders, [refusing to follow the proper procedures
{required to ensure the safety of their customers}]. : [ ]는 부
대상황을 나타내는 분사구문이다. { }는 the proper procedures를 수
식하는 과거분사구이다.

4

정답 ③

해석 어떤 사람들은 타고난 흉내쟁이인데, 그들은 노력하지 않고도 사회
적인 카멜레온처럼 행동한다. 그들은 마치 그들이 원래 그렇게 타고난 것처
럼 다른 사람들의 말투와 버릇을 모방함으로써 어떤 상황에도 잘 섞인다.
하지만, 누구나 자신의 사회적 지위를 높이기 위해 모방을 사용할 수 있다.
연구원들은 모방을 당했던 사람들이 자신들을 모방했던 사람들에 대해 더
좋은 인상을 가졌음을 발견했다. 훨씬 더 흥미로운 것은 누군가가 자신의
행동을 모방하게 만든 사람들이 실제로 모든 사람에게 더 친절하다는 결
과였다. 이것이 이와 같이 작용하는 이유는 모방을 당하는 사람들이 그들
자신에 대해 더 좋게 느끼기 때문이다. 이 좋은 감정은 주로 그들을 모방했
던 사람과 관련되지만, 그들의 자존감의 상승이 그들로 하여금 보통 사람
들에게 더 상냥하도록 만들 것이다.

해설 ③ that절의 주어가 '사람들'을 나타내는 복수형 대명사 those이므
로, 복수 동사 were가 되어야 한다.
① 「as if+가정법 과거완료」는 '마치 ~였던 것처럼'의 의미로, 주절보다 이
전의 일을 가정 또는 상상한다.
② 문맥상 '모방을 당했던'의 의미로, 좋은 인상을 갖게 된 과거 시점보다
이전에 완료된 내용이므로, 과거완료 수동태가 적절하다.
④ 「be associated with」는 '~와 관련되다'라는 의미의 수동태이다.
⑤ 「may well+동사원형」은 '아마 ~할 것이다'의 의미이다.

구문 분석 [4행] Researchers have found that **those who**
had been mimicked had a better impression of *the
person* [who had copied *them*]. : those who는 '~하는 사
람들'의 의미이다. [ ]는 the person을 선행사로 하는 주격 관계대명사절
로, 여기서 them은 앞에 나온 those who had been mimicked를
가리킨다.

[6행] Even more interesting was the finding [that *those*
{who **had** someone **mimic** their behavior} were actually
nicer to everyone]. : 보어가 문두에 나와 주어와 동사가 도치되었다.
the finding과 [ ]는 동격 관계이다. { }는 those를 선행사로 하는 주격
관계대명사절이다. 사역동사 have의 목적격보어로 동사원형 mimic이
왔다.

[7행] *The reason* [(why) this works this way] is that *people*
[who are copied] feel better about themselves. : 첫 번째 [ ]
는 the reason을 선행사로 하는 관계부사절로, 관계부사 why가 생략되
었다. 두 번째 [ ]는 people을 선행사로 하는 주격 관계대명사절이다.

Chapter 2

기출 문장으로 Warm Up!

1. 그 문제에 대한 감을 잡기 위해서는 기술 정보 이상이 필요했다.

2. 지적재산은 기초 과학을 육성하는 데 거의 역할을 하지 않았다.

3. 그 부모와 아이들은 모두 보통 영화를 보러 가거나 야구 경기를 보러 가는 것을 좋아한다.

기출 문제 통으로 보기!

해석 Emma는 노래 부르는 것을 정말 좋아했다. 그녀는 일부 고음에서 누군가 기름칠하는 것을 잊어버린 문 같은 소리가 나는 경향이 있는 것을 제외하고는, 매우 좋은 목소리를 지녔다. Emma는 이러한 약점을 잘 알고 있어서 그녀가 이러한 고음들을 연습할 수 있는 가능한 모든 기회를 이용했다. 그녀는 나머지 가족을 방해하지 않고는 연습할 수 없는 작은 집에 살았기 때문에, 대개 밖에서 고음을 연습했다. 어느 오후, 그녀가 가장 높고 어려운 몇 개의 음을 부르고 있는 동안 차 한 대가 그녀를 지나갔다. 그녀는 운전자의 얼굴에 갑자기 걱정스러운 표정이 드리워진 것을 보았다. 그는 거칠게 브레이크를 밟고 뛰어나와, 그의 타이어를 주의 깊게 살펴보기 시작했다.

어휘 disturb 방해하다 anxious 걱정하는, 불안한 examine 검사[조사]하다

어법 유형 훈련

A

정답 1. describing **2.** to gain **3.** to take
4. using **5.** to give

1 Often, women are more used to describing their feelings verbally [than men are].

해설 전치사 to의 목적어로 명사나 동명사가 와야 하므로, describing을 쓴다. 「be used to v-ing」는 '~하는 데 익숙하다'의 의미이다.

해석 보통, 여성들은 남성들보다 자신의 감정을 언어로 묘사하는 데 더 익숙하다.

2 Even [internationally known] brands cannot expect to gain consumer acceptance without a developed strategy.

해설 expect는 to부정사를 목적어로 취하므로, to gain이 적절하다.

해석 심지어 국제적으로 알려진 브랜드들도 발달한 전략 없이는 소비자의 인정을 얻는 것을 기대할 수 없다.

3 The first sign of commitment is when you give up what you enjoy [to take care of {what you love}].

해설 '~하기 위하여'의 〈목적〉을 나타내는 to take가 적절하다.

해석 헌신의 첫 번째 징후는 당신이 정말 좋아하는 것에 신경 쓰기 위해 당신이 누리는 것을 포기하는 때이다.

4 My mom suggested using lemon juice to clean inside the refrigerator, [which leaves it smelling wonderfully fresh].

해설 suggest는 동명사를 목적어로 취하므로, using이 적절하다.

해석 우리 엄마는 냉장고 안을 청소하는 데 레몬 주스를 사용할 것을 제안하셨는데, 그렇게 하면 냉장고에서 아주 산뜻한 냄새가 나게 해 준다.

5 [When testing your baby for allergies], don't forget to give the same food for several days [before introducing another one].
=food

해설 문맥상 '~할 것을' 잊지 말라는 의미가 되어야 하므로, 목적어로 to give가 적절하다. 「forget v-ing」는 '(과거에) ~한 것을 잊다'의 의미이다.

해석 당신의 아기가 알레르기가 있는지 테스트해 볼 때에는, 또 다른 음식을 주기 전에 며칠 동안 같은 음식을 주는 것을 잊지 마세요.

B

정답 1. ② managing → to manage **2.** ③ organize → organizing **3.** ⑤ to serve → serving

1 Mary got her start in printing [when her brother opened a printing shop]. When he had difficulties ①paying off his debts, it was Mary [who was required ②to manage it]. Business problems seemed ③to follow her brother, and each time, Mary was brought in ④to run the shop.

해설 ② to부정사를 목적격보어로 취하는 동사 require가 수동태로 쓰여 「be required to-v」의 형태가 되어야 하므로, managing이 to manage가 되어야 한다.
① 「have difficulty (in) v-ing」는 '~하는 데 어려움을 겪다'의 의미이다.
③ seem은 to부정사를 주격보어로 취하므로, to follow가 적절하다.
④ to run은 〈목적〉을 나타내는 부사적 용법의 to부정사이다.

해석 Mary는 그녀의 오빠가 인쇄소를 차렸을 때 인쇄 일을 시작했다.

그가 빚을 갚느라 어려움을 겪었을 때, 그것을 관리해야 했던 사람은 바로 Mary였다. 오빠에게 사업상의 문제들이 잇따르는 것 같았고, 매번 Mary가 인쇄소를 운영하는 데 참여했다.

2 Staying at your resort turned out ①to be a great decision! We can't thank you enough for everything [(that) you did ②to ensure {we enjoyed our stay}]. Everything was done perfectly, [from answering our questions to ③organizing our outgoing flight]. We look forward to ④coming back soon.

해설 ③ 'A에서 B까지'를 의미하는 「from A to B」에서 to는 전치사이므로, 동명사 organizing이 되어야 한다.
① turn out은 to부정사를 주격보어로 취하므로, to be가 적절하다.
② to ensure는 〈목적〉을 나타내는 부사적 용법의 to부정사이다.
④ 「look forward to v-ing」는 '~을 기대하다'의 의미이다.

해석 당신의 리조트에서 지낸 것은 훌륭한 결정이었어요! 저희가 즐겁게 지낼 수 있게 하기 위해서 당신이 해주신 모든 것에 대해 뭐라고 감사의 말씀을 드려야 할지 모르겠어요. 저희의 질문에 답변해주신 것부터 저희의 출국 항공편을 준비해주신 것까지, 모든 것이 완벽하게 이루어졌어요. 저희는 곧 다시 가기를 기대하고 있어요.

3 [When dealing with Alzheimer's patients], avoid ①placing distracting items on the table. Also, [when preparing ②to serve food], be sure to check its temperature. Patients aren't always able to sense [that something is too hot ③to eat]. Patients also commonly forget ④having meals, so [if someone prefers breakfast], consider ⑤serving breakfast more than once a day.

해설 ⑤ consider는 동명사를 목적어로 취하므로, to serve를 serving으로 고쳐야 한다.
① avoid는 동명사를 목적어로 취하므로, placing이 적절하다.
② 「prepare to-v」는 '~할 준비를 하다'의 의미로, 여기서 prepare는 자동사이다.
③ 「too+형용사/부사+to-v」는 '너무 ~해서 …할 수 없다'의 의미이다.
④ 문맥상 과거에 했던 일을 잊어버리는 것이므로, forget의 목적어로 동명사 having을 취한다.

해석 알츠하이머 환자들을 대할 때, 식탁에 정신을 산란하게 하는 물건들을 놓는 것을 피하라. 또한, 음식을 내놓을 준비를 할 때, 반드시 그것의 온도를 확인하라. 환자들은 무엇이 너무 뜨거워서 먹을 수 없다는 것을 항상 분별할 수 있지는 않다. 또한 환자들은 대개 식사한 사실을 잊어버리기 때문에, 누군가 아침 식사를 좋아하면, 아침 식사를 하루에 한 번 이상 제공하는 것을 고려해보아라.

1 정답 ②

해석 셜록 홈스(Sherlock Holmes)는 놀라운 캐릭터이다. 그를 흉내 내는 것은 불가능해 보이지만, 나는 한번 해 보기로 결정했다. 지인의 집을 방문하는 동안, 나는 벽에 걸린 그림을 보기 위해 멈췄다. 그 그림은 그다지 훌륭하지 않았고 서명도 되어 있지 않았다. 홈스를 가장하여, 나는 내 지인이 그런 평범한 그림을 자신의 벽에 걸 만한 가치가 있는 것으로 생각한다면, 그녀는 아마도 그 그림에 감정적 애착이 있는 것이라고 판단했다. 게다가, 서명이 없는 것은 그 화가가 신원을 밝힐 필요를 느끼지 않았다는 것을 암시했다. 이러한 단서들에 근거해서, 나는 내 지인 자신이 바로 그 화가라고 결론을 내렸는데, 내 생각이 맞았다! 내가 꼭 어떤 범죄를 해결한 것은 아니었지만, 탐정 놀이를 할 기회가 너무 좋아서 포기할 수 없었다.

해설 **(A)** 문맥상 '~하기 위해 멈추다'라는 의미가 되어야 하므로, 〈목적〉을 나타내는 부사적 용법의 to look at이 적절하다. 「stop v-ing」는 '~하는 것을 멈추다'의 의미이다. **(B)** 「be worth v-ing」는 '~할 가치가 있다'의 의미로, 동명사 putting이 적절하다. **(C)** 「too+형용사/부사+to-v」는 '너무 ~해서 …할 수 없다'의 의미로, to pass up이 적절하다.

구문 분석 [4행] [Pretending to be Holmes], I decided [that {if my acquaintance thought such an unimpressive painting was worth putting on her wall}, she probably had an emotional attachment to **it**]. : 첫 번째 [ ]는 부대상황을 나타내는 분사구문이다. 두 번째 [ ]는 decided의 목적절이고, { }는 that절 내의 조건절이다. it은 앞에 나온 such an unimpressive painting을 가리킨다.

2 정답 ⑤

해석 연구원들은 사람들이 전형적인 운동가로 여겨지는 것을 원하지 않기 때문에 운동가의 대의명분에 동참하는 것을 피하는 경향이 있다는 것을 보여주었다. 이 연구원들의 연구에서, 한 무리의 대학생들이 집회에 참가하는 '전형적인' 페미니스트나, 여권신장 운동을 위한 기금을 마련하고자 사교 모임을 주최하는 것과 같이 논쟁이 덜 되는 활동에 참가하는 '전형적이지 않은' 페미니스트에 관해 읽었다. 대부분의 독자들이 '전형적인' 페미니스트는 투쟁성과 비정상과 같은 바람직하지 못한 특성을 지녔다고 여겼다. 다음으로, 모든 학생들은 여성이 직면한 불공평한 장애물에 관한 기사를 읽었다. '전형적인' 페미니스트에 관해 읽었던 학생들은 글쓴이에 대한 부정적인 견해를 갖는 경향이 있었다. 게다가, 이 기사를 읽은 후에 이들 중 많은 학생들이 '전형적이지 않은' 페미니스트에 관해 읽었던 학생들에 비해, 자신은 페미니스트 운동에 직접 참여하지 않을 것이라고 답했다.

해설 ⑤ '~에 반대하다'의 의미인 「object to」에서 to는 전치사로 뒤에 명사나 동명사가 와야 하므로, to engage를 to engaging으로 고쳐야 한다.
① avoid는 동명사를 목적어로 취하므로, participating이 적절하다.
② 문맥상 〈목적〉을 나타내는 부사적 용법의 to부정사 to raise가 적절하다.
③ as가 '~로서'라는 의미의 전치사로 쓰였으므로, 동명사 having이 적절하다.
④ 「tend to-v」는 '~하는 경향이 있다'의 의미이다.

구문 분석 [3행] ..., a group of undergraduates read about **either** *a "typical" feminist*, [who would take part in rallies], **or** *an "atypical" feminist*, [who would engage in less contentious activities, ...]. : 「either A or B」는 'A이거나 B'를 의미하는 상관접속사이다. 두 개의 [ ]는 각각 a "typical" feminist와 an "atypical" feminist를 선행사로 하는 계속적 용법의 주격 관계대명사절이다.

Unit 07 분사 본문 p.42

기출 문장으로 Warm Up!

1. 태어나는 것은 내게 일어난 일이지만, 나 자신만의 삶은 내가 어떤 문장의 의미를 처음으로 이해했을 때 시작되었다.

2. 귀사에서의 경험은 매우 보람 있었습니다.

3. 당신의 생각을 자세히 살펴보면, 당신은 그것들이 오로지 과거나 미래에 얽매여 있다는 것을 알게 될 것이다.

기출 문제 통으로 보기!

해석 음악이 신체적, 정신적 기능을 향상시키는 듯하다는 점을 고려해볼 때, 음악이 수행 능력에 해를 주는 상황이 있는가? 이것이 상당히 중요한 의미를 갖는 한 영역은 안전하게 운전하는 능력에 미치는 음악의 잠재적인 악영향이다. 시끄럽고 빠른 음악과 난폭 운전 사이의 연관성을 제시하는 증거가 있는데, 운전에 미치는 음악의 이러한 영향력이 과연 어떻게 설명될 수 있을까? 한 가지 가능성은 운전자가 음악 속 박자의 규칙성에 적응한다는 것, 그리고 그들의 속력이 그에 따라 영향을 받는다는 것이다. 다시 말해, 보다 빠른 음악이 사람들로 하여금 더 빨리 음식을 먹도록 하는 것과 마찬가지로, 보다 빠른 음악은 사람들로 하여금 음악의 계속되는 반복적 구조에 정신적, 신체적으로 맞물리면서 더 빠른 속도로 운전하게 한다는 것이다.

어휘 enhance 향상시키다 domain 분야 association 연관성 reckless 난폭한, 무모한 adjust 적응하다 regularity 규칙성

어법 유형 훈련 본문 p.44

A

정답 **1.** running **2.** written **3.** annoying **4.** postponed **5.** amazed

1 The city has a beautiful river [running through the middle of it].

해설 수식 받는 명사(a beautiful river)와 분사와의 관계가 능동이므로, 현재분사 running을 쓴다.

해석 그 도시에는 도시 한가운데를 통해 흐르는 아름다운 강이 있다.

2 In Europe, written constitutions came into greater use during the 18th century.

해설 수식 받는 명사(constitutions)와 분사와의 관계가 수동이므로, 과거분사 written을 쓴다.

해석 유럽에서, 성문헌법은 18세기 동안 더 널리 쓰이기 시작했다.

3 There's nothing more annoying than someone [who complains about his or her problems].

해설 문맥상 '짜증스러운' 감정을 유발하는 경우를 나타내므로, 현재분사 annoying을 쓴다.

해석 자기 자신의 문제에 대해 불평하는 사람보다 더 짜증스러운 것은 없다.

4 [If you cannot attend the meeting and you want it postponed], please let me know beforehand.

해설 목적어(it)와 목적격보어의 관계가 수동이므로, 과거분사 postponed를 쓴다.

해석 당신이 회의에 참석할 수 없어서 회의를 연기하고 싶다면, 사전에 제게 알려 주십시오.

5 People are often amazed to learn [how much precious metal is lost {whenever they throw away their old devices}].

해설 주어(people)와 주격보어의 관계는 감정이 유발되는 수동 관계이므로, 과거분사 amazed를 쓴다.

해석 사람들은 종종 그들의 낡은 기기를 버릴 때마다 얼마나 많은 귀금속이 낭비되는지를 알고 놀란다.

B

정답 **1.** ③ teaching → taught **2.** ② covered → covering **3.** ③ extending → extended

1 Modern teachers are ①fascinated by digital resources and the benefits [(that) they can provide], such as ②individualized pacing and instant feedback. These benefits can encourage students to keep practicing the skills [③taught to them in class].

해설 ③ 수식 받는 명사(the skills)와 분사의 관계가 수동이므로, teaching을 taught로 고쳐야 한다.
① 주어(modern teachers)가 '매료된' 것으로 감정이 유발된 경우이므로, 과거분사 fascinated가 왔다.
② 수식 받는 명사(pacing)와 분사의 관계가 수동이므로, 과거분사 individualized가 적절하다.

해석 오늘날의 교사들은 디지털 자료와 그것이 제공하는 개별화된 속도나 즉각적인 피드백과 같은 이점들에 매료되었다. 이러한 이점들은 학생들이

수업 시간에 배운 기술들을 계속해서 연습할 수 있도록 해 준다.

2 Last week, a large water pipe burst near Main Street.
The ①rushing water flooded the entire area and left
mud ②covering several streets. Workers have now
completed repairs to the ③broken pipe, but the
exact cause [of the accident] remains ④unknown.

해설 ② 목적어(mud)와 목적격보어의 관계가 능동이므로, covered를
covering으로 고쳐야 한다.
① 수식 받는 명사(water)와 분사의 관계가 능동이므로, 현재분사
rushing이 적절하다.
③ 수식 받는 명사(pipe)와 분사의 관계가 수동이므로, 과거분사 broken
이 적절하다.
④ 주어(the exact cause)가 '알려지지 않은' 상태이므로, 과거분사
unknown이 적절하다.

해석 지난주, Main 가 근처에서 큰 수도관이 파열되었다. 세차게 쏟아지
는 물이 그 지역 전체를 범람시켰고 진흙이 일부 도로를 뒤덮었다. 인부들
이 현재 파손된 수도관에 대한 수리를 끝냈지만, 그 사고의 정확한 원인은
알려지지 않은 채로 있다.

3 Children often display ①challenging behavior. This is
②fitting for the early stages of development. It will
often occur for an ③extended period [when
traumatic events, such as a divorce, occur]. Children
find these events ④confusing, and they may
therefore behave in a ⑤threatening manner.

해설 ③ 수식 받는 명사(period)와 분사의 관계가 수동으로,
extending을 extended로 고쳐야 한다.
① 수식 받는 명사(behavior)와 분사의 관계가 능동이므로, challenging
이 적절하다.
② 문맥상 주어(this)인 challenging behavior가 '적절한' 것이라는 내
용이므로, fitting이 적절하다.
④ 목적어(these events)가 '혼란스러운' 감정을 유발하는 경우이므로,
현재분사 confusing이 적절하다.
⑤ 수식 받는 명사(manner)와 분사의 관계가 능동이므로, 현재분사
threatening이 적절하다.

해석 아이들은 종종 도전적인 행동을 보인다. 이것은 발달의 초기 단계에
적절한 것이다. 그것은 보통 이혼과 같은, 매우 충격적인 사건이 발생하면
장기간에 걸쳐 일어날 것이다. 아이들은 이러한 사건을 혼란스러워하고, 그
래서 그들은 위협적인 방식으로 행동할지도 모른다.

1   정답 ③

해석 셰일 분지는 수천 년에 걸쳐 단단히 다져진, 진흙과 토사로 만들어
진 지하의 커다란 셰일 암석 매장층이다. 이 과정의 초기에, 진흙과 함께
침전된 유기물의 작은 입자들이 석유와 천연가스로 전환된다. 셰일로부터
스며 나오는 석유와 천연가스의 일부는 커다란 매장층에 쌓인다. 이 침전
물들은 암석의 구멍을 통해 쉽게 흘러서 '재래식' 추출 구멍으로 흘러들어
갈 수 있기 때문에, 그것들은 '재래식 저장소'라고 알려져 있다. 하지만, 막
대한 양의 석유 및 가스가 또한 셰일 내에 갇힌 채 남아 있다. 그것들은 이
동시키기 좀 더 어렵지만, 수평시추와 셰일을 산산조각 내서 천연 가스를
모으는 '수압 파쇄'라는 과정을 통해 이 자원들을 개발하는 데 성공했다.

해설 **(A)** 문맥상 수식 받는 명사(deposits of shale rock)가 '만들어
진' 것이라는 수동의 의미이므로, 과거분사 created가 적절하다. **(B)** 문
맥상 수식 받는 명사(some of the oil and natural gas)가 '스며 나온
다'는 능동의 의미이므로, 현재분사 seeping이 적절하다. **(C)** 문맥상 주
어인 large amounts of oil and gas가 '갇혀 있다'는 수동의 의미이므
로, 과거분사 trapped가 적절하다.

구문 분석 [3행] …, tiny particles of organic matter [deposited
with the mud] are converted into oil and natural gas. : [ ]는
앞에 나온 organic matter를 수식하는 과거분사구이다.

[11행] … and a process [called "hydraulic fracturing," {which
breaks apart the shale and collects the natural gas}]. : [ ]는
a process를 수식하는 과거분사구이다. { }는 hydraulic fracturing
을 선행사로 하는 계속적 용법의 주격 관계대명사절이다.

2   정답 ①

해석 공상 과학 소설에 나오는 많은 아이디어들이 최근 실현되어 왔다. 최
신의 것은 3차원 식품 프린터이다. 조리와 배합을 통해 준비된 재료들이
이 프린터에 놓여지고, 그곳에서 그 재료들은 노즐을 통과하여 유리 접시
로 옮겨진다. 그것은 먹음직스럽게 들리지 않을지도 모르지만, 이 프린터는
시간과 노력을 절약해 준다. 그것들은 보통 건강한 식사를 만드는 데 도움
이 되는 신선한 천연 재료를 사용하면서, 요리를 빨리 끝낸다. 게다가, 이
3차원 음식 프린터는 단순하고 반복적인 작업들을 수행하여 식당 주방장
들이 더 복잡한 형태의 음식 준비에 주력할 수 있게 함으로써, 그들을 도
울 수 있다는 점에서 대단히 흥미로운 것 같다. 주방장이 그저 파스타 반죽
만들기와 같이 원하는 작업을 선택하면, 3차원 음식 프린터가 나머지를 해
준다.

해설 ① 수식 받는 명사(ingredients)와 분사의 관계가 수동이므로, 과
거분사 prepared가 적절하다.
② 주격보어로 쓰인 분사와 주어와의 관계가 능동이므로, 현재분사
appetizing이 적절하다.
③ 목적격보어로 쓰인 분사와 목적어(the job)의 관계가 수동이므로, 과거
분사 done이 적절하다.
④ 주어인 the 3D food printers가 '대단히 흥미로운' 감정을 유발하는
경우이므로, 현재분사 fascinating이 적절하다.
⑤ 수식 받는 명사(task)와 분사의 관계가 수동이므로, 과거분사

desired가 적절하다.

구문 분석 [2행] Ingredients [prepared through cooking and blending] are placed in *the printer*, [where **they** pass through a nozzle and onto a glass plate]. : 첫 번째 [ ]는 ingredients를 수식하는 과거분사구이다. 두 번째 [ ]는 the printer를 선행사로 하는 계속적 용법의 관계부사절이다. they는 앞에 나온 ingredients를 가리킨다.

[6행] ...., the 3D food printers seem fascinating **in that** they can assist restaurant chefs by performing simple, repetitive activities, [allowing the chefs to focus on more complex aspects of food preparation]. : in that은 '~라는 점에서'라는 뜻의 접속사이다. [ ]는 결과를 나타내는 분사구문이다.

Unit 08 원형부정사/to부정사/분사 본문 p.46

기출 문장으로 Warm Up!

1. 개체들은 파동이 그들을 향해 다가오는 것을 보거나 느낄 수 있기 때문에, 그들은 그러한 사전 감지가 없을 때보다 더 빨리 반응할 준비가 되어 있다.

2. 현장에 있는 인류학자들에 대한 초기의 사적인 어떤 이야기들은 현지 조사를 신나고, 흥미진진하고, 정말 이국적이고, 때때로 편한 것처럼 들리게 만든다.

3. Meredith는 이따금 그녀를 쓰러지게 만드는 희귀한 병을 앓았다.

기출 문제 통으로 보기!

해석 올해 초에 발표된 한 조사에서, 10명의 부모 중 7명은 결코 자신의 아이들이 장난감 총을 가지고 놀게 하지 않을 것이라고 대답했다. 하지만 보통의 7학년생들은 비디오 게임을 하는 데 일주일에 최소 4시간을 보내고, 그러한 게임 중 절반은 폭력적인 주제를 가지고 있다. 명백히, 부모들은 화면상에서의 폭력과 플라스틱 총으로 행해지는 폭력을 구별한다. 하지만, 심리학자들은 매체 폭력과 실제 공격성 사이의 연관성을 보여주는 수십 년간의 조사와 천 건 이상의 연구를 지적한다.

어휘 make a distinction 구별하다 demonstrate 보여주다, 입증하다 aggression 공격성

어법 유형 훈련 본문 p.48

A 정답 **1.** walking **2.** photographed **3.** to be **4.** shout **5.** to sign

1 The local people noticed a foreigner walking around the streets of their town.

해설 지각동사(notice)의 목적어(a foreigner)와 목적격보어의 관계가 능동이므로, 현재분사 walking이 적절하다.

해석 지역 주민들은 한 외국인이 마을의 거리를 배회하고 있는 것을 알아차렸다.

2 [When the reporters arrived], she refused to have her injuries photographed.

해설 사역동사(have)의 목적어(her injuries)와 목적격보어의 관계가 수동이므로, 과거분사 photographed가 적절하다.

해석 기자들이 도착했을 때, 그녀는 자신의 상처가 사진으로 찍히는 것을 거절했다.

3 Police warned everyone to be alert on the road during the holiday season.

해설 동사 warn은 목적격보어로 to부정사를 취하므로, to be가 적절하다.

해석 경찰은 모두에게 휴가철 여행길에 조심하라고 경고했다.

4 You can see a wide variety of fish and listen to the vendors shout for your attention at the market.

해설 지각동사(listen to)의 목적어(the vendors)와 목적격보어의 관계가 능동이므로, 동사원형 shout가 적절하다.

해석 당신은 시장에서 매우 다양한 생선을 볼 수 있고 주의를 끌기 위해 상인들이 소리치는 것을 들을 수 있다.

5 Peterson would get the staff members to sign up for the weekly meetings.

해설 get은 목적격보어로 to부정사를 취해 '목적어가 ~하도록 시키다'의 의미를 나타내므로, to sign이 적절하다.

해석 Peterson은 직원들이 주간 회의에 신청하도록 만들었다.

B 정답 **1.** ③ give → to give **2.** ③ believing → to believe **3.** ① carrying → (being) carried

1 Listening to others and letting them ①know [when they are correct] will make them ②feel [as though you respect and understand them]. This creates a sense of purpose [that encourages them ③to give an even greater effort toward {whatever goal they are working towards}].

해설 ③ encourage는 목적격보어로 to부정사를 취하므로, give를 to give로 고쳐야 한다.
① 사역동사(let)는 목적격보어로 원형부정사를 취하므로, know가 적절하다.
② 사역동사(make)는 목적격보어로 원형부정사를 취하므로, feel이 적절

하다.

해석 다른 사람들의 말에 귀 기울이고 그들이 옳을 때 그들이 알게 하는 것은 그들로 하여금 당신이 그들을 존중하고 이해하는 것처럼 느끼게 할 것이다. 이것은 그들이 달성하려는 목표가 무엇이든 간에 그것을 위해 훨씬 더 많은 노력을 하도록 그들을 격려하는 목적의식을 만들어 낸다.

2 In science, induction is a common process. [When we observe an event ①occurring again and again], we expect it ②to be something [(that) we can rely on]. This allows us ③to believe in a universal truth [that applies beyond a specific time and circumstance].

해설 ③ allow는 목적격보어로 to부정사를 취하는 동사이므로, believing은 to believe가 되어야 한다.
① 지각동사(observe)의 목적어와 목적격보어가 능동 관계이므로 현재분사인 occurring이 적절하다.
② expect는 목적격보어로 to부정사를 취하는 동사이므로, to be가 적절하다.

해석 과학에서, 귀납법은 일반적인 방법이다. 우리가 어떤 사건이 되풀이하여 발생하는 것을 관찰할 때, 우리는 그것이 우리가 믿을 수 있는 어떤 것이 되기를 기대한다. 이것은 우리가 특정한 시간과 환경을 넘어서 적용되는 보편적인 사실을 믿도록 해준다.

3 Yesterday, I saw a girl ①(being) carried by her mother, [who was shouting {that the child had stopped breathing}]. Since I am a doctor, I had the woman ②hold the girl and asked a passing man ③to help me ④(to) give her first aid. Soon, we could hear her ⑤begin to breathe.

해설 ① 지각동사(see)의 목적어와 목적격보어가 수동 관계이므로, 목적격보어는 (being) carried가 되어야 한다.
② 사역동사(have)의 목적어와 목적격보어가 능동 관계이므로, 원형부정사인 hold가 적절하다.
③ ask는 목적격보어로 to부정사를 취하므로 to help가 적절하다.
④ help는 목적격보어로 원형부정사 또는 to부정사를 취하므로, give는 적절하다.
⑤ 지각동사(hear)의 목적어와 목적격보어가 능동 관계이므로, 원형부정사인 begin이 적절하다.

해석 어제, 나는 한 소녀가 그녀의 엄마에게 실려 온 것을 봤는데, 그 엄마는 아이가 호흡을 멈췄다고 소리치고 있었다. 나는 의사이기 때문에, 그 여자가 딸을 붙들고 있도록 시키고, 지나가는 한 남자에게 내가 그 소녀에게 응급처치하는 것을 도와달라고 부탁했다. 곧, 우리는 소녀가 숨을 쉬기 시작하는 것을 들을 수 있었다.

1 정답 ④

해석 수천 년 동안, 사람들은 길을 찾기 위해 별자리를 이용해 오고 있다. 하지만 별을 이용해 이동하는 법을 익힌 것은 단지 사람들만이 아니다. 놀랍게도, 쇠똥구리 또한 천문 항법을 알아냈다. 남아프리카 공화국의 동물학자들은 쇠똥구리가 맑게 개인 밤에는 똥 덩이를 일직선으로 굴리는 것을 보았지만, 흐릴 때는 그러지 못했다. 그래서, 쇠똥구리가 별을 이용해서 자신들의 위치를 알아내는지를 밝혀내기 위해 고안된 한 실험에서, 그 동물학자들은 쇠똥구리 일부를 전체 투영관에 데려다 놓고 천장에 별이 빛나는 밤하늘을 투영시켰다. 이것은 쇠똥구리들이 그들의 똥 덩이를 일직선으로 옮기는 것을 가능하게 했다. 하지만, 아무것도 없는 밤하늘이 비춰졌을 때, 쇠똥구리들은 그들의 길을 찾을 수 없었다.

해설 【A】 사역동사 have의 목적격보어가 목적어인 celestial navigation과 수동 관계이므로, 과거분사 figured가 적절하다. 【B】 지각동사 watch의 목적격보어가 목적어인 dung beetles와 능동 관계이므로, 현재분사 rolling이 적절하다. 【C】 enable은 to부정사를 목적격보어로 취하는 동사이므로, to move가 적절하다.

구문 분석 [6행] So, in an experiment [designed to determine {**if** the beetles were orienting *themselves* by using stars}], ... : [ ]는 an experiment를 수식하는 과거분사구이다. if는 '~인지 아닌지'의 의미로, determine의 목적절을 이끈다. themselves는 재귀대명사로, the beetles를 가리킨다.

2 정답 ⑤

해석 기후 변화 때문에, 세계는 과거에 비해 더 많은 가뭄, 폭염, 폭풍해일과 홍수가 발생하는 것을 목격해 왔다. 이러한 일들은 수입 식품에 대한 의존도 때문에 멀리 떨어진 나라들까지도 고통받게 할 수 있다. 그러한 재해가 식품 생산 국가에 발생하면 식량에 대한 국내 수요가 증가하는데, 이는 그 나라가 식품을 수출하려 하지 않게 만들 수 있다. 실제로, 기후 비상사태는 개발도상국들이 식품 수출을 중단하고 수출세를 인상하도록 만들었다. 예를 들어, 2011년에, 러시아는 심한 폭염 동안 얼마간 식품 수출을 금지했었다. 과일과 주요 작물과 같은 수입 식품은 특히 취약해서, 앞으로 몇 년간 그것들의 가격이 오를 거라고 예측하는 것이 현명할 것이다.

해설 ⑤ expect는 목적격보어로 to부정사를 취하므로, to go가 되어야 한다.
① 지각동사(witness)는 목적격보어로 동사원형 또는 분사를 취하는데 목적어와 목적격보어가 능동 관계이므로, 현재분사인 taking place는 적절하다.
② cause는 목적격보어로 to부정사를 취하므로, to suffer가 적절하다.
③ lead는 목적격보어로 to부정사를 취해 '~가 …하게 하다'의 의미를 나타내므로, to refuse는 적절하다.
④ 사역동사(make)는 목적격보어로 동사원형을 취하므로, stop이 적절하다.

구문 분석 [4행] When such a disaster strikes a food-producing country, internal demand for food grows, [which can lead the country to refuse to export food]. : [ ]는 앞 절 전체를 선행사로 하는 계속적 용법의 주격 관계대명사절이다.

[10행] ...., so **it** would be wise **to expect** their prices to go up in the coming years. : it은 가주어이고, to expect 이하가 진주어이다.

기출 문장으로 Warm Up!

1. 기차가 그가 내려야 할 역에 도착했을 때, 그는 일어서서 문 앞에 참을성 있게 서서 기차 문이 열리기를 기다렸다.

2. 어떤 사람들은 면접 전에 목욕하는 것을 잊어버린다. 그들의 체취는 고용될 가능성을 없앨지도 모른다.

3. Deseada 섬은 1493년 Christopher Columbus의 두 번째 항해 중 육지를 발견하고자 했던 그의 갈망으로부터 그 이름을 얻었다고 한다.

기출 문제 통으로 보기!

해석 내게는 가르쳐야 할 스무 명의 마을 소녀들이 있었는데, 그들 중 일부는 방언이 매우 심해서 나는 그 소녀들과 의사소통을 거의 할 수 없었다. 단 세 명만이 글을 읽을 수 있었고, 쓸 줄 아는 사람이 아무도 없었기 때문에, 첫째 날이 끝나갈 무렵에는 내 앞에 놓인 힘든 일 생각에 나는 상당히 우울했다. 하지만 나는 어떤 종류의 직업이라도 가진 게 다행이고 내가 이 소녀들을 가르치는 데 분명히 익숙해질 것이라고 생각했는데, 이 소녀들은 매우 가난했지만, 영국의 가장 훌륭한 집안 출신 아이들만큼 착하고 똑똑할지도 모른다.

어휘 fortunate 운 좋은, 다행한   intelligent 똑똑한, 총명한

어법 유형 훈련 본문 p.52

A

정답 **1.** to hold **2.** to increase **3.** being spoken **4.** to see **5.** to have been

1 [When you're shopping for a rubber boat], take note of [how many people the watercraft is able to hold].

해설 to부정사와 의미상 주어(the watercraft)의 관계가 능동이므로, to hold를 쓴다.

해석 당신이 고무 보트를 구매하려고 할 때, 그 보트가 얼마나 많은 사람을 수용할 수 있는지에 주의를 기울여라.

2 According to teachers, students' motivation seems to increase [when they use tablet computers in class].

해설 주절의 동사(seems)와 같은 시점의 내용이므로 to부정사의 단순형인 to increase가 적절하다.

해석 교사들에 따르면, 수업 시간에 휴대용 컴퓨터를 사용할 때 학생들의 학습 의욕이 증가하는 것 같다.

3 In the movie, a female singer [from the 80s] was singing about being spoken to badly and dreaming of new things.

해설 동명사와 의미상 주어(a female singer)의 관계가 수동이므로, being spoken을 쓴다. 전치사 to 뒤에 목적어가 없으므로 능동형인 speaking은 올 수 없다.

해석 그 영화에서, 한 80년대 여성 가수가 심한 말을 듣는 것과 새로운 것들을 꿈꾸는 것에 관해 노래하고 있었다.

4 It's not unusual for someone [who is 50 kilograms overweight] to see a 5-kilogram drop [within the first week of going on a diet].

해설 가주어 it과 「for+목적격」 형태의 의미상 주어가 나왔으므로, 진주어로 쓰인 to see가 적절하다.

해석 50kg 과체중인 사람이 다이어트를 시작한 첫 주 안에 5kg 감량 효과를 보는 것은 드문 일이 아니다.

5 The suspect claims to have been at his home [when the robbery took place].

해설 주절의 동사(claims)보다 앞선 시점의 일을 나타내므로, 완료형 to부정사인 to have been이 적절하다.

해석 그 용의자는 강도 사건이 발생했을 때 자신은 집에 있었다고 주장한다.

B

정답 **1.** ③ his companions' eating → his companions' being eaten **2.** ④ of her to have found → for her to have found **3.** ② to be → to have been

1 It is the arrogance of Odysseus [that causes him ①to be put in great danger]. For example, in the cave of the Cyclops, he refuses ②to retreat, [which results in ③his companions' being eaten. Clearly, it was not wise ④of Odysseus to confront the creature in this way.

해설 ③ 동명사와 의미상 주어(his companions)가 수동 관계이므로, 수동형 동명사인 his companions' being eaten이 되어야 한다. 동명사의 의미상 주어는 소유격 또는 목적격으로 나타낼 수 있다.
① to부정사와 의미상 주어(him)의 관계가 수동이므로, 수동형 to be put이 적절하다.
② to부정사와 의미상 주어(he)의 관계가 능동이므로, 능동형 to retreat이 적절하다.
④ it은 가주어이고 to confront 이하가 진주어이다. 사람의 성격을 나타내는 형용사(wise) 뒤에는 to부정사의 의미상 주어로 「of+목적격」을 쓴다.

해석 오디세우스를 큰 위험에 빠뜨리는 것은 바로 그의 오만이다. 예를 들어, 키클롭스의 동굴에서, 그는 물러서기를 거부하는데, 이는 그의 동지들이 잡아먹히는 결과를 초래한다. 확실히, 오디세우스가 그 자에게 이런 식으로 맞서는 것은 현명하지 않았다.

2 I remember [①being told by my husband {that he had found a puppy at an animal shelter}]. She seemed ②to have been returned by the first person [who adopted her]. Thinking [about ③her having been abandoned twice] made me sad. It must have been difficult ④for her to have found a home and then to have been rejected.

해설 ④ to부정사의 의미상 주어로 「for+목적격」을 써야 하므로, for her to have found가 되어야 한다. 「of+목적격」은 사람의 성격을 나타내는 형용사와 함께 쓰인다.
① 문맥상 남편에게 '들은 것'을 기억한다는 의미이므로, 수동형 동명사 being told를 썼다.
② to부정사가 주절의 동사(seemed)보다 앞선 시점의 일을 나타내고, 의미상 주어(she)와 수동 관계이므로 완료 수동형인 to have been returned가 적절하다.
③ 동명사가 주절의 동사(made)보다 앞선 시점의 일을 나타내고, 의미상 주어인 her와의 관계가 수동이므로, 완료 수동형 her having been abandoned가 적절하다.

해석 나는 내 남편에게 동물 보호소에서 강아지 한 마리를 발견했다는 얘기를 들은 것을 기억한다. 그 강아지는 처음 입양한 사람에 의해 되돌려 보내진 것 같았다. 그 강아지가 두 번이나 버림받은 것에 대해 생각하는 것은 나를 슬프게 만들었다. 그 강아지가 보금자리를 찾았다가 버림받은 것은 틀림없이 힘들었을 것이다.

3 Rome is said ①to have been destroyed [by a fire in 64 AD]. Afterwards, Nero had the city rebuilt in the Greek classical style. Some Romans believed the fire ②to have been a ploy ③for the emperor to indulge his personal taste, [despite ④his having been away at the time].

해설 ② 주절의 동사(believed)보다 앞선 시점의 일을 나타내므로, 완료형 to have been이 되어야 한다.
① 주절의 동사(is said) 보다 앞선 시점의 일을 나타내고, '파괴된'이라는 수동의 의미를 나타내므로, 완료 수동형인 to have been destroyed가 적절하다.
③ to부정사의 의미상 주어로 「for+목적격」을 써야 하며, to부정사와 의미상 주어의 관계가 능동이므로, for the emperor to indulge가 적절하다.
④ 주절의 동사(believed) 보다 앞선 시점의 일을 나타내므로, 완료형인 his having been이 적절하다. 동명사의 의미상 주어는 소유격 또는 목적격으로 나타낸다.

해석 로마는 서기 64년에 화재로 파괴되었다고 한다. 이후에, 네로는 이 도시를 그리스 고전 양식으로 재건하도록 했다. 일부 로마인들은 그 당시 그 황제가 멀리 떨어진 곳에 있었음에도 불구하고, 그 화재가 그의 개인적인 취향을 충족시키기 위한 술책이었다고 생각했다.

어법 유형 실전
본문 p.53

1 정답 ③

해석 초기 역사 시대에, '아시리아'는 티그리스 강 상류 지역을 나타냈다. 이후, 이 지역은 하나의 제국으로 발전하여 메소포타미아 북부 절반의 많은 부분을 지배하게 됐다. 일부 유대교와 그리스도교의 전통들이 성서에 나오는 Shem족의 조상이 본래의 수도인 아수르를 세운 이야기들을 포함하고 있기는 하지만, 아시리아의 초기 역사에 대해 알려진 것은 거의 없다. 초기 아시리아는 사르곤 대왕 제국의 일부로서 통치를 받았던 것으로 보인다. 그리고 비록 그것(아시리아)은 구텐(Gutian) 시대에 멸망했지만, 재건되어 결국 신 수메르 제국에 의해 지배를 당하게 되었다. 마침내, 기원전 1900년경, Bel-kap-kapu가 아시리아를 독립된 왕국으로 설립했다고 여겨진다.

해설 (A) 전치사 of의 목적어로 동명사인 founding이 적절하며, the biblical Shem은 동명사의 의미상 주어로 쓰였다. (B) 주절의 동사(seems)보다 이전에 일어난 일이므로, 완료부정사 to have been ruled가 적절하다. (C) 문맥상 주어인 it(Assyria)이 '지배를 당하는' 것이므로, 수동형 동명사인 being governed가 적절하다.

구문 분석 [9행] Finally, **it** is believed [that around 1900 BC, Bel-kap-kapu founded Assyria as an independent kingdom]. : it은 가주어이고, [ ]가 진주어이다.

2 정답 ⑤

해석 관광은 과거 환경에 심각한 해를 초래했다고 여겨진다. 유감스럽게도, 이러한 훼손은 오늘날 많은 곳에서 계속되는데, 지구상에서 가장 매력적인 장소들 중 일부를 위태롭게 하고 있다. 여행사들이 관광산업의 영향을 최소화하길 원한다면, 그들이 고려할 많은 것들이 있다. 관광은 보통 자연 환경을 깨끗하게 유지하기 위해서라면 없어져야 할 쓰레기를 만들어 낸다. 게다가, 스노클링이나 스쿠버다이빙과 같은 인기 있는 관광 활동들은 산호초와 다른 해양 생물에 심각한 해를 끼쳤던 것으로 비난받아 왔다. 그리고 육지에서는, 관광객에게 오락을 제공하는 골프장이 흔히 지역 상수도에 부정적인 영향을 미친다. 골프장은 유독한 살충제로 관리되므로 실제로 오염을 증가시킨다.

해설 ⑤ 동명사의 의미상 주어(their)인 골프장이 '관리되는' 것이므로, 수동형 동명사를 이용하여 their being taken care of로 고쳐야 한다.
① 주절의 동사보다 이전에 발생한 일을 나타내므로, 완료형 to부정사인 to have caused가 적절하다.
② to부정사의 의미상 주어는 보통 to부정사 앞에 「for+목적격」의 형태로 쓴다.
③ to부정사의 의미상 주어인 waste가 '제거되는' 것이므로, 수동형인 to be removed가 적절하다.
④ 전치사 for의 목적어로 쓰인 동명사가 주절의 동사보다 앞서 일어난 일을 나타내므로, 완료형 동명사인 having seriously harmed가 적절

하다.

구문 분석 [5행] Tourism often creates *waste* [that needs to be removed in order to **keep natural places clean**]. : [ ]는 waste를 선행사로 하는 주격 관계대명사절이다. 「keep+목적어+형용사」는 '~를 …한 상태로 유지하다'의 의미이다.

Unit 10 분사구문 · 본문 p.54

기출 문장으로 Warm Up!

1. 엘리베이터가 작동하고 있지 않다는 것을 알아차리고는, Alice는 10층을 걸어 내려갔다.
2. 청소기를 최대 20분 동안 물기가 있는 부분에 갖다 대고서 물기를 빨아들임으로써 남아 있는 물기를 모두 제거해라.
3. 과거에 그 문제로 고통을 겪은 후에, 그는 그 경험으로부터 깨달음을 얻어 미래에는 같은 문제를 피할 수 있을 것이다.

기출 문제 통으로 보기!

해석 'Merton 법안'은 2003년에 런던 남서부에 있는 Merton의 지방 기획담당관인 Adrian Hewitt에 의해 고안되었다. Hewitt이 몇몇 동료들과 만들어 통과시키도록 의회를 설득했던 그 법은 소규모의 범위를 넘어서는 어떤 개발이든 해당 건물의 에너지 요구량의 10퍼센트는 자가 발전할 능력을 갖추어야 하는데, 그렇지 않으면 개발업자에게 건축 허가가 주어지지 않을 거라는 것이었다. 그 법은 합리적인 것 같아 빠르게 인기를 얻어, 몇 년 만에 백 개가 넘는 다른 지방 의회가 그 법을 따랐다. 런던에서 당시 시장이었던 Ken Livingstone은 'Merton Plus'를 도입했는데, 그것은 그 기준을 20퍼센트로 높였다. 그러자 중앙 정부는 그 법을 더 널리 도입했다. Adrian Hewitt은 지방 의회 기획이라는 작은 세계에서 유명 인사가 되었고, Merton 의회는 환경 친화적인 리더십으로 상을 받기 시작했다.

어휘 devise 고안하다 borough 자치구[도시] sensible 합리적인 catch on 인기를 얻다

어법 유형 훈련 · 본문 p.56

A 정답 1. Named 2. talked 3. having been 4. calling 5. made

1 [(Being) Named after South Africa's national flower, the king protea], the South African cricket team are known as the Proteas.

해설 분사구문의 의미상 주어(the South African cricket team)와 분사의 관계가 수동이므로, 과거분사 named를 쓴다.

해석 남아프리카 공화국의 국화인 king protea의 이름을 따서, 남아프리카 공화국의 크리켓 팀은 Proteas로 알려져 있다.

2 The dog [(that) we used to have] would tilt its head [when (being) talked to].

해설 분사구문의 의미상 주어(the dog)와 분사의 관계가 수동이므로, 과거분사 talked를 쓴다. 의미를 명확히 하기 위해 접속사 when을 생략하지 않았다.

해석 우리가 키우던 개는 우리의 말을 들으면 고개를 기웃하곤 했다.

3 Kawasaki disease is considered to be a relatively new disease, [not having been described until the 1950s].

해설 주절의 시제보다 앞선 때를 나타내므로, 완료형 분사구문 having been을 쓴다.

해석 가와사키병은 비교적 새로운 질병으로 여겨지는데, 그것은 1950년대까지 자세히 언급되지 않았다.

4 Critics praised the performance of the young actor, [calling it "outstanding."]

해설 분사구문의 의미상 주어(critics)와 분사의 관계가 능동이므로 현재분사 calling이 적절하다.

해석 비평가들은 그 젊은 배우의 연기를 '뛰어나다'고 묘사하며, 그의 연기를 칭찬했다.

5 Ambush marketing is a tactic [that associates a company or product with an event {without any payment made for an official sponsorship}].

해설 「without+명사+분사」는 '~가 …하지 않은 채로'를 의미하는 분사구문으로, 명사(any payment)와 분사의 관계가 수동이므로, 과거분사 made를 쓴다.

해석 앰부시 마케팅은 공식적인 후원으로 돈을 지불하지 않은 채로 어떤 회사나 제품을 특정 행사와 관련시키는 전략이다.

B 정답 1. ③ examined → examining 2. ③ ridden → riding 3. ④ encountered → encountering

1 [Love and leadership ①being two words {not often seen side by side}], it may be surprising [that rarely does great leadership exist {without love ②being present}]. In fact, [③examining failed leaders], you'll likely find a lack of love to be a contributing cause of their lack of success.

해설 ③ 분사구문의 의미상 주어(you)와 분사의 관계가 능동이므로, examined를 examining으로 고쳐야 한다.
① 분사구문의 주어(love and leadership)가 주절의 주어와 달라 생략하지 않은 형태로, 분사구문의 주어와 분사의 관계가 능동이므로, being이 적절하다.

② 「without+명사+분사」는 '~가 …하지 않은 채로[하지 않고서]'를 의미하는 분사구문으로, 명사(love)와 분사의 관계가 능동이므로, being이 적절하다.

해석 사랑과 리더십은 보통 나란히 보이지 않는 두 단어이기 때문에, 사랑이 존재하지 않고는 뛰어난 리더십이란 거의 존재하지 않는다는 것은 놀랄 만한 일일지도 모른다. 사실상, 실패한 지도자들을 자세히 살펴보면, 당신은 아마 사랑의 결여가 그들이 성공하지 못한 데 기여한 원인임을 알게 될 것이다.

2 I paddle through the water, [①cutting across the lake to a nearby bay]. [The weather ②being cloudy], there are few people on the water. One or two other boats sail past, [with a single person ③riding in each]. [(Being) More or less alone], we enjoy our solitude.

해설 ③ 「with+명사+분사」는 '~가 …하면서[한 채로]'를 의미하는 분사구문으로, 명사(a single person)와 분사의 관계가 능동이므로, ridden을 riding으로 고쳐야 한다.
① 분사구문의 의미상 주어(I)와 분사의 관계가 능동이므로, cutting이 적절하다.
② 분사구문의 주어(the weather)가 주절의 주어와 달라 명시한 형태로, 분사구문의 주어와 분사의 관계가 능동이므로, being이 적절하다.

해석 나는 물살을 가르며 노를 저어, 호수를 가로질러 인근의 만으로 간다. 날씨가 흐려서, 물 위에는 사람들이 거의 없다. 한 두 대의 다른 보트가 각각 한 명씩 태우고 지나쳐 간다. 거의 우리뿐이어서, 우리는 고독을 즐긴다.

3 [(Having been) ①Adopted from Russia at a young age], Ala struggled to learn English. [②Not having been educated properly], she had little academic motivation. And she seemed to lack personal discipline, [with her teacher ③noting {how easily she was discouraged when ④encountering challenging situations}].

해설 ④ 분사구문의 의미상 주어(she)와 분사의 관계가 능동이므로, encountered를 encountering으로 고쳐야 한다. 의미를 명확히 하기 위해 분사구문 앞에 접속사 when을 생략하지 않았다.
① 분사구문의 의미상 주어(Ala)와 분사의 관계가 수동이므로, adopted가 적절하다.
② 문맥상 주절의 시점보다 앞선 때를 나타내며 분사구문의 의미상 주어(she)와 분사의 관계가 수동이므로, 완료 수동형 분사구문인 not having been educated가 적절하다.
③ 「with+명사+분사」는 '~가 …하면서[한 채로]'를 의미하는 분사구문으로, 명사(her teacher)와 분사의 관계가 능동이므로, noting이 적절하다.

해석 어린 나이에 러시아에서 입양된 Ala는 영어를 배우는 데 애를 먹었다. 그녀는 제대로 교육을 받지 않았었기 때문에, 학습 동기가 거의 없었다.

또 그녀는 개인 수양도 부족해 보였는데, 그녀의 선생님은 그녀가 힘든 상황에 직면했을 때 얼마나 쉽게 낙담하는지를 언급했다.

본문 p.57

어법 유형 실전

1 정답 ④

해석 Nushu는 중국의 후난 성에 사는 여성들에 의해 만들어진 표기 체계이다. 읽고 쓰는 것을 배우지 못했기 때문에, 이 여성들은 그들 자신만의 문자로 하는 의사소통 형태를 개발하기로 결정했다. 남성들에게는 알려지지 않은 채, 그것은 의사소통과 예술 작품 창작에 사용되었다. 문화대혁명 동안, 여성들이 배움을 장려받기 시작하면서, Nushu는 쓰이지 않게 되었다. 서로 관련되어 있기는 하지만, Nushu와 한자는 많은 차이점이 있다. Nushu는 각 글자가 다른 소리를 나타내면서, 음절로만 이루어져 있다. 또한, 그것은 전통적인 한문에서 흔히 발견되는 굵은 필체 대신에 가는 선으로 쓰여진다. 나란히 놓고 살펴보면 그 두 필체는 분명히 다른데, Nushu는 가늘고 길며 좀 더 부드러운 형태의 한자와 닮아있기 때문이다.

해설 **(A)** 주절보다 한 시제 앞선 완료형 분사구문으로, 의미상 주어인 these women과 discourage가 수동 관계이므로, Having been discouraged가 적절하다. **(B)** 문맥상 '관련된'의 의미로, 분사의 의미상 주어(Nushu and written Chinese)와 분사의 관계가 수동이므로, 과거분사 related가 적절하다. 의미를 명확히 하기 위해 접속사를 생략하지 않은 형태이다. **(C)** 「with+명사+분사」는 '~가 …하면서[한 채로]'를 의미하는 분사구문으로, 명사와 분사의 관계가 능동이므로 현재분사 representing이 적절하다.

구문 분석 [4행] [(Being) Hidden from men], it was used for communication and the creation of works of art. : [ ]는 수동형 분사구문으로 being이 생략된 형태이다.

[9행] Also, it is written with fine lines **rather than** the thick brush strokes [(which are) often found in traditional Chinese writing]. : 「A rather than B」는 'B보다는[대신에] A'의 의미이다. [ ]는 the thick brush strokes를 수식하는 과거분사구로, which are가 생략된 것으로 볼 수 있다.

2 정답 ②

해석 동물들이 그들의 동족을 돕는 것은 매우 흔하다. 하지만, 개체가 비동족 또한 돕는 종을 찾는 것은 덜 흔하다. 동질 규제된 도움에 비교하여, 이러한 행동은 드물지만 실제로 존재한다. 예를 들어, 친족이 아닌 흡혈박쥐들이 때때로 먹이를 나눠 먹고, 친족이 아닌 침팬지들은 위험에 처할 때 서로를 도와줄 것이다. 건강한 후손을 낳고 기를 수 있는 한 개체의 전반적인 능력을 감소시키는 동시에, 비동족에게는 그러한 기회를 증가시키는 이러한 행동은 왜 존재하는 것일까? 일부 연구원들은 거래라는 경제 개념에 기반하는 '상호이타성 이론'을 제안하면서, 하나의 답을 제공했다. 그들은 그렇게 하는 것이 답례로 이득을 얻는 기회를 증가시킨다면, 각 개체가 비동족을 도울 수 있다고 설명했다.

해설 ② 의미를 명확하게 나타내기 위해 접속사를 생략하지 않은 분사구문으로, 문맥상 unrelated chimpanzees가 '위협을 당하는' 것이므로 수동의 의미의 과거분사 threatened가 적절하다.
① compared to는 '~와 비교하여'의 의미를 갖는 수동형 분사구문

이다.

③ 의미를 명확하게 나타내기 위해 접속사를 생략하지 않은 분사구문으로, 의미상 주어인 this kind of behavior와의 관계가 능동이므로, 현재분사 increasing이 쓰였다.

④ 부대상황을 나타내는 분사구문으로, 주어와의 관계가 능동이므로 현재분사 suggesting이 적절하다.

⑤ provided (that)은 '~라면'의 의미로, if와 바꿔 쓸 수 있다.

구문 분석 [6행] Why would *this kind of behavior*, [which decreases an individual's overall ability **to produce and raise** its own healthy offspring ...], exist in nature? : [ ]는 this kind of behavior를 선행사로 하는 관계대명사절로, 문장 내에 삽입된 형태이다. to produce and raise는 an individual's overall ability를 수식하는 형용사적 용법의 to부정사이다.

[10행] They have explained [that an individual may assist a non-relative, {provided that **doing so** would increase the chances of receiving benefits in return}]. : [ ]는 동사 have explained의 목적절이다. 동명사구 doing so는 앞에서 언급된 assisting a non-relative를 가리킨다.

Chapter 2 | Testing Point 모아 보기 본문 pp.58-59

1. ⑤   2. ⑤   3. ⑤   4. ③

---

1 정답 ⑤

해석 스위스의 수학자인 Leonhard Euler는 경이적인 기억력으로 유명했는데, 한번은 소수점 이하 50번째 자리에서만 계산이 달랐던 학생들 사이의 의견 차이를 전적으로 암산으로 계산함으로써 해결하기도 했다. Euler는 1766년에 시력을 완전히 잃었다. 하지만, 그는 그러한 인상적인 기억력을 지니고 있었고, 시력이 약해지기 시작했을 때에는 석판 조각에 작문 연습을 했기 때문에, 완전히 시력을 잃은 후에도 그는 계속해서 자신의 작품을 출간할 수 있었다. 더 놀라운 것은 그가 극도로 많은 작품들을 썼다는 것인데, 죽기 전에 800개 이상의 논문을 출간할 시간을 냈다. 그가 어떻게 그러한 방대한 양의 수학적 계산을 산출해 낼 수 있었는지에 대해 질문을 받았을 때, Euler는 때때로 마치 자신의 연필이 지능 면에서 자신을 능가하는 것 같았다고 답했다고 한다.

해설 ⑤ 문맥상 주절의 동사(is said)보다 앞선 시점의 일을 나타내므로, to부정사의 완료형인 to have replied를 써야 한다.

① 주절의 주어와 분사구문의 주어가 같고, 주어와 분사의 관계가 능동이므로 현재분사 settling이 쓰였다. once는 '이전에 (한번)'을 나타내는 부사이다.

② 접속사 and에 의해 possessing과 병렬 연결된 분사구문으로, 주절의 시제보다 이전의 일을 나타내므로 완료형 분사구문 「having p.p.」가 쓰였다. 또한 동사 practice는 목적어로 동명사를 취하므로 having practiced writing이 적절하다.

③ to publish는 time을 수식하는 형용사적 용법의 to부정사이다.

④ 의미를 명확히 하기 위해 접속사를 생략하지 않은 분사구문으로, 분사의 의미상 주어와 분사의 관계가 수동이므로 과거분사 asked가 쓰였다.

구문 분석 [2행] ..., once settling a disagreement between

---

students [whose computations differed only in the fiftieth decimal place] **by doing** the calculation entirely in his head. : [ ]는 students를 선행사로 하는 소유격 관계대명사절이다. 「by v-ing」는 수단을 나타낸다.

[10행] ..., Euler is said to have replied [that it sometimes seemed {**as though** his pencil **surpassed** him in intelligence}]. : [ ]는 replied의 목적절이다. 「as though+가정법 과거」 구문은 '마치 ~인 것처럼'의 의미로, 주절(여기서는 that절)의 시제와 일치하는 시점의 일과 반대되는 내용을 가정할 때 사용한다.

---

2 정답 ⑤

해석 고르디우스의 매듭은 단호한 행동에 의해 해결되는 복잡한 문제에 대한 비유이다. 고대 Phrygia에서, 한 신탁을 전하는 사제는 달구지를 타고 그 도시에 들어오는 사람이 새로운 왕이 될 것이라고 보고했다. 곧, Gordias라는 이름의 한 농부가 자신의 달구지를 타고 나타났다. 그 도시에 들어오자마자, 그는 왕으로 선언되었다. 나중에, 감사한 마음에서 그 달구지를 신에게 바치기 위해, 그의 아들은 그것을 복잡한 매듭을 이용해 기둥에 묶어 두었다. 또 다른 사제가 누구든 그 매듭을 푸는 사람이 아시아의 미래의 지도자가 될 것이라고 공포했다. Alexander 대왕은 이 예언을 듣고 Phrygia로 갔다. 그 매듭을 풀려고 애쓰다가, 그는 자신이 그것을 풀 수 없음을 깨달았다. 그래서 그는 자신의 검을 꺼내 그것을 잘랐고, 필요한 결과를 이루어 냈다. 그 매듭을 반으로 자른 그의 해결책은 Alexander의 창의적으로 생각하는 능력을 보여주는데, 이는 알렉산더의 해결책으로 불린다.

해설 ⑤ 앞에 나온 the ability (of Alexander)를 수식하는 형용사적 용법의 to부정사가 와야 하므로, to think가 적절하다.

① 문맥상 '당황하게 하는, 복잡한'의 의미로, 수식 받는 명사(problem)와 분사의 관계가 능동이므로, 현재분사 perplexing이 적절하다.

② 「on v-ing」는 '~하자마자'의 의미이다.

③ 사역동사 have의 목적어와 목적격보어의 관계가 수동이므로, 목적격보어로 과거분사 tied가 적절하다.

④ 때를 나타내는 분사구문으로, 분사의 의미상 주어인 he와 분사가 능동 관계이므로, 현재분사 wrestling이 적절하다.

구문 분석 [6행] Another oracle announced [that **whoever** untied the knot would be the future leader of Asia]. : whoever는 '누구든 ~하는 사람(들)'을 의미하는 복합관계대명사로, that절의 주어를 이끈다.

[9행] *His solution of slicing the knot in half*, [which showed the ability of Alexander to think creatively], **is referred to as** the Alexandrian solution. : [ ]는 문장의 주어인 his solution of slicing the knot in half를 선행사로 하는 계속적 용법의 주격 관계대명사절이다. 「be referred to as」는 '~로 불리다'의 의미이다.

---

3 정답 ⑤

해석 뜸질은 출혈을 멈추게 하도록 상처에 덴 자국을 만드는 의학적 치료의 한 형태이다. 이 치료는 감염의 위험을 증가시키는 반면에, 혈액을 뜨겁게 만들어 걸쭉해지도록 함으로써 출혈을 멈추게 한다. 이것은 우리 피부와 혈액 속의 단백질이 열에 노출되면, 화학 구조상의 변화를 겪기 때문에 발생하는데, 이는 출혈이 멈추도록 도와주는 비정상적인 특징들을 야기한다. 그것들 중 하나는 특정 단백질들의 뭉침인데, 이것은 그것들(단백질들)이 응고되게 하여, 혈액이 흐르는 것을 막아 준다. 뜸질의 주된 문제는 그것이 주위 세포 조직에 심각한 화상을 일으킬 수 있다는 것이다. 이 화상은 박테리아가 자라고 번식하기에 알맞은 환경을 제공한다. 물론, 이것은 감염으로 이어질 수 있다.

해설 ⑤ to부정사의 의미상 주어가 와야 하므로, for bacteria가 되어야 한다. 「of+목적격」은 사람의 성격을 나타내는 형용사 뒤에 쓰인다.
① involve는 동명사를 목적어로 취하는 동사이므로, creating이 적절하다.
② 결과를 나타내는 분사구문으로, '(~의 결과로) 끝나다'를 의미하는 resulting이 적절하다.
③ 사역동사 make는 동사원형을 목적격보어로 취하므로, 동사원형 bind가 적절하다.
④ 문맥상 '둘러싸는'의 능동의 의미이므로, 현재분사 surrounding이 적절하다.

구문 분석 [4행] This occurs because proteins in our skin and blood <u>undergo</u> changes in their chemical structure [when exposed to heat], resulting in *a number of abnormal characteristics* [that help stop bleeding]. : 첫 번째 [ ]는 의미를 명확히 하기 위해 접속사를 생략하지 않은 분사구문이다. 두 번째 [ ]는 a number of abnormal characteristics를 선행사로 하는 주격 관계대명사절이다.

[6행] One of **them** is *the clustering of certain proteins*, [which makes **them** bind together, {preventing blood from flowing past}]. : 첫 번째 them은 앞 문장의 abnormal characteristics를 가리키고, 두 번째 them은 바로 앞에 나온 certain proteins를 가리킨다. [ ]는 the clustering of certain proteins를 선행사로 하는 계속적 용법의 주격 관계대명사절이다. { }는 결과를 나타내는 분사구문이다.

4
정답 ③

해석 유럽항공우주국에 의해 2004년에 발사된 로제타호(號)는 67P/Churyumov-Gerasimenko라고 불리는 한 혜성에 대한 상세한 연구를 수행하기 위해 고안된 우주선이다. 이 우주선은 고고학자들로 하여금 고대 이집트의 상형문자를 해독하게 만들어준 인공 유물인 로제타석(石)의 이름을 따서 명명되었다. 과학자들은 로제타호에서 송신된 자료를 분석함으로써, 혜성들이 무엇으로 구성되어 있는지에 대해 더 많이 알게 되기를 바란다. 결국, 이것은 과학자들이 우리 태양계의 특성에 대해 더 많은 것을 발견하도록 도울지도 모른다. 이륙한 후에, 로제타호는 목성의 궤도를 향해 이동하는 동안 31개월의 '동면'기에 들어갔다. 우주선의 메인 컴퓨터와 일부 난방기만 전원이 켜진 채로 있었다. 2014년 1월 20일에, 태양으로부터 거의 4억 1,800만 마일을 이동하는 동안, 로제타호는 심(深)우주 (탐사) 임무를 수행하기 위해 긴 잠에서 깨어났다.

해설 ③ 의미를 명확히 하기 위해 접속사를 생략하지 않은 분사구문으로, 분사의 의미상 주어인 Rosetta와 분사가 능동 관계이므로, taking off가 되어야 한다.
① allow는 목적격보어로 to부정사를 취하므로, to decipher가 적절하다.
② help는 목적격보어로 원형부정사 또는 to부정사를 취하므로, discover가 적절하다.

④ 동사 stayed의 주격보어로 주어와 turn의 관계가 수동이므로, 과거분사 turned가 적절하다.
⑤ to carry out은 〈목적〉을 나타내는 부사적 용법의 to부정사이다.

구문 분석 [1행] [(Having been) Launched in 2004 by the European Space Agency], *Rosetta* is a spacecraft [designed to carry out a detailed study of a comet {called 67P/Churyumov-Gerasimenko}]. : 첫 번째 [ ]는 앞에 having been이 생략된 수동형 분사구문으로, 부대상황을 나타낸다. 두 번째 [ ]와 { }는 각각 앞에 나온 a spacecraft와 a comet을 수식하는 과거분사구이다.

[3행] The spacecraft is named after <u>the Rosetta Stone</u>, *an artifact* [that allowed archaeologists to decipher ancient Egyptian hieroglyphics]. : the Rosetta Stone과 an artifact는 동격 관계이고, [ ]는 an artifact를 선행사로 하는 주격 관계대명사절이다.

Chapter 3

Unit 11 전치사와 접속사 　　　　　　　　　 본문 p.62

기출 문장으로 Warm Up! ⋯⋯⋯⋯⋯⋯⋯⋯⋯⋯

1. 신경 과학과 심리학에 있어서의 최근의 발전 때문에, 우리는 감성 지능의 중요성을 인정하기 시작했다.

2. 대부분의 사람들이 삶이 흥미롭지 못하다고 생각하는 이유는 그들이 일을 실현시키기 위한 행동을 시작하는 대신에 항상 무엇인가 그들에게 일어나기를 기다리고 있기 때문이다.

3. 희망은 삶이 의미 있다고 느끼는 감정이다. 당신을 둘러싸고 있는 세상의 상황에 상관없이, 당신은 희망을 갖거나 갖지 않는다.

기출 문제 통으로 보기!

[해석] 당신은 당신이 구매하려고 하는 신차나 중고차가 안전하다고 생각하는가? 자동차 충돌 테스트의 도입 이후로, 많은 나라에서 자동차 사고로 죽거나 다친 사람들의 수가 감소했다. 분명, 자동차 사고가 아예 없는 것이 이상적일 것이다. 하지만, 자동차 사고는 현실이고 당신은 최대한 높은 생존 가능성을 원한다. 자동차는 어떻게 점점 더 안전해지고 있을까? 자동차가 점점 더 안전해지고 있는 이유 중 하나는 우리가 충돌 시험용 마네킹으로 안정된 충돌 테스트를 수행할 수 있다는 것이다. 이 마네킹의 일은 충돌하는 동안 차량에 탑승한 사람으로부터 수집하는 것이 불가능한 자료를 수집하면서, 인간을 대신하는 것이다. 지금까지, 그들은 인체가 자동차 충돌에서 어떻게 반응하는지에 대한 매우 중요한 자료를 제공해 왔고 개선된 차량 디자인에 크게 기여해 왔다.

[어휘] dummy 인체 모형, 마네킹　simulate ~을 가장하다; ~의 모의 실험을 하다　occupant (차량·의자 등에) 타고[앉아] 있는 사람　invaluable 귀중한, 매우 중요한

어법 유형 훈련 　　　　　　　　　　　 본문 p.64

A 　정답 **1.** that **2.** during **3.** nor **4.** now that **5.** because

1 There is a very good chance [that the president will
유도부사　 V 　　　　 S 　　　 └─=─┘ 　　 S'
be re-elected].
　V'

[해설] a very good chance와 동격 관계를 나타내는 접속사 that이 적절하다.

[해석] 그 대통령이 재선될 가능성은 매우 높다.

2 The area experienced severe food shortages during
　　 S 　　 V 　　　　 O 　　　　　
the flood [(which was) brought on by the extreme
monsoon rains last year].

[해설] 뒤에 명사 상당 어구(the flood)가 왔으므로, 전치사 during이 적절하다.

[해석] 이 지역은 작년에 극심한 우기 장마에 의해 일어난 홍수 동안 혹독한 식량 부족을 겪었다.

3 Neither [the cause and circumstance of the accident]
　　　　　　　　　　　　　　　　 S
nor [the extent of the damage] has been confirmed.
　　　　　　　　　　　　　　　 V

[해설] 「neither A nor B」는 'A와 B 둘 다 아닌'의 의미인 상관접속사이다.

[해석] 그 사고의 원인 및 정황과 피해 정도 모두 확인되지 않았다.

4 I very much miss being able to meet you, [now that
you have returned to the US].
S' 　　V'

[해설] now that은 '~이니까'라는 의미의 접속사이다.

[해석] 당신이 미국으로 돌아가서, 나는 당신을 만날 수 있었던 때가 정말 그립다.

5 Viral diseases can be very difficult to treat [because
viruses live inside your body's cells, {where they are
　　 S' 　 V' 　　　　　　　　　　　　　
protected from medicines}].

[해설] 뒤에 주어와 동사를 갖춘 완전한 절이 왔으므로, 접속사 because가 적절하다.

[해석] 바이러스성 질병은 바이러스가 약물로부터 보호되는 인체의 세포 안에 살기 때문에, 치료하기가 매우 어려울 수 있다.

B 　　정답 **1.** ③ but also → but **2.** ③ because of → because/as **3.** ① whether → that

1 [After weeding your garden], you should check it
　　　　　　　　　　　　　 S 　　　 V 　 O
regularly, [① in case the weeds grow back]. [② Every
　　　　　　　　　 S' 　　 V'
time you see them appear], you must pull them out.
　　 S' 　 V' 　 O' 　 OC' 　 S 　 V 　 O
This is not [because weeds are unattractive], ③ but
[because they steal vital nutrients from the soil,
　　　　 S' 　 V' 　　 O
{which can cause your flowers to die}].
　　　 V' 　　　 O' 　　 OC'

[해설] ③ 'A가 아니라 B'의 의미인 상관접속사 「not A but B」에 의해 연결된 구문이므로, but also를 but으로 고쳐야 한다.
① in case는 '(~할) 경우에 대비해서'의 의미인 접속사로, 뒤에 완전한 절이 이어진다.
② every time은 '~할 때마다'의 의미인 접속사이다.

[해석] 당신의 정원의 잡초를 뽑은 후에, 당신은 잡초가 다시 자랄 경우에 대비해, 그것을 정기적으로 확인해야 한다. 당신이 잡초가 자라는 것을 볼 때마다, 당신은 잡초를 뽑아야만 한다. 이는 잡초가 보기 좋지 않아서가 아니라, 그것들이 토양으로부터 필수 영양분을 빼앗아, 당신의 꽃들을 죽게

할 수 있기 때문이다.

2 ① Due to the high cost of cell phones, maintaining a landline might sound appealing. Aside from the high price of purchasing a cell phone, the monthly fees are often costly as well, [② since many packages include lots of extras]. Additionally, [③ because/as cell phones quickly become outdated], consumers may experience connectivity problems [if using an old phone].

해설 ③ 뒤에 주어와 동사를 갖춘 완전한 절이 왔으므로, 이유를 나타내는 접속사 because나 as를 써야 한다.
① 뒤에 명사 상당 어구가 왔으므로, 전치사 due to가 적절하다.
② 뒤에 주어와 동사를 갖춘 완전한 절이 왔으므로, 이유를 나타내는 접속사 since는 적절하다.

해석 휴대 전화의 높은 비용 때문에, 일반 전화를 유지하는 것이 매력적으로 들릴지도 모른다. 휴대 전화의 높은 구매 가격 이외에도, 많은 패키지가 많은 추가 비용을 포함하기 때문에, 한 달 사용료 또한 보통 비싸다. 게다가, 휴대 전화는 빨리 구식이 되기 때문에, 소비자들이 오래된 전화기를 사용하는 경우 연결성 문제를 경험할지도 모른다.

3 Science should involve questions, curiosity and discussions. Unfortunately, though, many scientists are more interested in retaining the status quo. [If research suggests {① that an accepted theory is either incomplete ② or incorrect}], it will be dismissed on the grounds [③ that it contradicts laws of science]. This is due to the false idea [④ that theory comes before evidence].

해설 ① 문맥상 '~라는 것'이라는 확정적인 내용을 나타내므로, suggest의 목적절을 이끄는 접속사로 that을 써야 한다. whether는 '~인지 아닌지'의 의미의 접속사이다.
② 「either A or B」는 'A이거나 B'의 의미인 상관접속사이다.
③ the grounds와 동격 관계를 나타내는 접속사 that이 적절하다.
④ the false idea와 동격 관계를 나타내는 접속사 that이 적절하다.

해석 과학은 질문, 호기심, 토론을 수반해야 한다. 그러나 유감스럽게도, 많은 과학자들은 현재 상태를 유지하는 데 더 관심이 있다. 연구 조사가 일반적으로 받아들여진 이론이 불완전하거나 부정확하다고 제안하면, 그것이 과학 법칙과 모순된다는 이유로 묵살될 것이다. 이는 이론이 증거를 우선한다는 잘못된 관념에 의한 것이다.

어법 유형 실전 본문 p.65

1 정답 ⑤

해석 William Golding의 첫 번째 소설인 「파리 대왕」은 비행기 추락

사고 후에 결국 한 무인도에 갇히게 된 서로 다른 출신 배경을 가진 한 무리의 소년들에 관한 것이다. 그들이 스스로를 조직화하여 구조되기 위한 계획을 세우고자 할 때, 그들 중 일부는 무리에서 이탈하여 야만인 집단을 결성한다. 마침내, 이 소년들은 거의 모든 문명화된 행동 양식을 버린다. 결국 독자는 이 소년들이 문명화된 사회에서 양육되었고 평생 동안 강한 인성 교육을 받았다는 사실에도 불구하고, 그들이 모든 인간에게 존재하는 야만적 본성으로 이 모든 것을 거부한다는 것을 깨닫게 된다. Golding의 이야기는 외부 제도에 의해 강제되는 사회 질서가 일시적인 반면, 인간의 야만적인 본성은 지속됨을 시사하는 것처럼 보인다.

해설 (A) 뒤에 완전한 절이 이어지고 있으므로, 접속사인 as가 적절하다.
(B) 뒤에 the fact라는 명사가 오므로, 전치사인 despite가 적절하다.
(C) 문맥상 주절과 종속절의 대조를 나타내는 역접의 접속사 while이 적절하다.

구문 분석 [6행] The reader ultimately comes to realize **that**, [despite the fact {**that** these boys were raised in civil society and (were) instilled with a strong sense of character throughout their lives}], they reject all of this in favor of *the savage nature* [**that** exists in all humans]. : 첫 번째 that은 realize의 목적어인 명사절을 이끄는 접속사이다. 목적절에 despite가 이끄는 전치사구가 삽입된 형태이다. 두 번째 that은 the fact와 동격 관계를 나타내는 접속사이다. 세 번째 that은 the savage nature를 선행사로 하는 주격 관계대명사이다.

2 정답 ②

해석 기원전 450년경, 그리스의 철학자인 Empedocles는 인간의 시각이 기능하는 방식에 관한 초기 견해들 중 한 가지를 생각해냈다. 그는 눈에서 뿜어져 나오는 빛이 우리 주변의 물체들을 비춘다는 사실로 인해 사람들이 볼 수 있다고 생각했다. 이러한 생각은 서기 1000년경까지 변함없다가, 이때 Alhazen이라는 한 페르시아의 과학자가 빛이 인간의 눈이 아니라 외부의 물체들에서 나온다고 결론을 내리게끔 이끈 실험들을 수행했다. 더 중요한 것은, 그의 결론이 추상적인 추론에 근거한 것이 아니라, 실험 증거에 근거했다는 점이다. 그는 빛에 대한 우리의 생각뿐만 아니라, 우리의 과학 연구 방법에도 혁신을 일으켰다. 오늘날 과학 연구는 Alhazen이 1,000년도 더 전에 시각에 대한 Empedocles의 이론을 뒤집었을 때 그가 따랐던 정밀한 실험 방법에 여전히 의존한다.

해설 ② conclude의 목적절을 이끄는 접속사 that이 적절하다. if는 '~인지 아닌지'의 의미이다.
① due to는 '~때문에, ~로 인하여'를 의미하는 전치사구로, 뒤에 명사 상당 어구가 온다.
③ 「not A but B」는 'A가 아니라 B'의 의미로, A와 B에 동일한 문법 형태를 취한다.
④ 「not only A but also B」는 'A뿐만 아니라 B도'의 의미이다.
⑤ as는 '~할 때'라는 의미로, 시간을 나타내는 접속사로 쓰였다.

구문 분석 [2행] He believed [that people could see due to the fact {that light **radiating from the eye** illuminated objects around us}]. : [ ]는 believed의 목적절이다. the fact와 { }는 동격 관계이다. radiating from the eye는 light를 수식하는 현재분사구이다.

[4행] This idea stuck around until *about 1000 CE*, **when** a Persian scientist named Alhazen performed *experiments* [that led him to conclude that light comes from external objects *rather than* the human eye]. : when은 about 1000 CE를 선행사로 하는 계속적 용법의 관계부사이다. [ ]는 experiments 를 선행사로 하는 주격 관계대명사절이다. 「A rather than B」는 'B보다 는[대신에] A'의 의미이다.

Unit 12	관계대명사	본문 p.66

기출 문장으로 Warm Up!

1. 생후 6개월까지 정기적으로 부모 방에서 자는 아이는 이러한 방식에 의존하게 될 가능성이 있다.
2. 슈베르트는 단지 그의 마음 속에 있는 것을 작곡해냈으며, 우리에게 음악이라는 값진 보물을 가져다주었다.
3. 당신이 독초를 먹었다면, 식별의 목적으로 먹고 남은 식물을 보관해서 의사가 그것을 보게 하라.

기출 문제 통으로 보기!

해석 일반적으로, 어떤 시기에 대한 사람의 기억은 그것으로부터 멀어짐에 따라 반드시 흐려진다. 사람은 계속해서 새로운 사실들을 배우며, 옛날 것은 새로운 것들에 자리를 양보하기 위해 떨어져 나가야만 한다. 20살 때, 나는 지금은 전혀 불가능할 정확성으로 내 학창 시절의 역사를 글로 옮길 수도 있었을 것이다. 하지만 사람의 기억이 긴 시간이 흐른 후에도 훨씬 더 선명해지는 일 또한 일어날 수 있다. 이것은 사람이 새로운 눈으로 과거를 보고 이전에는 수많은 다른 것들 사이에서 구별되지 않은 채로 존재했던 사실들을 분리시키고, 말하자면, 그 사실들에 주목할 수 있기 때문이다. 어떤 의미에서 내가 기억하긴 했지만, 아주 최근까지 나에게 이상하거나 흥미롭게 다가오지 않았던 일들이 있다.

어휘 accuracy 정확성   isolate 분리하다   undifferentiated 구분[차별]되지 않는

어법 유형 훈련	본문 p.68

A   **정답 1.** that **2.** whose **3.** which **4.** what **5.** whom

1 I often find [that my accusations {of others' arrogance} are a reflection of envy {that is in my own heart}].

해설 선행사(envy)가 있고 뒤에 주어가 빠진 불완전한 절이 이어지므로, 주격 관계대명사 that이 적절하다.

해석 나는 종종 다른 사람들의 오만에 대한 나의 비난이 내 마음 속에 있는 부러움의 반영임을 깨닫는다.

2 One doctor reported a case of a man [whose left thumb always bled {when the moon was full}].

해설 선행사(a man)가 사람이고, 관계사절 내에서 소유격으로 쓰이고 있으므로, 소유격 관계대명사 whose가 적절하다.

해석 한 의사가 보름달이 뜨면 항상 왼손 엄지 손가락에 피가 나는 한 남자에 대한 사례를 보고했다.

3 The human remains [which were discovered at Twin Rivers Park last Saturday] have since been identified.

해설 선행사(the human remains)가 있고 뒤에 주어가 빠진 불완전한 절이 이어지므로, 주격 관계대명사 which를 쓴다.

해석 지난 토요일에 Twin Rivers Park에서 발견된 인간의 유해는 그 이후로 신원이 확인되었다.

4 To prevent excess inventory, department stores only stock what sells quickly and regularly.

해설 앞에 선행사가 없으므로, 자체에 선행사를 포함하여 명사절을 이끄는 관계대명사 what을 쓴다.

해석 과잉 재고를 막기 위해서, 백화점은 빨리 그리고 자주 판매되는 상품만 들여놓는다.

5 Sports dieticians are the health professionals [whom athletes are most likely to consult].

해설 선행사(the health professionals)가 사람이고, 관계사절 내에서 consult의 목적어 역할을 하므로, 목적격 관계대명사 whom을 쓴다.

해석 스포츠 영양사는 운동선수들이 주로 상담을 하는 건강 전문가들이다.

B   **정답 1.** ① what → that
2. ③ whom → who/that **3.** ⑤ which → that

1 To this day, scientists still do not know exactly where curiosity comes from. One group of psychologists, though, believes [① that curiosity is an internal drive {② that comes from deep inside us, as hunger and thirst do}]. This theory sees curiosity as a natural impulse [③ which must be satisfied by formulating ideas much in the way {(that) we satisfy our hunger by eating}].

해설 ① 뒤에 완전한 절이 이어지고 있으므로, believes의 목적어 역할을 하는 명사절을 이끄는 접속사 that을 써야 한다.
② an internal drive를 선행사로 하는 주격 관계대명사 that이 적절하다.
③ a natural impulse를 선행사로 하는 주격 관계대명사 which가 적절하다.

해석 오늘날까지도, 과학자들은 호기심이 정확히 어디에서 생겨나는지를 여전히 알지 못한다. 하지만, 한 무리의 심리학자들은 허기와 갈증처럼, 호기심이 우리의 내면 깊은 곳으로부터 나오는 내적 욕구라고 생각한다. 이

이론은 우리가 먹는 것으로 허기를 달래는 방식과 비슷하게, 호기심을 아이디어를 정립함으로써 채워져야 하는 자연스러운 욕구로 여긴다.

2 Someone [① who inspires artistic impulses] is called
a muse. Many people say [② that they are
encouraged by an individual {③ who/that sharpens
their creativity}]. Traditionally, this term was used by
men to describe women [④ that they saw as their
inspiration], but it doesn't have to refer to a person. [If
something makes you feel creative], that's [⑤ what
you can consider your muse].

해설 ③ 선행사(an individual)가 사람이고, 관계사절 내에서 주어 역할을 하므로, 주격 관계대명사 who나 that을 써야 한다.
① 선행사(someone)가 사람이고, 관계사절 내에서 주어 역할을 하므로, 주격 관계대명사 who가 적절하다.
② say의 목적어 역할을 하는 명사절을 이끄는 접속사 that이 적절하다.
④ 선행사(women)가 사람이고, 관계사절 내에서 목적어 역할을 하므로, 목적격 관계대명사 that이 적절하다.
⑤ 선행사를 포함하는 관계대명사 what이 문장의 주격보어 역할을 하는 명사절을 이끌며, 관계사절 내에서 목적어 역할을 한다.

해석 예술적 충동을 일으키는 사람은 뮤즈라고 불린다. 많은 사람들은 자신의 창조성을 더 강렬하게 만드는 한 사람에 의해 의욕을 얻는다고 말한다. 전통적으로, 이 용어는 자신에게 영감을 주는 것으로 여겨지는 여성들을 묘사하고자 하는 남성들에 의해 사용되었지만, 이것은 비단 사람을 가리키는 것만은 아니다. 어떤 것이 당신을 창조적으로 느끼게 해 준다면, 그것은 당신이 당신의 뮤즈로 여길 수 있는 것이다.

3 *The Truman Show* is a film about a man [① whose
life seems odd]. ② What he doesn't realize is [that his
life is actually a reality show {③ which has been
broadcast since his birth}]. The man believes [④ that
he is living an ordinary life, just like everyone else],
and has no clue [⑤ that he is being exploited].

해설 ⑤ clue와 동격 관계인 명사절을 이끄는 접속사 that을 써야 한다.
① 선행사(a man)가 사람이고, 관계사절 내에서 소유격으로 쓰이고 있으므로, 소유격 관계대명사 whose가 적절하다.
② 선행사를 포함하는 관계대명사 what이 문장의 주어 역할을 하는 명사절을 이끌며, 관계사절 내에서 목적어 역할을 한다.
③ 선행사(a reality show)가 사물이고, 관계사절 내에서 주어 역할을 하므로, 주격 관계대명사 which가 적절하다.
④ believes의 목적어 역할을 하는 명사절을 이끄는 접속사 that이 적절하다.

해석 *트루먼 쇼*는 삶이 이상해 보이는 한 남자에 관한 영화이다. 그가 깨닫지 못하는 것은 그의 삶이 사실상 그가 태어날 때부터 방송되어 온 리얼리티 쇼라는 것이다. 이 남자는 다른 모든 사람들처럼, 자신이 평범한 삶을 살고 있다고 믿고, 자신이 이용당하고 있다는 사실을 전혀 알지 못한다.

어법 유형 실전

1 정답 ⑤

해석 플라톤이 인간의 행동은 추론 과정과 어떤 이용 가능한 행동 방침이든 선택할 수 있는 자유 의지에 의해 좌우된다는 견해를 내세우면서, 이성(理性)은 오랫동안 인간을 정의하는 특징으로 여겨져 왔다. 이러한 믿음은 이후에 토마스 아퀴나스의 저술로 구체화되었는데, 그의 글들은 "인간은 감각적 욕구와 이성적 욕구, 즉 의지를 지니고 있다."라는 진술을 포함한다. 아퀴나스는 인간과 짐승의 가장 큰 차이점은 인간이 자기 자신의 충동과 욕구에 전적으로 지배받지 않으면서 어떤 행동을 하고 어떤 행동을 삼갈지를 결정할 수 있는 능력을 지녔다는 점이라고 생각했다. 아퀴나스의 사유에서, 이러한 결정들은 본인이 선하다고 믿는 것과 이성적 의지에 의해 정해진다.

해설 **(A)** the view와 뒤에 나오는 절이 동격 관계이므로, 접속사 that이 적절하다. **(B)** 선행사가 사람(Thomas Aquinas)이고 관계사절 내에서 소유격으로 쓰이고 있으므로, 소유격 관계대명사 whose가 적절하다. **(C)** 전치사 by의 목적어 역할을 하는 명사절을 이끄는 관계대명사로, 선행사를 포함하는 what이 적절하다.

구문 분석 [2행] ...., **with Plato maintaining** the view [that human behavior is dictated by rational processes and the free will *to choose* any available course of action]. : 「with+명사+분사」는 '~가 …하면서, ~가 …한 채로'의 의미이다. to choose는 the free will을 수식하는 형용사적 용법의 to부정사이다.

[6행] Aquinas believed that the primary difference [between humans and beasts] is [that humans are not completely controlled by their own impulses and desires, **possessing** the ability *to decide* {which actions to take and which actions to forgo}]. : possessing 이하는 부대상황을 나타내는 분사구문이다. to decide는 the ability를 수식하는 형용사적 용법의 to부정사이다. { }는 decide의 목적어 역할을 하는 명사구이다.

2 정답 ①

해석 과학자들이 교수, 물리학자, 연구원과 같은 전문가의 칭호를 가질 뿐만 아니라, 음악가, 요리사, 도보 여행자, 부모와 같은 개인적 삶이 있는 사람들이라는 것을 잊기 쉽다. 많은 사람들이 개인적인 관심사가 과학적 발견의 과정과 무관하다고 생각할지도 모르지만, 그것은 사실과 정반대이다. 서로 다른 관점을 지닌 다양한 개인들의 창조성과 관심사가 실제로 과학에 도움이 된다. 사실상, 위대한 과학자를 만드는 것은 천재성이 아니라, 창조성과 열린 마음이다. 개인으로서, 과학자는 문제를 만들어 내는 형편없는 주관적 판단에서 그러한 문제들을 해결하는 데 필요한 창조성에 이르기까지, 인간의 모든 장단점을 자신의 직업에 끌어온다. 이러한 것들이 없다면, 우리가 알고 있는 과학은 존재할 수 없을 것이다. 정말로, 개인의 관심사는 흔히 과학자들이 이루어 내는 놀라운 큰 발전에 기여하는 것이다.

해설 ① forget의 목적절을 이끄는 접속사가 와야 하므로, which를 that으로 고쳐야 한다.
② who는 diverse groups of individuals를 선행사로 하는 주격 관계대명사로 쓰였다.
③ what은 선행사를 포함하는 관계대명사로, 문장 내에서 주어 역할을 하는 명사절을 이끈다.
④ that은 the poor judgment calls를 선행사로 하는 주격 관계대명

사로 쓰였다.

⑤ that은 the amazing breakthroughs를 선행사로 하는 목적격 관계대명사로 쓰였다.

구문 분석 [1행] It's easy **to forget** that scientists are *people* [who, in addition to having professional labels ...., also have personal lives ...]. : it은 가주어이고, to forget 이하가 진주어이다. [ ]는 people을 선행사로 하는 주격 관계대명사절이다.

[11행] **Without these**, science [as we know it] **could not exist**. : without을 이용한 부사구가 if절을 대신하는 가정법 과거 문장이다. [ ]는 science를 부연 설명하는 삽입절이다.

[12행] Indeed, individual interest is [what often contributes to *the amazing breakthroughs* {that scientists make}]. : [ ]는 선행사를 포함한 관계대명사 what이 이끄는 명사절로, 문장의 주격보어 역할을 한다.

Unit 13 관계대명사와 관계부사 본문 p.70

기출 문장으로 Warm Up! ·······

1. 현지 조사는 대부분의 문화 인류학자들이 그들의 전문적 지위를 유지하는 방식이다.
2. 나의 마지막 근무일은 7월 31일일 것이고, 이는 내가 내 후임자에게 인수인계를 할 충분한 시간을 준다.
3. 철학이 일련의 정신적인 도구라는 사실은 우리가 그것을 공부하는 이유에 관한 문제와 직접적으로 관련이 있다.

기출 문제 통으로 보기! ·······

해석 William Kamkwamba는 그의 가족이 수업료를 낼 수 없었기 때문에 14살에 학교를 그만두었지만, 이것이 그가 놀랄 만한 일을 해내는 것을 막지는 못했다. 그의 지능, 전기학에 관한 책 한 권, 몇 개의 플라스틱 관만을 가지고, Kamkwamba는 그의 첫 번째 풍차를 만들었는데, 이것은 그의 방에 있는 전등을 작동시키기에 충분한 동력을 만들어 냈다. 그는 자신의 두 번째 풍차의 효율성을 높이기 위해 자전거 한 대를 이용했다. 이 풍차는 그의 부모님 집에 필요한 동력을 만들어 낼 수 있었다. 그의 다음 목표는 마을 전체에 충분한 에너지를 공급하고 마침내 대학에 가는 것이다.

어휘 remarkable 놀랄 만한 windmill 풍차 efficiency 효율성

어법 유형 훈련 본문 p.72

A **정답 1.** which **2.** which **3.** whom **4.** where **5.** that

1 Ibiza enjoys an average sea temperature of 24°C in July, [which is more than warm enough to enjoy a dip].
S · V · O

해설 관계사 뒤에 주어가 빠진 불완전한 절이 이어지므로, an average sea temperature of 24°C를 선행사로 하는 계속적 용법의 주격 관계대명사 which가 적절하다.

해석 Ibiza는 7월에 평균 24도의 해수 온도를 누리는데, 이는 잠깐 수영을 즐기기에 충분히 따뜻한 것 이상이다.

2 [When I was young], the place [which my family often took me to] was a small park with a lake near my house.
S · S' · V' · O' · V

해설 관계사 뒤에 전치사 to의 목적어가 빠진 불완전한 절이 이어지므로, the place를 선행사로 하는 목적격 관계대명사 which를 쓴다.

해석 내가 어렸을 때, 우리 가족이 나를 자주 데려간 장소는 우리집 근처의 호수가 있는 작은 공원이었다.

3 [Through the student council experience], I got to
전치사 · 명사
know many other students [whom I wouldn't have otherwise met].
S' · V'

해설 many other students를 선행사로 하고 관계사절 내에서 목적어 역할을 하는 목적격 관계대명사 whom이 적절하다.

해석 학생회 경험을 통해서, 나는 내가 학생회 활동을 하지 않았더라면 만나지 못했을 많은 다른 학생들을 알게 되었다.

4 [To live more frugally], you should never put yourself
〈목적〉 · S · V
in a situation [where you might be tempted to spend
S' · V'
beyond your means].

해설 관계사 뒤에 완전한 절이 이어지므로, a situation을 선행사로 하는 관계부사 where를 쓴다.

해석 더욱 검소하게 살기 위해서는, 당신 스스로가 당신의 소득을 넘어서는 소비를 하고 싶은 생각이 들지도 모르는 상황에 처하게 해서는 절대 안 된다.

5 Many religions have doctrines [that teach the ways
S · V · O
{that people should act}].
S' · V'

해설 선행사 the way는 관계부사 how와 함께 쓸 수 없으므로, 관계부사 how를 생략하거나 that으로 대신할 수 있다.

해석 많은 종교에는 사람들이 행동해야 하는 방식을 가르치는 교리가 있다.

B **정답 1.** ③ that → which
2. ① where → which **3.** ③ which → for which/why/that

1 There often comes a time [①when we suddenly
유도부사 · V · S
"zone out]." This means [(that) we shut out the
V'₁
external world and float along internal streams of
V'₂
thought]. During this time, we are free to go ②where
our minds take us, [③which can sometimes lead to
S' · V' · O'
creative ideas].

해설 ③ that은 계속적 용법으로 쓸 수 없으므로, 앞 절 전체를 선행사로 하는 계속적 용법의 관계대명사 which를 쓴다.
① when은 a time을 선행사로 하는 관계부사이다.
② where는 선행사 (to) the place가 생략된 관계부사이다.

해석 우리가 갑자기 '멍해질' 때가 종종 있다. 이것은 우리가 외부 세계를 차단하고 내면의 생각의 흐름을 따라 흘러가는 것을 의미한다. 이 시간 동안, 우리는 우리 마음이 우리를 데려가는 곳으로 자유롭게 갈 수 있고, 이는 때때로 창의적인 생각으로 이어질 수 있다.

2 The growth rate of nails, [① which are made up primarily of keratin], is dictated by a variety of factors. Children's nails grow rapidly until puberty, [② when their growth rate is cut in half]. And pregnant women's nails grow at an accelerated pace [because their hormones increase circulation, {③ which affects both nail and hair growth}].

해설 ① 관계사 뒤에 주어가 빠진 불완전한 절이 이어지므로, nails를 선행사로 하는 계속적 용법의 주격 관계대명사 which로 고쳐야 한다.
② 시기를 나타내는 선행사 puberty를 선행사로 하는 계속적 용법의 관계부사 when이 적절하다.
③ 관계사 뒤에 주어가 빠진 불완전한 절이 이어지므로, circulation을 선행사로 하는 계속적 용법의 주격 관계대명사 which가 적절하다.

해석 주로 케라틴으로 이루어진 손톱이 자라는 속도는 다양한 요인들에 의해 영향을 받는다. 아이들의 손톱은 사춘기까지 빨리 자라다가, 그때가 되면 그것들의 성장 속도가 절반으로 줄어든다. 그리고 임신한 여성의 손톱은 더욱 빠른 속도로 자라는데 왜냐하면 그들의 호르몬이 혈액 순환을 증가시켜 손톱과 머리카락이 자라는 데 영향을 주기 때문이다.

3 I am fascinated by [① how the brain works]. My curiosity has led me to a career in psychology, [② where I hope to find some answers]. Another reason [③ for which/why/that I chose psychology] was to learn about people and (to) figure out [(the reason) ④ why they turned out {⑤ the way they did}].

해설 ③ reason을 선행사로 하는 관계사 뒤에 완전한 절이 이어지므로, which를 for which 또는 관계부사 why로 고쳐야 한다. 이때, that이 관계부사를 대신할 수 있다.
① 방법을 나타내는 관계부사 how는 선행사 the way와 함께 쓰지 않는다.
② a career in psychology를 선행사로 하는 계속적 용법의 관계부사 where가 적절하다.
④ 앞에 이유를 나타내는 선행사 the reason이 생략된 관계부사 why는 적절하다.
⑤ 선행사 the way는 관계부사 how와 함께 쓸 수 없으므로, 둘 중 하나를 생략해야 한다.

해석 나는 뇌가 기능하는 방식에 매료되었다. 내 호기심은 나로 하여금 심리학에 관련된 직업에 종사하게 만들었는데, 거기에서 내가 몇 가지 답을 찾기를 바란다. 내가 심리학을 선택한 또 다른 이유는 사람들에 대해 배우

고 그들이 행동하는 방식으로 드러나는 이유를 이해하는 것이었다.

본문 p.73

어법 유형 실전

1 정답 ④

해설 장난감 팽이가 빙빙 돌 때 그것이 흔들리는 방식과 매우 유사하게, 지구의 회전축은 원 방향으로 천천히 움직인다. 과학자들은 이것을 '세차(歲差)' 운동이라고 부른다. 이러한 현상은 그리스의 천문학자인 Eratosthenes에 의해 처음 발견되었는데, 그는 자신의 천체 관측을 더 오래된 도표와 비교해 보았다. 그가 알게 된 것은 그의 시대에 태양의 궤도가 천구의 적도를 가로지르는 지점들이 150년 된 도표에서 보여지는 지점들과 다르다는 것이었다. 이것은 지구의 회전축이 '흔들리기' 때문에 발생한다. 흥미롭게도, 이러한 과정 때문에, 이른바 '북극성'은 시간이 지나면서 변한다. 현재, 북극성은 Polaris이다. 하지만 북극이 어떤 특정한 별도 가리키지 않을 때도 있는데, 이것은 우리가 어떤 북극성도 볼 수 없게 한다.

해설 **(A)** the Greek astronomer Eratosthenes를 선행사로 하는 계속적 용법의 주격 관계대명사가 와야 하므로, who가 적절하다. **(B)** 뒤에 완전한 절이 이어지고 있으므로, 위치를 나타내는 명사 the points를 선행사로 하는 관계부사 where가 적절하다. **(C)** 뒤에 완전한 절이 이어지고 있으므로, 때를 나타내는 명사 times를 선행사로 하는 관계부사 when이 적절하다.

구문 분석 [1행] Much like *the way* [a toy top wobbles as it spins around], the earth's spin axis slowly moves in a circular direction. : [ ]는 the way를 선행사로 하는 관계부사절로, 이때 관계부사 how는 생략한다.

[5행] **What** he noticed was [that the points ... were different from *those* {shown on the 150-year-old charts}]. : what이 이끄는 관계대명사절이 문장 전체의 주어이다. { }는 those를 수식하는 과거분사구로, those는 the points를 가리킨다.

2 정답 ④

해설 우리의 정신이 기능하는 방식은 때때로 우리가 논리적이지 않은 방식으로 다른 사람들에 대해 생각하게 만든다. 우리는 새로운 사람들을 소개받으면, 보통 그들에 대해 즉각적인 판단을 하는데, 이는 오로지 외모에만 근거하며 흔히 빗나간다. 심리학자들은 이런 일이 일어나는 이유는 우리의 뇌가 우리가 만나는 모든 새로운 사람들을 정확하게 평가할 수 없어서, 간단한 방법으로 빠른 판단을 사용하기 때문이라고 말한다. 잘못된 첫인상은 이후에 수정될 수 있지만, 항상 그런 것은 아니다. 일단 어떤 믿음이 우리 마음속에 형성되면, 이러한 견해를 뒷받침하는 정보만을 찾아내려고 하는 본능적인 행동 방식이 나타나게 된다. 동시에, 우리는 그것에 모순되는 것은 무시하게 된다.

해설 ④ an instinctual form of behavior를 선행사로 하면서 완전한 절을 이끌 수 있는 in which나 where가 와야 한다.
① that은 ways를 선행사로 하는 주격 관계대명사이다.
② which는 instant judgments about them을 선행사로 하는 계속적 용법의 주격 관계대명사이다.
③ why는 the reason을 선행사로 하는 관계부사이다.
⑤ which는 information을 가리키는 지시대명사 that을 선행사로 하

는 주격 관계대명사이다.

구문 분석 [4행] Psychologists say that *the reason* [why this happens] is that our brains are unable to accurately evaluate *every new person* [(that) we meet], so we use quick judgments as a shortcut. : 첫 번째 [ ]는 the reason을 선행사로 하는 관계부사절이다. 두 번째 [ ]는 every new person을 선행사로 하는 목적격 관계대명사절로, 관계대명사 that이 생략되었다.

[8행] **Once** a belief has been formed in our minds, *an instinctual form of behavior* can kick in [in which[where] we seek out only *information* {that supports this view}]. : once 는 '일단 ~하면'의 의미의 접속사이다. [ ]는 an instinctual form of behavior를 선행사로 하며, 목적격 관계대명사 which가 전치사 in의 목적어 역할을 한다. { }는 information을 선행사로 하는 주격 관계대명사절이다.

| **Unit 14** | 복합관계사와 의문사 | 본문 p.74 |

기출 문장으로 Warm Up!

1. 첫 번째는 '내가 태어났다'는 것이었고, 그 다음에는 당신이 좋아하는 것은 무엇이든지 적을 수 있었다.
2. 맥도날드는 세계의 곳곳에서 15시간마다 새로 생겨서, 당신이 어디를 가든지, 한 지점은 보게 될 것이다.
3. 나는 얼마나 많은 사람들이 성공에 거의 막 도달했을 때 포기하는지 궁금하다.

기출 문제 통으로 보기!

해석 사람들은 비난받는 것을 아주 싫어하기 때문에 피드백을 피한다. 심리학자들은 사람들이 왜 자기 자신의 결점에 대해 듣는 것에 매우 민감한 것인지에 관한 많은 이론들을 가지고 있다. 한 가지는 그들에게 피드백이 어렸을 적 부모님이나 선생님으로부터 들은 비판적인 말을 상기시킨다는 것이다. 우리가 느끼는 불편함의 원인이 무엇이든, 우리 대부분은 피드백을 구하고 그것을 들을 때 주의 깊게 듣도록 스스로를 단련해야 한다. 그러한 훈련 없이는, 비판적 피드백의 조짐만 보여도 흔히 우리가 우리의 일뿐만 아니라 우리 조직의 전체적 성장에도 부정적인 영향을 미치는 파괴적인 부적응 행동을 하게 된다.

어휘 imperfection 결함, 결점 associate 연상하다, 상기시키다 destructive 파괴적인 maladaptive 부적응의

어법 유형 훈련

본문 p.76

정답 1. However **2.** whichever **3.** whoever
4. whatever **5.** where

A

1 [However highly you think of yourself now], you won't
   S'   V'   O'   S   V
get through life [without falling into a few potholes
every now and then].

해설 '아무리 ~할지라도'의 의미로 부사절을 이끄는 복합관계부사 however가 적절하다.

해석 현재 당신이 당신 자신을 아무리 높이 평가할지라도, 당신은 때때로 몇 개의 깊은 구멍에 빠지지 않고 인생을 살아갈 수 없을 것이다.

2 I sleep on [whichever side of the bed is closest to the
   S V   V'
door], [because I go to the bathroom several times
           S' V'
during the night].

해설 '어느 ~이든'의 의미로 전치사 on의 목적절을 이끄는 복합관계형용사 whichever가 적절하다.

해석 나는 밤에 화장실을 여러 번 가기 때문에, 침대의 어느 쪽이든 문에 가장 가까운 쪽에서 잔다.

3 Pets naturally attach themselves to [whoever feeds
   S   V   O   V'1
them and gives them love and attention].
         V'2

해설 '~하는 사람은 누구든지'의 의미로 전치사 to의 목적절을 이끄는 복합관계대명사 whoever가 적절하다.

해석 애완동물은 그들에게 먹이를 주고 사랑과 관심을 주는 사람은 누구에게든지 자연스럽게 애착을 갖는다.

4 I always carry a pen and paper with me [so that I can
   S   V   O   ~하도록
make immediate notes on {whatever good ideas
come to mind}].

해설 '어떤 ~이든'의 의미로 전치사 on의 목적절을 이끄는 복합관계형용사 whatever가 적절하다.

해석 나는 어떤 좋은 생각이든 떠오르는 것을 바로 적을 수 있도록 펜과 종이를 항상 가지고 다닌다.

5 [By knowing {where you went wrong in the past}],
   you can make sure not to repeat the same mistakes.
   S   V

해설 knowing의 목적어 역할을 하는 명사절을 이끄는 의문사 where가 적절하다.

해석 당신이 과거에 어디에서 실수했는지를 앎으로써, 당신은 반드시 똑같은 실수를 되풀이하지 않도록 할 수 있다.

정답 1. ② How → However
2. ③ Which → Whichever **3.** ② where → wherever

B

1 The best way [to succeed] is to agree to take on
      S   V   SC
every challenge [that comes along]. [Once you've
said yes], [①whatever the task is], prepare
                                      V
thoroughly. [②However boring the task may seem],
doing research will be worthwhile, [because you
   S   V
never know {③what you might learn and ④how it
            의문사 S'   V'   의문사 S'
might help you in the future}].
   V'

해설 ② 문맥상 '아무리 ~할지라도'의 의미로, 부사절을 이끄는 복합관계
부사 however가 되어야 한다.
① whatever는 '~이 무엇이더라도'의 의미로 부사절을 이끄는 복합관계
대명사이다.
③ what은 '무엇을'을 의미하는 의문사로, 간접의문인 명사절을 이끈다.
④ how는 '어떻게'라는 의미의 의문사로, 간접의문인 명사절을 이끈다.

해석 성공하는 최고의 방법은 나타나는 모든 도전을 받아들이는 데 응하
는 것이다. 일단 당신이 하겠다고 하면, 그 일이 무슨 일이든지, 철저하게 준
비하라. 그 일이 아무리 지루해 보일지라도, 조사해 볼 가치가 있는데, 왜냐
하면 당신은 당신이 무엇을 배울지, 그것이 미래에 어떻게 당신을 도울지를
모르기 때문이다.

2 Green roofing is the process [of creating a rooftop garden]. [①Wherever it is located], it will serve many purposes, [such as absorbing rainwater and lowering air temperatures]. Plus, it will be a sanctuary for [②whoever wants to enjoy it]. [③Whichever way you look at it], green roofing is a good idea.

해설 ③ 문맥상 '어느 ~이든'의 의미로 부사절을 이끄는 복합관계형용사
whichever가 되어야 한다.
① wherever는 '어디에 ~하더라도'의 의미로 부사절을 이끄는 복합관계
부사이다.
② whoever는 '~하는 사람은 누구든지'의 의미를 나타내는 복합관계대
명사이다.

해석 옥상 녹화(green roofing)는 옥상 정원을 만들어 내는 과정이다.
그것이 어디에 위치하더라도, 그것은 빗물을 흡수하고 대기 온도를 낮추는
등 많은 도움이 될 것이다. 게다가, 그것은 그것을 즐기고자 하는 누구에게
든지 안식처가 될 것이다. 당신이 그것을 어떤 방식으로 보든지, 옥상 녹화
는 좋은 생각이다.

3 In-demand people can be very selective about [①what they do]. This is because [②wherever they go], they generate value, and any business would be happy to have someone like that [working for them]. It is 〈조건〉 '~한다면' 가주어 empowering to know [that you can find work {③whenever you want}]. A true sign [of being in demand] is finding yourself getting job offers even [④when you're not looking].

해설 ② 문맥상 '어디를 ~하더라도'의 의미로 부사절을 이끄는 복합관계
부사 wherever가 되어야 한다.
① what은 선행사를 포함하는 관계대명사로, about의 목적어 역할을
하는 명사절을 이끈다.
③ '~하는 언제든지'의 의미를 나타내는 부사절을 이끄는 복합관계부사
whenever가 쓰였다.
④ when은 '~할 때'라는 의미로, 시간을 나타내는 접속사로 쓰였다.

해석 잘나가는 사람들은 자신이 하는 일에 대해 매우 까다롭다. 이는 그

들이 어디를 가든지 가치를 만들어 내며, 어떤 회사든 그곳에서 일하는 그
와 같은 누군가를 가진다면 만족스러워할 것이기 때문이다. 당신이 원할 때
면 언제든지 일을 찾을 수 있음을 아는 것은 힘을 실어준다. 잘나간다는 것
의 진정한 신호는 당신이 찾지 않을 때에도 자신이 일자리 제의를 받는다
는 것을 알게 될 때이다.

어법 유형 실전

본문 p.77

1 정답 ⑤

해석 고대 그리스인들은 '미지의 신'인 Agnostos Theos라고 알려진
신을 포함하여, 많은 신들을 숭배했다. 하지만, 사실상 이는 단 하나의 신
이 아니었는데, Agnostos Theos가 존재하지만 이름이 알려져 있지 않
은 어떤 신이든 의미했기 때문이다. 한 전설에 따르면, 이것은 끔찍한 전염
병으로 고통받고 있던 아테네의 시민들이 신들의 노여움을 풀어주는 수단
으로 한 떼의 양을 풀어 놓아 어디든 그것들 중 하나가 쉬려고 멈추는 곳
에 제물이 바쳐지도록 결정했을 때 시작되었다. 많은 양들이 특정한 신과
관련된 건물들 안으로 들어갔고, 각각의 건물에 그 신에게 봉헌된 제단이
세워지고 제물이 바쳐졌다. 하지만 한 마리의 양이 관련된 신이 없는 건물
로 들어갔고, 이것은 이름이 없는 제단의 건축으로 이어졌다.

해설 (A) '어떤 ~이든'의 의미로 represented의 목적절을 이끄는 복합
관계형용사 whatever가 적절하다. (B) '~하는 곳은 어디든지'의 의미로
부사절을 이끄는 복합관계부사 wherever가 적절하다. (C) a building
을 선행사로 하는 주격 관계대명사 which가 적절하다.

구문 분석 [4행] ...., this began when *the citizens of Athens*, S' [who were suffering from a terrible plague], decided (that) V' a flock of sheep would be released and (that) a sacrifice would be made .... : [ ]는 the citizens of Athens를 선행사로 하
는 계속적 용법의 주격 관계대명사절이다. that이 생략된 decided의 목
적절 두 개가 접속사 and에 의해 병렬 연결되어 있다.

[8행] Many sheep wandered into buildings [associated with a specific god], and, in each of **these**, an altar [dedicated to that god] was constructed and a sacrifice was made. :
두 개의 [ ]는 각각 buildings와 an altar를 수식하는 과거분사구이다.
these는 앞에 나온 buildings를 가리킨다.

2 정답 ③

해설 어떤 사람들은 권력을 얻고 타인을 통제하기 위해 비난을 사용한다.
이 사람들이 누가 되든지 간에, 그들은 당신이 그들의 말을 진심으로 받아
들이고 자신을 비난하기 시작하면 상당한 득을 본다. 당신이 당신의 인생
에서 실제로 좋은 것들을 누릴 자격이 아무리 충분하다 할지라도 당신이
그 모든 것들을 받을 가치가 있는지 없는지에 대해 의문을 갖기 시작하자
마자, 당신의 에너지, 지능, 또는 그 밖의 무엇이든 그들을 위협하는 것은
무력해진다. 당신이 스스로에 대해 느끼는 방식을 개선하고 싶다면, 당신은
자기 비난을 그만두고 자기 자신에게 좀 더 친절해지기 시작해야 한다. 당
신이 스스로를 존중할 때마다 당신은 더 풍요롭고, 더 만족스러운 삶을 살
기 위하여 한 걸음 나아갈 뿐만 아니라, 당신을 부당하게 대하는 사람들에
맞서 싸우게 될 것이다.

해설 ③ 문맥상 '아무리 ~할지라도'의 의미를 나타내며 부사절을 이끄는
however가 적절하다. 의문사 how는 간접의문문에서 '얼마나 ~한지'의
의미로 명사절을 이끈다.

① whoever는 '~가 누구이더라도'를 의미하는 복합관계대명사로, 부사절을 이끈다.

② whatever는 '~하는 것은 무엇이든지'를 의미하는 복합관계대명사로 명사절을 이끈다.

④ how는 관계부사로 선행사 the way와 함께 쓸 수 없으며, 여기서는 improve의 목적절을 이끌고 있다.

⑤ whenever는 '~하는 언제든지, ~할 때마다'를 의미하는 복합관계부사이다.

구문 분석 [3행] Your energy, your intelligence or *whatever* it is [that threatens them] is neutralized as soon as you begin to question **whether or not** you are worthy of all the good things in your life, ... : [ ]는 whatever를 선행사로 하는 주격 관계대명사절이다. 「whether or not」은 '~인지 아닌지'의 의미로, 불확실하거나 의문시되는 사실을 나타내며, 여기서는 question의 목적절을 이끈다.

[8행] Whenever you treat yourself with respect, you will be striking a blow against **those who** treat you badly, *as well as* taking a step toward living a fuller, more satisfying life. : those who는 '~하는 사람들'의 의미이다. 'A뿐만 아니라 B도'의 의미인 「B as well as A」에 의해 striking과 taking이 병렬 연결되었다.

Chapter 3 | Testing Point 모아 보기
본문 pp.78-79

1. ④　2. ⑤　3. ①　4. ④

1
정답 ④

해석 안내(眼內) 섬광은 눈에 들어오는 실제의 빛이 없지만, 사람이 빛을 감지하는 시각적 현상이다. 그것은 '내시(안구 안에 생기는)' 현상(內視現象)인데, 감지된 빛의 원천이 안구 내에 실제로 존재하는 것을 의미한다. 당신은 그저 당신의 눈을 감고 그것을 문지름으로써 안내 섬광을 쉽게 볼 수 있다. 이것은 당신의 뇌가 빛을 감지하고 있다고 생각하게 하는데, 왜냐하면 망막 신경절 세포들이 빛 자체에 대한 반응으로 활성화되는 방식과 아주 유사하게 눈에 가해지는 압력이 망막 신경절 세포들을 활성화하기 때문이다. 안내 섬광은 또한 강한 자기장이나 전기 자극에 의한 것과 같이, 여러 다른 경로로도 발생할 수 있다. 심지어 아주 심한 재채기에 의해 망막에 추가 압력이 생기는데, 이것이 안내 섬광을 보는 것을 가능하게 만들 수도 있다.

해설 ④ 전치사 like의 목적어인 명사절을 이끌 수 있는 것은 관계부사나 의문사 how로, 복합관계부사 however는 부사절만 이끈다. 여기서는 문맥상 '~하는 방식'의 의미로, 선행사 the way가 생략된 관계부사 how가 적절하다.

① '(비록) ~이지만'의 의미로 뒤에 절이 이어지므로, 양보를 나타내는 접속사 though가 적절하다.

② an "entoptic" phenomenon을 선행사로 하는 계속적 용법의 주격 관계대명사 which가 적절하다.

③ think의 목적어로 접속사 that이 이끄는 명사절이 왔다.

⑤ a particularly severe sneeze를 선행사로 하는 계속적 용법의 관계대명사절로, 선행사가 전치사 by의 목적어 역할을 하므로, by which

가 적절하다.

구문 분석 [9행] Even a particularly severe sneeze, ..., can make **it** possible **to see phosphenes**. : it은 가목적어이고, to see 이하가 진목적어이다.

2
정답 ⑤

해석 '특허괴물'은 남아 있는 자산을 팔아 수익을 얻고자 하는 사정이 어려운 회사들로부터 특허권을 저렴하게 사들인다. 종종 지나치게 광범위한 아이디어에 특허가 나기도 하기 때문에, 특허괴물은 그들이 주장하기론 특허 침해를 저지른 누구에게든지 협박 편지를 보낼 수 있다. 그들은 피소된 침해자가 때로는 수십만 달러가 될 수 있는 사용료를 지불하는 데 동의하지 않으면 법적 조치를 가하겠다고 협박한다. 이러한 편지를 받는 많은 사람들은 자신의 제품이 특허를 침해하지 않았다고 생각할지라도, 마지못해 받아들이고 돈을 넘겨준다. 왜 그들이 특허 소송에서 이기는 데 수년이 걸리고 수백만 달러가 들 수도 있는데, 법정까지 가겠는가? 사실상 기업 입장에서는 소송을 거치는 것보다 특허괴물에게 그냥 사용료를 지불하는 게 훨씬 더 편하고 돈이 덜 든다.

해설 ⑤ 장소를 나타내는 court를 선행사로 하며 뒤에 완전한 절이 이어지고 있으므로, 관계부사 where가 적절하다.

① that은 companies를 선행사로 하는 주격 관계대명사이다.

② 뒤에 불완전한 절이 이어지고 있으므로, ideas를 선행사로 하는 주격 관계대명사 which는 적절하다.

③ whoever는 '~하는 사람은 누구든지'를 의미하는 복합관계대명사이다.

④ even if는 양보를 나타내는 접속사로, '(비록) ~할지라도'의 의미이다.

구문 분석 [3행] ...., the trolls can mail threatening letters to [whoever **they claim** has committed patent infringement]. : [ ]는 전치사 to의 목적어 역할을 하는 복합관계대명사절이다. they claim은 삽입절이다.

[4행] They threaten legal action **unless** the accused infringer agrees to pay *a licensing fee*, [which can sometimes be hundreds of thousands of dollars]. : 접속사 unless는 '만약 ~이 아니면'의 의미로, 「if ~ not」으로 바꿔 쓸 수 있다. [ ]는 a licensing fee를 선행사로 하는 계속적 용법의 주격 관계대명사절이다.

[9행] **It** is in fact *much* easier and cheaper **for companies** [to just pay the fee to the troll] than go through litigation. : It은 가주어이고 [ ]가 진주어이며 for companies는 to부정사의 의미상 주어를 나타낸다. much가 비교급 앞에 쓰여 '훨씬'의 의미로 비교급을 강조한다.

3
정답 ①

해석 엘레우시스 제전은 자연의 여신인 데메테르와 관련된 한 신화에 바탕을 둔 일련의 의식이었는데, 이 신화에서 저승의 신인 하데스가 그녀의 딸인 페르세포네를 납치했다. 봄에 거행되는 이 의식은 데메테르가 그녀의 없어진 딸을 찾는 것을 연출하며, Sacred Way라고 불리는 아테네에서 엘레우시스까지의 길을 따라 걷는 것을 포함했다. 엘레우시스에 도착하자마자, 참가자들은 데메테르가 쉬었던 똑같은 우물 옆에서 휴식을 취하고 정신 기능에 변화를 준다는 성분이 들어 있는 kykeon이라고 불리는 음료를 마셨다. 그 다음에, 참자가들은 비밀 의식이 거행되는 지하 극장에 들어갔다. 이 의식에서 무슨 일이 일어났든지, 그것은 분명히 관련된 모든 이들에게 강력한 효과를 지녔다.

해설 ① a myth를 선행사로 하는 계속적 용법의 관계사절로, 뒤에 완전한 절이 이어지고 있으므로, which를 in which로 고쳐야 한다.
② 뒤에 명사(the spring)가 왔으므로, '~동안'의 의미인 전치사 during이 적절하다.
③ 「명사+of which」의 형태로, kykeon을 선행사로 하는 계속적 용법의 소유격 관계사절을 이끈다.
④ 뒤에 완전한 절이 이어지고 있으므로, an underground theatre를 선행사로 하는 관계부사 where가 적절하다.
⑤ 부사절을 이끄는 복합관계대명사 whatever로, '무엇이 ~하든지'를 의미한다.

구문 분석 [3행] *These ceremonies*, [which took place during the spring], involved walking along the road from Athens to Eleusis, [called the Sacred Way], **while acting** out Demeter's search for her lost daughter. : 첫 번째 [ ]는 these ceremonies를 선행사로 하는 주격 관계대명사절로, 문장의 주어와 동사 사이에 삽입되었다. 두 번째 [ ]는 앞에 나온 the road from Athens to Eleusis를 수식하는 과거분사구이다. acting이 이끄는 분사구문의 의미를 명확히 하기 위해 접속사 while을 생략하지 않았다.

[6행] **Upon reaching** Eleusis, the participants would rest by *the same well* [(that) Demeter had rested by] and drink a beverage called kykeon, ... : 「upon v-ing」는 '~하자마자'를 의미한다. [ ]는 the same well을 선행사로 하는 목적격 관계대명사절로, 목적격 관계대명사 that이 생략되었다.

4
정답 ④

해석 희망은 우리로 하여금 앞으로 계속 나아가게 해주는 것이지만, 그것은 더 나은 삶에 대한 단순한 바람 이상이다. 그것은 우리를 우리의 가정 환경과 지역 사회에 결속시키는 힘일 뿐만 아니라, 그것은 우리의 경제적 열망과도 밀접하게 관련이 있다. 오늘날의 자본주의 사회에서, 우리의 자아의식은 안보와 안위라는 개념과 뒤얽혀 있고, 이것은 행복을 향한 우리의 끊임없는 추구를 경제적 성공에 대한 추구로 바꿔 놓는다. 하지만 가정이나 직장에서 우리에게 닥칠 수 있는 불안정은 이러한 행복을 개인적으로나 국가적으로 둘 다 얻기 어렵게 만든다. 이것은 좌절감과 불안감을 고조시키고, 이는 누구든 우리를 불안정하게 만들고 있는 사람들로부터 우리의 가정이 보호되어야 한다는 감정으로 이끈다. 많은 경우에 있어, 주된 위협으로 여겨지는 사람들은 바로 외국인들이다.

해설 ④ 문맥상 '~하는 사람은 누구든지'의 의미인 복합관계대명사 whoever가 되어야 한다.
① 선행사를 포함하는 관계대명사 what이 문장의 주격보어 역할을 하는 명사절을 이끌고 있다.
② 「not only A but also B」는 'A뿐만 아니라 B도'의 의미이다.
③ instability를 선행사로 하는 계속적 용법의 주격 관계대명사 which가 쓰였다.
⑤ 「be viewed as」는 '~로 여겨지다, ~로 간주되다'의 의미로, 여기서 as는 전치사로 쓰였다.

구문 분석 [2행] **Not only** is it *the force* [that binds us to our home environment and our community], ... : 부정어구(not only)가 문두에 나와, 주어와 동사가 도치되었다. [ ]은 the force를 선행사로 하는 주격 관계대명사절이다.

[4행] ..., our sense of self is intertwined with the concepts of security and comfort, [**turning** our eternal search for happiness into a quest for economic success]. : [ ]는 결과를 나타내는 분사구문으로, turning을 which turns로 바꿔 쓸 수 있다.

[9행] In many cases, **it is** foreigners **who** are viewed as the primary threat. : 「It is ~ that[who] ...」 강조구문으로, '...한 것은 바로 ~이다'의 의미이다. 여기서는 강조 대상이 사람(foreigners)이므로 that 대신 who가 쓰였다.

Chapter 4

Unit 15　대명사　　　　　　　　本문 p.82

기출 문장으로 Warm Up!

1. 상황은 흔히 호전되기 직전에 최악인 것처럼 보인다.

2. 당신이 무언가를 하려고 시도해서 실패한다면, 당신은 왜 당신이 의도했던 것을 하는 데 실패했는지를 스스로에게 물어보아야 한다.

3. 다른 재료에 비해 목재와 같은 한 가지 특정한 재료의 상대적인 장점들을 평가하는 것이 항상 쉬운 일은 아니다.

기출 문제 통으로 보기!

해석 유인 우주선 임무는 무인 우주선 임무보다 비용이 더 많이 들지만, 더 성공적이다. 로봇과 우주 비행사는 우주 공간에서 거의 똑같은 장비를 사용한다. 하지만 인간은 그러한 도구들을 올바르게 조작하고 그것들을 적절하고 유용한 위치에 설치하는 데 있어 훨씬 더 많은 능력을 지니고 있다. 컴퓨터는 지리적이거나 환경적인 동일한 요소들을 관리하는 데 있어서 인간보다 좀처럼 민감하지도, 정확하지도 않다. 로봇은 또한 문제가 발생하면 인간처럼 그것을 해결할 수 있는 능력이 갖추어져 있지 않으며, 종종 도움이 되지 않거나 부적절한 자료들을 수집하기도 한다.

어휘 manned 유인(有人)의　geographical 지리(학)적인 irrelevant 상관없는; 부적절한

어법 유형 훈련　　　　　　　　本문 p.84

A　정답 1. yourself　2. that　3. the other　4. ones　5. them

1 [When your shadow is shorter than you are, {which means (that) the sun's rays are at their strongest}], it's important to protect yourself.

해설 to protect의 의미상 주어(you)와 목적어가 동일하므로, 재귀대명사 yourself를 쓴다.

해석 당신의 그림자가 당신보다 더 짧을 때, 이것은 태양 광선이 가장 강하다는 것을 의미하는데, 당신 자신을 보호하는 것이 중요하다.

2 There are some features [of human language] [that distinguish human communication from that of animals].

해설 앞에 나온 communication을 가리키므로, 단수형 지시대명사 that을 쓴다.

해석 인간의 의사소통과 동물의 의사소통을 구분하는 인간 언어의 몇 가지 특징들이 있다.

3 Commensalism is a relationship [between two living organisms] [in which one benefits and the other is neither harmed nor helped].

해설 '(둘 중에서) 하나는~ 나머지 하나는…'을 의미하는 「one~ the other...」이 적절하다.

해석 공생은 살아있는 두 유기체 사이에서 한 유기체는 득을 보고 다른 유기체는 피해를 입지도, 도움을 받지도 않는 관계이다.

4 Many businesses try to find new customers instead of focusing on the ones [(that) they already have].

해설 앞에 나온 customers를 가리키므로, 복수형 대명사 ones를 쓴다.

해석 많은 기업들이 이미 보유하고 있는 고객들에 주력하는 대신 새로운 고객들을 찾으려고 한다.

5 Challenges make life interesting, and overcoming them makes life meaningful.

해설 앞에 나온 challenges를 가리키므로, 복수형 대명사 them을 쓴다.

해석 도전은 삶을 흥미롭게 만들고, 그것을 극복하는 것은 삶을 의미 있게 만든다.

B　정답 1. ③ the ones → the one　2. ③ them → it
　　　3. ① it → itself

1 Try to inspire people so much that they think to ①themselves, "I'm lucky!" You should attempt to be someone [who encourages others and keeps ②them going]. [If you do], your voice will be ③ the one [(that) they hear in ④their head {when they need a boost to their self-esteem}].

해설 ③ 앞에 나온 voice를 가리키므로, the ones를 단수형인 the one으로 고쳐야 한다.
① 목적어가 주어(they)와 동일한 대상을 가리키므로, 재귀대명사 themselves를 쓴다.
② 앞에 나온 others를 가리키므로, 복수형 목적격 대명사 them을 쓴다.
④ 앞에 나온 they를 가리키는 소유격 인칭대명사 their이 적절하다.

해석 사람들이 "난 운이 좋아!"라고 생각하도록 그들을 고무하기 위해 노력하라. 당신은 다른 사람들을 격려하고 그들이 계속해서 나아가게 해 주는 사람이 되려고 애써야 한다. 당신이 그렇게 한다면, 당신의 음성은 그들이 자존감에 대한 격려가 필요할 때 그들이 머릿속에서 듣게 되는 음성일 것이다.

2 Egotism is <u>an obstacle to self-improvement</u> [that <u>can</u>
V'   O'   OC'
cause us to favor one opinion over ① <u>another</u>]. And [if
our ego grows too big], <u>we</u> <u>stop</u> caring about other
                         S   V₁
people and only <u>act</u> to benefit ② <u>ourselves</u>. Therefore,
               V₂
[instead of feeding the ego], <u>we</u> <u>should</u> <u>strive</u> to
                              S   조동사 V
starve ③ <u>it</u>.

해설 ③ 앞에 나온 the ego를 가리키므로, them을 단수형인 it으로 고
쳐야 한다.
① another는 셋 이상에서 또 다른 하나(opinion)를 가리키는 부정대명
사로 쓰였다.
② 문장의 주어(we)와 목적어가 동일한 대상을 가리키므로, 재귀대명사
ourselves가 쓰였다.

해석 자만은 우리가 다른 의견보다 하나의 의견을 선호하게 할 수 있는 자
기 개선을 막는 장애물이다. 그리고 우리의 자아가 너무 커지게 되면, 우리
는 다른 이들에게 관심을 갖지 않고 오직 자기 자신만을 이롭게 하기 위해
행동하게 된다. 그러므로, 자아를 충족시키는 대신, 우리는 자만하지 않기
위해 노력해야 한다.

3 DNA needs to make exact copies of ① <u>itself</u> to
ensure [that the new molecules perfectly <u>resemble</u>
〈목적〉   S'   V'
the old ② <u>ones</u>]. Differences <u>are</u> <u>considered</u>
                        S   V₁
mutations and <u>may well be</u> harmful to the health of
              V₂ '~일 것이다'
the organism. <u>Some</u> [of these malformed cells] <u>die</u>,
              S   V
but ③ <u>others</u> <u>survive</u>.
        S   V

해설 ① 목적어가 주어(DNA)와 동일한 대상을 가리키므로, 재귀대명사
itself가 되어야 한다.
② 앞에 나온 molecules를 가리키는 복수형 대명사 ones가 적절하다.
③ 「some~ others...」는 '(여럿 중에서) 일부는~ 또 다른 일부는…'을
의미한다.

해석 DNA는 확실히 새로운 분자들이 기존의 분자들과 완벽하게 유사하
도록 하기 위해 스스로를 정확하게 복제해야 한다. 차이는 돌연변이로 여겨
지고 유기체의 건강에 해로울 것이다. 이 기형 세포들의 일부는 죽지만, 다
른 세포들은 살아남는다.

어법 유형 실전   본문 p.85

1   정답 ④

해석 18세기는 흔히 '이성의 시대'라고 불리는데, 왜냐하면 대개 합리적이
고 과학적인 생각이 상상보다 더 중요하다고 여겨진 시대였기 때문이다. 하
지만, 스코틀랜드의 철학자인 David Hume이 사람들이 어떻게 생각을 형
성하는지를 설명하려고 했을 때, 그는 상상의 중요성을 인정해야만 했다.
그의 사상들은 그 당시 철학자인 Adam Smith에게 큰 영향을 미쳤는데,
Adam Smith는 그것들을 활용해서 과학적 발견에 대한 심리학 이론을 만
들어 냈다. 이 이론에서, 상상은 다양한 자연현상을 설명하려고 적극적으로
시도한다. 궁극적으로, Smith는 과학 이론의 목표가 상상을 충족시키는 목
표라고 주장한다. 그러므로, 모든 과학 이론들은 상상의 산물이고 사실이라
는 개념이 그 과학 이론들에 바로 적용되지 않는다고 주장될 수 있다.

해설 **(A)** 앞에 나온 his ideas를 가리키는 대명사로 복수형 them
이 적절하다. **(B)** 앞에 나온 the goal을 가리키는 지시대명사로 단수형
that이 적절하다. **(C)** 앞에 나온 all scientific theories를 가리키는 대
명사로, 주어(the concept of truth)와 목적어가 다르기 때문에 them
이 적절하다.

구문 분석 [1행] … because it was *a time* [when rational and
scientific thought **were** usually **considered (as)** more
important than the imagination]. : [ ]는 a time을 선행사로 하는
관계부사절이다. 「consider A (as) B」는 'A를 B로 여기다'의 의미로, 여
기서는 수동태로 쓰였다.

[6행] … *the philosopher Adam Smith*, [who adapted them **to
create** a theory of the psychology of scientific discovery].
: [ ]는 the philosopher Adam Smith를 선행사로 하는 계속적 용법
의 주격 관계대명사절이다. to create는 〈결과〉를 나타내는 부사적 용법
의 to부정사이다.

[10행] Therefore, **it** can be argued [**that** all scientific theories
are products of the imagination] and [**that** the concept of
truth does not directly apply to them]. : it은 가주어이고, 등위접
속사 and에 의해 병렬 연결된 두 개의 that절이 진주어이다.

2   정답 ⑤

해석 야심 있는 사람들이 그들의 시간을 낭비하도록 만드는 최고의 방법
중 하나는 그들에게 '명성이 있는' 일을 제공하는 것이다. 그것은 당신이 사
람들을 단지 명성을 위해 그들의 모든 시간을 무의미한 것들을 하는 데 보
내도록 만드는 방법이다. 하지만, 당신이 진심으로 좋아하는 일을 하고자
한다면, 당신은 명성에 대해 걱정해서는 안 된다. 그 이유는 당신이 무엇
이든 충분히 잘하면, 당신이 그것을 명성 높은 것으로 만들 것이기 때문이
다. 그저 당신의 열정을 따르고, 명성은 저절로 생기게 하라. 또한, 당신이
똑같이 하고 싶어하는 두 가지 유형의 일 사이에서 선택해야 하는데 그 중
하나가 더 명성이 있다면, 당신은 아마도 나머지 하나를 선택해야 한다. 명
성은 항상 무엇이 훌륭한 것인지에 대한 당신의 의견에 얼마쯤 영향을 줄
것이므로, 서로 다른 두 개의 일이 동일해 보인다면, 아마도 당신은 사실
덜 유명한 것에 더 진심 어린 관심을 갖고 있을 것이다.

해설 ⑤ 앞에 나온 two different jobs 중 덜 유명한 '하나'를 가리키므
로, 단수형 부정대명사 one이 되어야 한다.
① that은 앞에 나온 구(offering them work that is "prestigious")
를 가리키는 지시대명사로 쓰였다.
② it은 앞에 나온 anything을 가리키는 대명사이다.
③ by itself는 '저절로'의 의미이다.
④ 「one ~ the other ...」는 '(둘 중에서) 하나는~ 나머지 하나는…'
의 의미로, two types of work 중에서 나머지 하나를 가리키는 the
other가 적절하다.

구문 분석 [2행] That's [how you **get people to *spend*** all their
time *doing* meaningless things just for prestige]. : [ ]는 문
장의 보어 역할을 하는 관계부사절이며, 이때 선행사 the way는 생략한
다. 「get+목적어+to-v」 구문은 '목적어가 ~하도록 시키다'의 의미이다.
「spend+시간+v-ing」는 '~하는 데 시간을 보내다'의 의미이다.

[9행] … your opinions about [what's respectable], so if two
different jobs appear to be equal, **it's likely that** you
actually have …. : [ ]는 전치사 about의 목적어 역할을 하는 간접의문
문이다. 「it's likely that」은 '아마도 ~일 것이다'의 의미이다.

기출 문장으로 Warm Up! ··

1. 세 시간이면 우리가 당신의 집을 먼지 하나 없게 만드는 데 충분할 것이다.

2. 개개의 물고기나 새는 무리에서 그들과 이웃하는 개체의 움직임에 거의 곧바로 반응한다.

3. 초기의 상점들은 고기나 빵 같은 약간의 상품들만 팔았다.

기출 문제 통으로 보기!

해석　많은 사회 과학자들은 한동안 출생 순위가 성인이 되어서의 성격과 성공에 직접적으로 영향을 미친다고 믿어 왔다. 실제로, 사람들은 적극적인 행동이나 소극적인 기질과 같은 성격 요인들을 설명하기 위해 출생 순위를 활용해 오고 있다. 어떤 사람은 "아, 나는 세 자매 중 첫째라서 고압적일 수밖에 없어."라거나, "나는 막내라 다른 손위의 형제자매들보다 덜 적극적이라서, 사업에서 그다지 성공적이지 못해."라고 말할지도 모른다. 하지만, 최근의 조사는 이러한 믿음이 잘못되었음을 입증했다. 다시 말해서, 출생 순위가 가족 내에서 당신의 역할을 규정할지는 모르지만, 당신이 다른 사회적 역할들을 받아들이면서 어른으로 성장함에 따라 출생 순위는 중요하지 않게 된다.

어휘　temperament 기질, 성미　overbearing 고압적인, 남을 지배하려 드는　mature 성숙해지다

어법 유형 훈련 ─────　　　本문 p.88

A　정답 **1.** lately **2.** rarely **3.** confident **4.** little **5.** largely

1　None of her friends know where she has been lately.
　　　　　　S　　　　　V　　　　　O

해설　문맥상 '최근에'라는 의미의 lately가 적절하다. late은 '늦은'의 의미인 형용사 혹은 '늦게'의 의미인 부사이다.

해석　그녀의 친구 중 누구도 그녀가 최근에 어디 있는지 알지 못한다.

2　Josh didn't show up at the meeting today, [which
　　　　S　　　　V
　　　has happened very rarely in the past few years].

해설　동사 has happened를 수식하는 부사로 '드물게, 좀처럼 ~하지 않는'을 의미하는 rarely가 적절하다. rare는 '드문'을 의미하는 형용사이다.

해석　Josh가 오늘 회의에 나타나지 않았는데, 이런 일은 지난 몇 년간 거의 일어나지 않았었다.

3　He provides the support to make his employees
　　　　　　　　　　　　　　〈목적〉 V'　　　　O'
　　　confident in their problem-solving skills.
　　　　OC'

해설　make의 목적격보어로 형용사인 confident가 적절하다.

해석　그는 그의 직원들이 스스로의 문제 해결 능력에 있어 자신감을 갖도록 지원해 준다.

4　In developing countries, without education, there is
　　　　　　　　　　　　　　　　　　　　　　　유도부사　V
　　　little chance [of escaping the poverty trap].
　　　　S

해설　문맥상 '거의 없는'을 의미하고 셀 수 없는 명사(chance)를 수식하는 little이 적절하다.

해석　개발 도상국에서는, 교육 없이는 빈곤의 덫에서 벗어날 수 있는 가능성이 거의 없다.

5　The social historians investigated things [that had
　　　　　　　S　　　　　　　　V　　　　　　O↑
　　　stayed largely the same for centuries], such as
　　　people's diet.

해설　'대체로, 주로'를 의미하는 부사 largely가 적절하다.

해석　사회 역사학자들은 사람들의 식단과 같이, 수세기 동안 대체로 동일하게 유지되어 온 것들을 조사했다.

B　정답 **1.** ① only a little → only a few
　　　2. ① upwardly → upward **3.** ④ most → almost

1　It turns out that mild cases of shingles [with ①only a
　　　　　　'~인 것으로 드러나다'　　　　　　　　　　S'
　　　few blisters] are more common than ②previously
　　　　　　　　　V'　　　SC'
　　　thought, [probably because many of these cases go
　　　　　　　　　　　　　　　　　　S'　　　　　V'
　　　③unrecognized. Some sufferers experience ④mostly
　　　　SC'　　　　　　　　S　　　　　V
　　　itching, while others feel pain at even the slightest
　　　　　　　　　　　S'　　V'
　　　touch.

해설　① 셀 수 있는 명사(blisters)를 수식하므로, only a little을 only a few로 고쳐야 한다.
② previously는 '이전에'를 의미하는 부사로, 동사 thought를 수식한다.
③ unrecognized는 '의식[자각]되지 않는'을 의미하는 형용사로, 주격보어 역할을 한다.
④ mostly는 '주로, 일반적으로'라는 의미의 부사로 쓰였다.

해석　약간의 수포만을 동반하는 대상포진의 가벼운 증상은 아마도 많은 경우 자각되지 못하기 때문에 이전에 생각했던 것보다 더 흔한 것으로 드러났다. 어떤 환자들은 주로 가려움증을 경험하지만, 다른 환자들은 아주 살짝 만지기만 해도 통증을 느낀다.

2　In the U.S., the prospect [of ①upward mobility
　　　　　　　　　　S　　　　　　　　↑
　　　{enjoyed by everyone from the ②early settlers to
　　　today's modern population}] is what is called the
　　　　　　　　　　　　　　　V　　　SC
　　　"American Dream." [Although it unites Americans
　　　with a common vision], there is a ③lively debate over
　　　　　　　　　　　　　　　유도부사　V　　　S
　　　[whether this dream is still ④alive and well].
　　　　'~인지 아닌지'　S'　　V'　　　SC'

해설　① 명사(mobility)를 수식하고 있으므로, '위쪽을 향한'을 의미하는 형용사 upward로 고쳐야 한다.

② early는 '초기의, 이른'이라는 의미의 형용사로, 명사 settlers를 수식한다.
③ lively는 '활발한'이라는 의미의 형용사로, 명사 debate를 수식한다.
④ alive와 well이 각각 형용사로 쓰여 '건재한'을 의미하며, 주격보어 역할을 한다.

해석 미국에서, 초기 정착민부터 오늘날의 사람들에 이르기까지 모두가 누리는 (사회 경제적) 상향 이동에 대한 가능성을 소위 아메리칸 드림이라고 한다. 이것은 미국 국민들을 공동의 비전으로 결속시키지만, 이러한 희망이 여전히 건재한가에 대한 열띤 논쟁이 있다.

3 The earliest settlers [in the American south] found alligators to be ① exceedingly abundant in ② many streams, especially in Florida and Louisiana. Today, however, this creature has become ③ scarce, [having been driven ④ almost to extinction in ⑤ nearly all the southern states].

해설 ④ most는 '대부분의'를 의미하는 형용사로, 문맥상 '거의'를 의미하는 부사 almost가 되어야 한다.
① exceedingly는 '대단히'라는 의미의 부사로, '풍부한'의 의미인 형용사 abundant를 수식한다.
② 셀 수 있는 명사 streams를 수식하는 수량 형용사로 many가 적절하다.
③ scarce는 '부족한, 드문'의 의미의 형용사로, 주격보어 역할을 한다.
⑤ nearly는 '거의'라는 의미의 부사로 형용사인 all을 수식한다.

해석 미국 남부의 초기 정착민들은 특히 Florida와 Louisiana에 있는, 많은 개울에서 대단히 많은 악어를 발견했다. 하지만, 오늘날 이 동물은 남부의 거의 모든 주에서 멸종 직전까지 내몰린 후 보기 드물게 되었다.

어법 유형 실전

1 정답 ②

해석 우리가 일을 미루는 이유는 주어진 일 자체나 개인의 성격에 따라 다를 수 있다. 그것이 어떤 것인지를 이해하는 것이 우리가 그 상황에 효율적으로 대처하는 데 도움이 될 수 있다. 일을 미루는 한 가지 흔한 이유는 우리가 특정한 일을 재미없다고 생각하기 때문이다. 만약 그렇다면, 최고의 해결책은 그 일을 빨리 다 끝내버리는 것이다. 또 다른 흔한 원인은 체계가 없기 때문이다. 체계적인 사람들은 상세한 일정과 완수해야 하는 모든 일들의 우선 순위를 매긴 목록에 의존함으로써 일을 미루고 싶은 유혹을 물리칠 수 있다. 한 프로젝트가 얼마나 오래 걸릴지와 기한이 언제인지를 정확히 아는 것은 그것이 늦어지는 것을 피하기 위해 우리가 시작해야 하는 정확한 날을 확인하게 한다.

해설 **(A)** find의 목적격보어로 형용사인 unpleasant가 적절하다. **(B)** 문맥상 '빨리' 끝낸다는 의미이므로, 부사 quickly가 적절하다. **(C)** 문맥상 '늦은'이라는 의미의 형용사 late가 적절하다. lately는 '최근에'를 의미하는 부사이다.

구문 분석 [1행] *The reason* [(why) we procrastinate] can depend on **either** the given task itself **or** our own personalities. : [ ]는 the reason을 선행사로 하는 관계부사절이며,

관계부사 why가 생략되었다. 「either A or B」는 'A이거나 B'의 의미이다.

[6행] …; *those of us* [who are organized] can fend off the temptation **to put** things off by relying on detailed schedules and *lists* [that prioritize *everything* {(that) we need to accomplish}]. : 첫 번째 [ ]는 those of us를 수식하는 주격 관계대명사절이다. to put은 the temptation을 수식하는 형용사적 용법의 to부정사이다. 두 번째 [ ]는 lists를 선행사로 하는 주격 관계대명사절이다. { }는 everything을 선행사로 하는 목적격 관계대명사절로, 목적격 관계대명사 that이 생략되었다.

[9행] Knowing exactly [how long a project will take and when it is due] allows us to identify *the precise day* [(when/that) we need to begin] in order to avoid **it** being late. : Knowing이 이끄는 동명사구가 문장의 주어이다. 첫 번째 [ ]는 know의 목적어 역할을 하는 간접의문문으로, 「의문사+주어+동사」의 어순을 따른다. 두 번째 [ ]는 the precise day를 선행사로 하는 관계부사절이며, 관계부사 when/that이 생략되었다. it은 avoid의 목적어 역할을 하는 동명사 being의 의미상 주어로, 앞에 나온 a project를 가리킨다.

2 정답 ⑤

해석 개인 신상 정보 유출은 한 사람이 온갖 종류의 부정 행위를 당하기 쉽게 만들 수 있다. 예를 들어, 정신병을 앓는 어떤 사람의 의료 기록이 유출된다면, 그 사람은 주택 거래나 고용을 거부당할 수 있다. 그것은 이러한 개인들이 보통 평범하고 생산적인 삶을 살 수 있음에도 불구하고, 여전히 사회에는 정신병에 대한 많은 오해가 있기 때문이다. 유사하게, 체포된 적이 있는 사람은 설사 무죄라고 밝혀졌다 하더라도 차별을 당할 수 있다. 무혐의로 풀려났더라도 체포된 적이 있는 사람을 고용주들이 고용할 가능성은 훨씬 더 낮은 것으로 밝혀졌다. 또한, 개인들은 민감한 개인 정보 유출에 의해 매우 심각하게 부당한 대우를 받을 수 있기 때문에, 이는 그들이 그 정보에 접근할 수 있는 사람들에 의해 강탈을 당하기 쉽게 만든다.

해설 ⑤ 문맥상 '심각하게'라는 의미로 동사인 can be wronged를 수식하고 있으므로, 부사인 seriously가 적절하다.
① leave의 목적격보어로 형용사 vulnerable이 쓰였다.
② 셀 수 없는 명사 misunderstanding을 수식하는 수량 형용사로 much가 적절하다.
③ be동사의 주격보어 자리에 '무죄인'을 의미하는 형용사 innocent가 쓰였다.
④ 「be likely to-v」는 '~할 것 같다, ~할 가능성이 있다'의 의미이다.

구문 분석 [2행] For example, if the medical records of a person [living with mental illness] are released, that person could be denied housing or employment. : [ ]는 a person을 수식하는 현재분사구이다.

[6행] Similarly, *a person* [who has been arrested], even if he or she **turned out to be** innocent, can be discriminated against. : [ ]는 a person을 선행사로 하는 주격 관계대명사절이다. 「turn out to-v」는 '~인 것으로 드러나다'의 의미이다.

39 | Unit 16 정답과 해설

기출 문장으로 Warm Up!

1. 많은 나라에서, 축구는 다른 어떤 종목보다도 인기 있는 스포츠이다.

2. 많은 곳에서, 새로운 토양으로 대체하는 자연적인 풍화 과정보다 토양 침식이 훨씬 더 빠른 속도로 일어난다.

3. 아이들이 더 안정감 있게 느낄수록, 그들은 스스로의 삶을 향해 더 잘 나아갈 수 있다.

기출 문제 통으로 보기!

해석 수학자가 되기 위해서 당신은 비싼 실험실이 필요하지 않다. 수학자의 전형적인 장비는 칠판과 분필이다. 분필은 지우기 쉽고 수학적인 연구는 보통 실수로 가득하기 때문에, 종이보다 칠판에 수학 계산을 하는 것이 더 낫다. 당신이 해야 할 한 가지가 더 있다면 수학을 몹시 사랑하는 클럽에 가입하는 것이다. 혼자 작업하는 수학자는 많지 않은데, 그들은 자신들이 하고 있는 것에 대해 토론할 필요가 있기 때문이다. 당신이 수학자가 되기를 원한다면, 당신의 새로운 생각들을 다른 사람들의 비판에 노출시키는 것이 좋다. 다른 사람에게는 명백하지만, 당신에게는 보이지 않는 숨겨진 가정을 포함하기 매우 쉽다.

어휘 criticism 비판, 비난   assumption 가정, 가설

어법 유형 훈련   본문 p.92

정답 **1.** as fun **2.** than **3.** much **4.** the more
5. the most powerful

1 The cherry blossom festival was not as fun as we thought it would be.

해설 「as+원급+as」는 '~만큼 …한[하게]'의 의미로, 앞에 not을 붙여 부정을 나타낸다.

해석 그 벚꽃 축제는 우리가 생각했던 만큼 재미있지 않았다.

2 Traffic fatality rates are estimated to be three times greater at night than they are during the day.

해설 「배수사+비교급+than」은 '~보다 몇 배로 …한[하게]'의 의미이다.

해석 교통사고 사망률은 낮보다 밤에 3배 더 높은 것으로 추정된다.

3 A study shows [that women talk almost three times as much as men, {with the average woman saying 13,000 words more than the average man per day}].

해설 「배수사+as+원급+as」는 '~보다 몇 배로 …한[하게]'의 의미이다.

해석 한 연구는 여성이 남성보다 하루에 13,000단어만큼 더 많이 사용하면서 남성의 거의 세 배만큼 말을 더 많이 한다는 것을 보여준다.

4 According to statistics, the larger cities get, the more likely it is [that their crime rates will rise].

해설 「the+비교급~, the+비교급…」은 '~하면 할수록 더욱 …하다'의 의미이다.

해석 통계에 따르면, 도시가 커질수록 범죄율이 증가할 가능성이 더 높다.

5 We believe [(that) education is the most powerful weapon {that we can use} to make the world better].

해설 '가장 ~한[하게]'를 의미하는 「the+최상급+that(관계사)절」의 형태로 the most powerful이 적절하다.

해석 우리는 교육이 세상을 더 좋게 만들기 위해 우리가 사용할 수 있는 가장 강력한 무기라고 생각한다.

정답 **1.** ③ the most connected → the more connected
2. ③ a lot better that → a lot better than that
3. ③ the last → the latest

1 Ads on mobile phones are ①twice as effective as desktop ads among the general population, and they are ②far more effective when it comes to wealthy consumers. That's because the more wealthy consumers are, ③the more connected to mobile Internet they tend to be.

해설 ③ 「the+비교급~, the+비교급…」은 '~하면 할수록 더욱 …하다'의 의미로, the most connected를 the more connected로 고쳐야 한다.
① 「배수사+as+원급+as」는 '~보다 몇 배로 …한[하게]'의 의미이다.
② far가 비교급 앞에 쓰여 '훨씬'의 의미로 비교급을 강조한다.

해석 일반 대중에게 휴대 전화상의 광고는 일반 데스크톱 컴퓨터상의 광고보다 두 배 더 효과적이고, 이것은 부유한 소비자에게 훨씬 더 효과적이다. 왜냐하면, 소비자가 부유할수록, 모바일 인터넷에 더 많이 접속하는 경향이 있기 때문이다.

2 Information [on an unfamiliar topic] is about ①as meaningless to most adults as a random list of words. Experts, however, have a greater range of knowledge about a certain domain ②than others, and their ability [to recall given information related to their area of expertise] is typically ③a lot better than that of the average person.
= ability

해설 ③ a lot이 비교급 앞에 쓰여 '훨씬'의 의미로 비교급을 강조하는 구문으로, 비교급 뒤에 than이 와야 한다.
① 「as+원급+as」은 '~만큼 …한[하게]'의 의미이다.
② 앞에 비교급 greater가 나왔으므로, than이 적절하다.

해석 익숙하지 않은 주제에 대한 정보는 무작위로 선택된 단어만큼이나 대부분의 성인에게 무의미한 듯하다. 하지만, 전문가들은 다른 사람들보다 특정 분야에 관해 더욱 광범위한 지식을 갖고 있으며, 그들의 전문 분야

와 관련된 주어진 정보를 기억하는 능력은 대체로 일반 사람보다 훨씬 더 좋다.

3 Schools are becoming high-tech, so ①more and more kids will be doing their schoolwork online, ②sooner rather than later. In fact, using computer games is one of ③the latest techniques [used to make students ④more motivated to learn].

해설 ③ 문맥상 '최신의'라는 의미의 the latest가 적절하다. the last는 '마지막의, 최후의'를 의미한다.
① 「비교급+and+비교급」은 '점점 더 ~한[하게]'의 의미이다.
② 「A rather than B」는 'B라기보다는 오히려 A'의 의미로, 「sooner rather than later」는 '차라리 일찌감치'를 의미한다.

해석 학교가 점점 첨단화되어 가고 있어, 점점 더 많은 아이들이 일찌감치 온라인으로 학교 공부를 하게 될 것이다. 실제로, 컴퓨터 게임을 활용하는 것은 학생들이 학습할 동기 부여가 되게 만드는 데 사용되는 최신 기법 중의 하나이다.

어법 유형 실전

본문 p.93

1 정답 ⑤

해석 아리스토텔레스는 가장 보편적인 원칙을 발견하는 데 관심이 있었다. 그에게 있어, 지식이 더 일반적일수록, 그 지식은 더욱 더 훌륭한 것이었다. 하지만 어떤 사람들은 아리스토텔레스가 철학 역사상 가장 중대한 실수 중 한 가지를 했다고 생각했다. 그는 이론적 지식이 보통 실용성을 위해서라기보다는 호기심에서 습득된다는 것에 주목하고, 나아가 실용적인 것과 실용적이지 않은 것, 이 두 가지 유형의 이론적 지식이 있음을 제안하였다. 후자에 관심 있는 사람들은 지식 그 자체에 관심이 있어서, 아리스토텔레스는 이것을 좀 더 고상한 추구라고 여겼다. 하지만, 오늘날 많은 사람들은 그가 동기와 결과를 혼동했고, 두 형태의 지식 모두 동일하게 가치 있다고 주장한다.

해설 (A) 「the 비교급~, the 비교급...」은 '~하면 할수록 더욱 …하다'의 의미이다. (B) 「not so much A as B」는 'A라기보다는 B인'의 의미이다. (C) 문맥상 '(둘 중에서) 후자'라는 의미의 the latter가 적절하다. later는 형용사로 '후의', 부사로 '나중에, 뒤에'의 의미이다.

구문 분석 [6행] .... [further proposing {that there were two types of theoretical knowledge}]: .... : [ ]는 연속동작을 나타내는 분사구문이다. { }는 proposing의 목적절이다.

2 정답 ⑤

해석 여성 중역들이 큰 야망과 스스로에 대한 자신감을 가졌음에는 틀림없지만, 그들은 보통 회사가 자신들의 성공을 지지하리라는 것을 훨씬 덜 확신한다. 실제로, 성(性)과 직장의 다양성(직원의 성별 대비)에 관한 최근의 한 조사는 직장에서의 문화적 요인이 개인적 요인들의 두 배 이상으로 여성의 자신감에 영향을 미칠 가능성이 높다는 것을 보여주었다. 이 조사는 여성 직원들의 성공에 대한 야망이 남성 직원들의 성공에 대한 야망만큼이나 높았다는 것을 보여주었지만, 그것은 또한 남성 직원들과의 더 낮은 수준의 상호 작용과 그들로부터 얻는 더 낮은 수준의 지지와 같이, 여성들이 최고의 지위에 도달하는 것을 점점 더 어렵게 만드는 기업 문화의 측면이 있음을 보여주었다. 또한, 남성들은 이 문제에 관해 여성들보다 더 무관심해서, 그들은 성 불균형을 바로잡을 인력 다양화 계획을 지원하지 않는 편이다.

해설 ⑤ 「비교급+than」을 이용한 비교 구문으로, much indifferent than은 (much) more indifferent than이 되어야 한다.
① far는 '훨씬'이라는 의미로, 비교급 less confident를 강조한다.
② 「배수사+as+형용사/부사+as」는 '~의 몇 배 만큼 …한[하게]'의 의미로, 여기서 likely는 '~할 것 같은'의 의미의 형용사이다.
③ '~만큼 …한'을 의미하는 「as+형용사+as」의 원급 비교로, 부사 just가 그 의미를 강조한다.
④ 「비교급+and+비교급」 구문으로, '점점 더 ~한[하게]'의 의미이다.

구문 분석 [6행] ... the career ambitions of female workers were just as high as **those** of their male coworkers, it also showed that there are *aspects of corporate culture* [that are making *it* harder and harder *for women to reach the top*, {such as lower levels of interaction with and support from male employees}]. : those는 앞에 나온 the career ambitions를 가리킨다. [ ]는 aspects of corporate culture를 선행사로 하는 주격 관계대명사절이다. it은 가목적어이고, to reach the top이 진목적어이며, for women은 의미상 주어를 나타낸다.

본문 pp.94~95

Chapter 4 | Testing Point 모아 보기

1. ③ **2.** ③ **3.** ③ **4.** ⑤

1 정답 ③

해석 당신은 분화구가 아주 많은 달을 그저 올려다봄으로써 운석 충돌이 입힐 수 있는 피해를 알 수 있다. 지구와 달은 둘 다 운석의 진로를 가로막는다는 점에서 유사하다. 그런데 달에는 운석 분화구가 많은 반면 지구는 왜 그렇지 않을까? 지구에도 달만큼 많은 운석이 떨어지지만, 대기 덕분에 실제 충돌 분화구는 극히 드물다. 작은 운석은 지구 표면에 닿기도 전에 타 버린다. 게다가 일부는 지구 표면에 닿아도, 충돌 분화구가 대기에 형성되는 기상 현상에 의해 빠르게 풍화된다. 하지만 달은 대기가 없기 때문에, 달 표면은 달이 가로막은 궤도상의 모든 운석에 부딪혔고, 그 결과로 생긴 분화구는 지난 40억 년 동안 본질적으로 변하지 않은 채 남아 있다.

해설 ③ 앞에 나온 the earth를 가리키므로, 단수형 대명사 its로 고쳐야 한다.
① alike는 '(아주) 비슷한'의 의미를 나타내는 형용사로, 보어 역할을 하는 서술적 용법으로만 쓰인다.
② '~만큼 …한'의 의미인 「as+원급+as」 비교 구문이 쓰였다.
④ quickly는 동사 are eroded를 수식하는 부사로 쓰였다.
⑤ unchanged는 주격보어 역할을 하는 형용사로 쓰였다.

구문 분석 [7행] And even when some **do** reach the surface, their impact craters are quickly eroded by weather [generated in the atmosphere]. : 조동사 do가 동사 reach를 강조하기 위해 쓰였다. [ ]는 weather를 수식하는 과거분사구이다.

[8행] But because the moon lacks an atmosphere, **its** surface has been struck by *every meteor* [whose trajectory **it** has interrupted], ... : its와 it은 모두 the moon을 가리킨다. [ ]는 every meteor를 선행사로 하는 소유격 관계대명사절이다.

2
정답 ③

해석 1912년 6월 6일에, 20세기의 가장 강력한 화산 폭발의 전조가 되었던 일련의 작은 지진들에 의해 Alaska가 동요되었다. 초기 폭발은 하늘을 향해 거대한 재 구름을 일으켰고, 화산 분출이 60시간 동안 계속되면서 암석 파편과 가스를 대기 중으로 내뿜었다. 그것이 끝날 때까지, 대략 30 입방 킬로미터의 화산 분출물이 그 지역을 뒤덮었는데, 그것은 근래 들어 북미의 가장 큰 화산 폭발 중의 하나였던 St. Helens 산의 폭발로부터 나온 화산 분출물보다 30배 더 많은 양이었다. 몇 시간 후에, 재가 아래로 내려오기 시작해서 3일 동안 계속해서 그러했는데, 이것은 호흡을 어렵게 만들고 해를 가렸다. 이 모든 사실에도 불구하고, Alaska 너머의 사람들은 그 화산 폭발에 대해 거의 알지 못했다. 훨씬 더 놀라운 것은 아무도 어느 화산이 폭발했는지 확실히 알지 못했다는 사실이다.

해설 ③ make의 목적격보어로 형용사인 difficult가 와야 한다.
① '하늘을 향해'를 의미하는 부사 skyward가 적절하다.
② 「배수사+비교급+than」은 '~보다 몇 배로 …한[하게]'의 의미로, that은 앞에 나온 volcanic material을 가리키는 지시대명사이다.
④ 「be aware of」는 '~을 알다[알아차리다]'의 의미로, aware는 서술적 용법으로만 쓰이는 형용사이다.
⑤ even이 비교급 앞에 쓰여 '훨씬'의 의미로 비교급을 강조한다.

구문 분석 [7행] … from *the eruption of Mount St. Helens*, [which was one of North America's largest volcanic explosions in recent years]. : [ ]는 the eruption of Mount St. Helens를 선행사로 하는 계속적 용법의 주격 관계대명사절이다.

[8행] …., ash began to descend and continued to do so for three days, **which** made breathing difficult and blocked out the sun. : which는 앞 절 전체를 선행사로 하는 계속적 용법의 주격 관계대명사로, and it으로 바꿔 쓸 수 있다. began과 continued, made와 blocked가 각각 접속사 and에 의해 병렬 연결되었다.

3
정답 ③

해석 혜성들이 우리 태양계를 쏜살같이 지나갈 때, 그것들은 종종 먼지를 내뿜고, 행성들의 궤도를 가로지르는 타원형의 잔해 자국을 형성한다. 지구가 일년에 한 번씩 태양 둘레를 도는 동안, 지구는 이 잔해를 통과해서 지나가고, 유성우가 발생한다. 다음 해에도 같은 일이 일어나는데, 이것이 대부분의 유성우가 예측 가능한 사건인 이유이다. 하지만, 이 유성우의 지속 기간은 다양할 수 있다. 어떤 것은 겨우 몇 시간만 지속되고, 다른 것은 며칠간 지속된다. 그 결정적인 요인은 지구가 먼지 자국을 지나가는 지점에서의 그것의 폭이다. 태양으로부터 내뿜어져 나오는 태양풍이 혜성의 원래 궤도로부터 먼지를 이동시킬 수 있는데, 먼지 입자가 작으면 작을수록, 그것은 더 멀리 이동할 수 있어 먼지 자국을 넓힌다.

해설 ③ 여럿 중에서 일부인 some을 제외하고 또 다른 일부를 가리키므로, others가 되어야 한다.
① '일년에 한 번씩 있는'의 의미로, 명사 orbit를 수식하는 형용사 yearly가 적절하다.
② '대부분의'를 의미하는 형용사 most가 적절하다.
④ 앞에 나온 the dust trail을 가리키는 단수형 대명사 it이 적절하다.

⑤ '~하면 할수록 더욱 …하다'의 의미인 「the+비교급~, the+비교급…」 구문으로, the farther가 적절하다.

구문 분석 [1행] As comets streak through our solar system, they often release dust, [forming *an elliptical trail of debris* {that crosses the orbital paths of the planets}]. : [ ]는 부대상황을 나타내는 분사구문이다. { }는 an elliptical trail of debris를 선행사로 하는 주격 관계대명사절이다.

[8행] Solar winds [emanating from the sun] can move the dust from the original path of the comet — the smaller the dust particle, the farther it can be moved, [broadening the trail]. : 첫 번째 [ ]는 solar winds를 수식하는 현재분사구이다. 두 번째 [ ]는 결과를 나타내는 분사구문이다.

4
정답 ⑤

해석 한 실험에서, 학생들은 하나의 게임에서 임의로 역할을 배정받았다. 어떤 학생들은 영웅, 다른 학생들은 악당, 그리고 나머지 학생들은 중립적인 인물이었다. 5분 동안 이 게임을 한 후에, 그들은 자신이 따라 주는 만큼 상대방이 먹어야 할 것이라는 통지와 함께, 다른 참가자에게 초콜릿 소스나 매운 소스 중 하나를 주라고 요구받았다. 결과는 흥미로운 사실들을 보여주었다. 영웅 역할을 한 참가자들의 경우, 그들이 따른 초콜릿 소스의 양은 칠리 소스의 양의 두 배였다. 그리고 그들은 나머지 역할 중 어느 쪽을 맡은 참가자들보다도 더 많은 초콜릿 소스를 따랐다. 하지만 악당 역할을 한 참가자들이 따른 칠리 소스의 양은 그들이 따른 초콜릿 소스의 양의 거의 두 배였다.

해설 ⑤ 문맥상 '거의'라는 의미의 부사 nearly가 되어야 한다. near는 형용사로 '가까운', 부사로 '가까이'의 의미이다.
① randomly는 '임의로, 닥치는 대로'라는 의미의 부사로 were assigned를 수식한다.
② revealing은 '흥미로운 사실을 보여주는'의 의미인 형용사이다.
③ 「배수사+as+형용사/부사+as」는 '~의 몇 배만큼 …한[하게]'의 의미이다.
④ the other는 '(셋 이상에서) 나머지의'의 의미로 쓰였다.

구문 분석 [3행] …., they were asked to give **either** chocolate sauce **or** spicy sauce to another participant, with the warning [that the other person would be required to consume as much as they poured]. : 상관접속사 「either A or B」는 'A이거나 B'의 의미이다. the warning과 [ ]는 동격 관계이다.

[9행] But the amount of chili sauce [poured by *participants* {who played the villain role}] was nearly double the amount of *chocolate sauce* [(that) they poured]. : 첫 번째 [ ]는 chili sauce를 수식하는 과거분사구이다. { }는 participants를 선행사로 하는 주격 관계대명사절이다. 두 번째 [ ]는 chocolate sauce를 선행사로 하는 목적격 관계대명사절이며, 목적격 관계대명사 that이 생략되었다.

Chapter 5

Unit 18	병렬구조	본문 p.98

기출 문장으로 Warm Up!

1. 마당 가장자리 근처에 나무들을 심고 울타리에 포도를 재배함으로써, 우리는 더 기분 좋은 옥외 생활 공간을 가질 수 있다.

2. 기후 변화는 가스 생산 지역의 폐쇄를 불가피하게 만들 뿐만 아니라, 얼음의 감소로 극지방에서의 탐험 가능성을 증대시킬지도 모른다.

3. 당신은 당신이 실제로 가지고 있는 만큼 꾸려야 할 짐이 많지 않다고 믿고 있다.

기출 문제 통으로 보기!

해석 Brown 선생님은 그의 학생들이 실생활의 맥락에서 수학을 배우기를 원했다. 그는 학생들이 책에 있는 문제들을 풀어보는 것만으로는 충분하지 않다고 느꼈다. 자신의 학생에게 수학이 실제로 어떻게 그들에게 도움이 될 수 있는지를 보여주기 위해, 그는 일 년 동안 여러 번의 대회를 열었다. 이 대회들은 그의 학생들이 수학을 익히고 돈을 마련하면서 재미있는 시간을 보내도록 해줬다. 한번은 그가 어항 하나를 구슬로 채우고 나서, 학생들에게 몇 개의 구슬이 있는지를 알아맞히게 했고, 우승자에게 무료 점심을 상으로 줬다. 다음번에는 학생들이 픽업 트럭이 뒤에 몇 개의 음료수 캔을 싣고 있는지를 알아맞히는 대회에 참가했다. 우승하기 위해서, 그들은 추산, 곱셈, 나눗셈 및 측정 기술을 연습해야만 했다. 그들은 상금의 대부분을 연말 현장 학습을 위해 사용했다.

어휘 marble 구슬; 대리석　estimate 추산[추정]하다

어법 유형 훈련		본문 p.100

A
정답 1. speaking **2.** are **3.** give **4.** take **5.** putting

1 The applicants look forward to hearing from or speaking with the employer.

해설 전치사 to의 목적어 역할을 하는 동명사 hearing과 등위접속사 or로 연결된 병렬구조이므로, speaking이 적절하다.

해석 그 지원자들은 고용주의 말을 듣거나 고용주와 대화하기를 기대한다.

2 Jenny will stay the course and (will) be as passionate as her coworkers are (passionate) about the work.

해설 「as+원급+as」 비교 구문에서 비교 대상이 되는 동사가 be동사이므로, are가 적절하다.

해석 Jenny는 끝까지 버틸 것이고 그녀의 동료들이 그 일에 대해 열정적인 만큼 그녀도 그럴 것이다.

3 The new course will not only allow students to have interesting discussions but also give them more chances [to develop practical skills].

해설 동사원형 allow와 상관접속사 「not only A but also B」로 연결된 병렬구조이므로, give가 적절하다.

해석 새 강좌는 학생들이 재미있는 토론을 하게 할 뿐만 아니라, 그들에게 실용적 기술을 개발할 수 있는 더 많은 기회를 줄 것이다.

4 Many people assume [that we yawn {because our bodies are trying to get rid of extra carbon dioxide and (to) take in more oxygen}].

해설 to get rid of와 등위접속사 and로 연결된 병렬구조이므로, to가 생략된 take가 적절하다.

해석 많은 사람들은 우리 몸이 여분의 이산화탄소를 없애고 더 많은 산소를 받아들이려고 하기 때문에 하품을 한다고 생각한다.

5 You would be better off [investing your money] rather than [simply putting it under your mattress].

해설 동명사 investing과 비교 구문 「A rather than B」로 연결된 병렬구조이므로, putting이 적절하다.

해석 당신은 돈을 매트리스 밑에 그냥 두기보다는 투자하는 편이 더 나을 것이다.

B
정답 1. ④ keeps → (to) keep
2. ② are → do **3.** ① sinking → sink

1 Politicians constantly say things and ①take actions [that are meant not {to improve things} but {②to have a positive effect on voters}]. In turn, the media tends [to repeat the most extreme comments] and [③to sensationalize events] [in order {to attract} and {④(to) keep viewers' attention}].

해설 ④ to attract와 등위접속사 and로 연결된 병렬구조이므로, to keep이 되어야 하며 to는 생략 가능하다.
① say와 take가 등위접속사 and로 연결된 병렬구조이다.
② 'A가 아니라 B인'의 의미인 상관접속사 「not A but B」가 쓰인 구문으로, A와 B에 동일한 문법 형태가 와야 하므로, to have가 적절하다.
③ to repeat와 and로 연결된 병렬구조이므로, to sensationalize가 적절하다.

해석 정치가들은 끊임없이 이러니저러니 말을 하고 상황을 개선하기 위해서가 아니라 유권자에게 긍정적인 영향을 주기 위해 의도된 행동을 취한다. 결국, 언론은 시청자들의 주의를 끌고 유지하기 위해서 가장 극단적인 발언을 되풀이하고 사건을 과장하는 경향이 있다.

2
Our country is headed toward a disaster, but neither
[reducing spending] nor [①raising taxes] will save us.
[Unless we shift course], our children will enjoy far
fewer benefits [than we ②do]. We need economic
growth, and that only comes from innovation. We
should all be creative, [striving {to fix problems} and
{③to make things better}].

해설 ② 비교 구문에서 비교 대상이 되는 동사가 일반 동사 enjoy이므로, 대동사 do가 적절하다.
① 동명사 reducing과 상관접속사 「neither A nor B」로 연결된 병렬구조이므로, raising이 적절하다.
③ to fix와 등위접속사 and로 연결된 병렬구조이므로, to make가 적절하다.

해석 우리나라는 재앙으로 치닫고 있지만, 지출을 줄이는 것도 세금을 인상하는 것도 우리를 구하지 못할 것이다. 우리가 방침을 바꾸지 않는 한, 우리의 아이들은 우리가 누리는 것보다 훨씬 더 적은 혜택을 누릴 것이다. 우리는 경제 성장이 필요하고, 그것은 오직 혁신에서 비롯된다. 우리는 모두 창조적이 되어, 문제를 해결하고 상황을 더 낫게 만들기 위해 분투해야 한다.

3
Our machine offers the same benefits as meditation.
You simply sit down, put the headphones on, and
①sink into a state of relaxation. [After you remove the
headphones], your brain will function more effectively
[than it ②did before]. What's more, your ability [both
{to recall information} and {③to memorize new
things}] will be increased.

해설 ① 동사 sit, put과 함께 등위접속사 and로 연결된 병렬구조이므로, sink가 되어야 한다.
② 비교 구문에서 비교 대상이 되는 동사가 일반 동사(function)이므로 대동사 do를 쓴다. 이때, 과거를 나타내는 부사(before)가 있으므로 did가 적절하다.
③ to recall과 상관접속사 「both A and B」로 연결된 병렬구조이므로, to memorize를 쓴다.

해석 우리 기계는 명상과 똑같은 이점을 제공한다. 당신은 그저 앉아서, 헤드폰을 끼고, 휴식의 상태로 빠져들면 된다. 당신이 헤드폰을 벗은 후에, 당신의 뇌는 전보다 더 효과적으로 기능할 것이다. 게다가, 정보를 기억해 내고 새로운 것들을 기억하는 당신의 능력은 향상될 것이다.

1 정답 ③

해석 방사성 낙진은 핵폭발에 의해 방사성을 띠게 된 뒤, 폭발지를 둘러싼 여러 지역으로 퍼지는 미세 입자들에 의해 야기된다. 핵폭발이 발생하게 되면, 미세 입자들이 지면으로부터 떠올라 방사능에 노출될 것이다. 근거리로 떠오른 것들은 폭발 지역 중심 가까이에 떨어지겠지만, 이 지역 대부분의 사람들은 이미 사망했을 것이므로 많은 사망자를 내지는 않을 것이다. 하지만, 구조나 사후 재건 활동은 잔류 방사능으로 인해 복잡할 것이다. 한편, 일부 입자들은 바람에 의해 아주 먼 거리까지 날아가, 결국 비와 함께 땅으로 다시 돌아올 것이다. 이에 영향을 받는 지역은 '핫 스폿(고방사선 구역)'이 되어 인근 지역보다 더 강렬한 방사능을 방출할 것이다.

해설 **(A)** particles를 선행사로 하는 that절 내에서 made와 등위접속사 and에 의해 연결된 병렬구조이므로, distributed가 적절하다. **(B)** 앞에 나온 명사 rescue와 등위접속사 or에 의해 병렬 연결되어야 하므로, 명사인 reconstruction이 적절하다. **(C)** 주절의 「would+동사원형」이 비교 대상이 되므로, 조동사 would가 적절하다.

구문 분석 [4행] Those [only rising a short distance] would
land near the center of the blast, ... : [ ]는 those를 수식하는 현재분사구이다.

2 정답 ⑤

해석 진화의 과정을 통해서, 많은 수컷 동물들은 그들이 암컷을 놓고 서로 싸우기 위해 뿔을 발달시켜 왔다. 한 과학자는 이러한 진화가 박주가리라고 불리는 식물의 진화와 기본적으로 동일하다고 생각한다. 이 식물의 꽃가루는 꽃가루 덩이라고 불리는 구조 안에 들어있는데, 이 꽃가루 덩이는 곤충에 들러붙어서 다른 꽃들로 옮겨진다. 그런데, 이 꽃가루 덩이 중 일부는 뿔 모양의 구조를 가지고 있다. 이 과학자는 그것의 목적이 다른 꽃가루 덩이를 밀어내, 그것들이 곤충에 들러붙지 못하게 함으로써 경쟁을 줄이는 것이라고 생각한다. 이 과학자는 번식 우위 경쟁이 있기 위해서는 자기 추진력도, 잘 발달된 감각 인식도 필요하지 않다고 결론짓는다. 그는 물리적인 접촉만으로도 경쟁자들의 교배 성공에 영향을 주기에 충분할 뿐만 아니라 무기의 진화를 촉진하기에도 충분하다고 제안한다.

해설 ⑤ 'A뿐만 아니라 B도'를 의미하는 상관접속사 「not only A but also B」에 의해 to influence와 병렬 연결되어야 하므로, (to) promote가 되어야 한다.
① 비교 대상인 this development와 병렬구조를 이루어 '같은 종류의 것'을 가리키는 대명사 one이 쓰였다.
② structures called pollinaria를 선행사로 하는 주격 관계대명사절의 동사로 attach와 are (thus) carried가 병렬 연결된 것으로, 선행사와 carry의 관계가 수동이므로 수동태가 적절하다.
③ reducing 이하는 결과를 나타내는 분사구문으로, 등위접속사 and에 의해 preventing과 병렬 연결되었다.
④ 상관접속사 「neither A nor B」는 'A도 B도 아닌'의 의미로, A와 B에 동일한 문법 형태가 와야 하므로, 명사구인 well-developed sensory perception은 적절하다.

구문 분석 [2행] One scientist believes [that this development is basically the same as one in plants {called milkweeds}]. : [ ]는 believes의 목적절이다. { }는 plants를 수식하는 과거분사구이다.

[6행] The scientist believes [(that) their purpose is to push away other pollinaria, **preventing** *them* **from** attaching *themselves* to insects and thus reducing competition]. : [ ]는 believes의 목적절이다. 「prevent+목적어+from v-ing」는 '목적어가 ~하는 것을 막다'의 의미이다. them과 themselves는 other pollinaria를 가리킨다.

Unit 19 어순 　　　　　　　　　본문 p.102

기출 문장으로 Warm Up!

1. 도장이 찍힌 자국 아래 은행에서 잉크로 적은 메모가 있었다.

2. 나는 직원에게 그들이 컴퓨터 관련 서적을 어디에 갖추어 놓았는지 물어보았다.

3. 목표에 주력하는 가장 효과적인 방법은 아마도 그것을 적는 것일 것이다.

기출 문제 통으로 보기!

해석 언어는 그대로 있지 않는다. 모든 언어는, 그 언어가 전혀 사용되지 않을 때까지, 끊임없는 변화의 상태에 있다. 우리가 말하고 쓰는 영어는 우리의 조상들이 말하고 썼던 것과 똑같은 영어가 아니다. 그들의 영어는 엘리자베스 여왕 시대의 영어와도 정확히 같지 않았다. 우리가 더 멀리 거슬러 올라갈수록, 우리 조상들의 말이 덜 익숙하다는 것을 알게 된다. 그래서 결국 우리는 마치 외국어인 것처럼, 우리에게 상당히 낯선 종류의 영어를 접하게 된다.

어휘 cease 중단되다, 그치다　continual 끊임없는　precisely 정확히　ancestor 조상, 선조

어법 유형 훈련 　　　　　　　　본문 p.104

A

정답 1. had they　**2.** your essay is　**3.** So
4. was an underground palace　**5.** think them over

1 Hardly had they arrived at Munich International
　　　부정어　V　S
Airport [when their connecting flight to Berlin was
　　　　　　　　　　　　　　　　　　　　　S'
announced].
V'

해설 부정어(hardly)가 문두에 나와 주어와 동사가 도치되어야 하므로, had they가 적절하다.

해석 그들이 Munich 국제 공항에 도착하자마자 베를린으로 가는 연결 항공편에 대한 안내 방송이 나왔다.

2 Essay editing time depends largely on [how many
　　　　S　　　　V　　　　　　　　　　　　의문사
words your essay is].
　　　　S'　V'

해설 의문사 how가 이끄는 간접의문문으로, 의문사 뒤에 「주어+동사」의 어순을 따르므로 your essay is가 적절하다.

해석 에세이 편집 시간은 주로 당신의 에세이가 몇 단어인지에 달려 있다.

3 So beautiful a place was my hometown [that {when
　　　　　　SC　　　　V　　　S
memories of it come to my mind}, tears of happiness
　　　S'　　　V'　　　　　　　　　　　　　　　S'
fill my eyes].
V'　O'

해설 '매우 ~해서 …하다'의 의미인 「so ~ that …」 구문에서 보어가 문두로 나와 주어와 동사가 도치된 문장이다. 여기서는 네모 뒤의 어순이 「형용사+a(n)+명사」이므로 so가 적절하다. such는 「such+a(n)+형용사+명사」의 어순을 따른다.

해석 내 고향은 매우 아름다운 곳이어서 그곳에 대한 기억이 떠오를 때면 행복의 눈물이 차오른다.

4 Inside the tomb was an underground palace [whose
　　　부사구　　V　　　　　S
artwork was made with a large quantity of mercury].
　　　　　V'

해설 부사구(inside the tomb)가 문두에 나와 주어와 동사가 도치되어야 하므로, was an underground palace가 적절하다.

해석 무덤 안에는 다량의 수은으로 만들어진 예술작품이 있는 지하 궁전이 있었다.

5 [If you're a teenager], your life goals may change, but
　　　　　　　　　　　　　　S　　　V
you have enough time [to think them over].
S　V　　　O

해설 구동사(think over)의 목적어가 대명사(them)이므로, 「동사+대명사+부사」의 어순인 think them over가 적절하다.

해석 당신이 십 대라면, 당신의 삶의 목표는 변할지도 모르지만, 당신은 그것들에 대해 심사숙고하기에 충분한 시간이 있다.

B

정답 1. ① the Veterans of Foreign Wars admitted
→ did the Veterans of Foreign Wars admit
2. ① enough reliable → reliable enough
3. ④ track down her → track her down

1 Not until 1978 ①did the Veterans of Foreign Wars
　　　　　　　　　　V　　　　S
admit women. The organization did not consider
　　O　　　　　　　S　　　　　　　V
them veterans. Neither ②did the Vietnam Veterans of
　O　　OC　　　　　　　　　　S
America (VVA). [Only after a former army nurse met
　　　　　　　　　　　　　　S'　　V'1
with its founders and ③won them over] ④did the
　　　　　　　　　　　V'2　　　　　　　V
VVA accept women.
S

해설 ① 「not until ~ V+S」는 '~한 후에야 …하다'의 의미로, 주어와 동사가 도치된 did the Veterans of Foreign Wars admit이 되어야 한다.
② neither가 앞 문장의 내용을 받아 문두에 왔으므로, 주어와 동사가 도치되었다.
③ 구동사(win over)의 목적어가 대명사(them)이므로 「동사+대명사+부사」의 어순인 win them over가 적절하다.
④ only로 시작되는 부사절이 문두에 나와 주어와 동사가 도치되었다. 일반 동사가 있는 문장이므로 「do[does, did]+주어+동사원형」의 어순을 취한다.

해석 해외종군군인회는 1978년이 되어서야 여성들을 받아들였다. 이 단체는 여성들을 참전 용사로 여기지 않았다. 미국 베트남 전쟁 퇴역 군인회(VVA)도 마찬가지였다. 전직 육군 간호장교가 그 협회의 창립자들과 만나 그들을 설득한 이후에야 VVA는 여성들을 받아들였다.

2 Some census statistics [from the Roman Empire] are
<u>S</u>   <u>V</u>
available today. But they are not ①<u>reliable enough to</u>
                                                    ~할 만큼 충분히 …한
<u>be</u> very useful, [as the empire included many
provinces and it is unclear {②<u>which of these were</u>
                            가주어   진주어
<u>counted</u> as part of the population statistics}]. Also
<u>clouding the science of the census</u> ③<u>is the question</u>
                SC   V   S
[as to {whether it included women and slaves}].
~에 관해   S'   V'   O'

해설 ① enough는 형용사와 부사를 뒤에서 수식하므로, reliable enough가 되어야 한다.
② 문장의 진주어 역할을 하는 간접의문문으로 「의문사(S)+V」의 어순인 which of these were counted가 적절하다.
③ 보어(also clouding the science of the census)가 문두에 나와 주어와 동사가 도치되었다.

해석 오늘날 로마 제국의 몇몇 인구조사 통계를 이용할 수 있다. 하지만 그것들은 매우 유용할 만큼 신뢰성이 높지 않은데, 왜냐하면 로마 제국은 많은 주를 포함했었고 이 중 어느 곳들이 인구 통계의 일부로 간주됐는지 불분명하기 때문이다. 또한 인구조사법의 쟁점을 흐리게 하는 것은 그 인구조사가 여성과 노예를 포함했는지에 관한 의문이다.

3 In a distant land ①<u>lived</u> a great shaman. He had
        부사구   V   S   S   V
②<u>such strong powers</u> [that he was able to live in the
            O   S'   V'
sky]. He brought only fire and his sister with him. But
<u>he</u> <u>added</u> ③<u>so much fuel to the fire</u> [that it became
S   V   O
the sun]. <u>His sister</u> <u>burned</u> her face on the sun and
                              S   V₁
<u>fled</u>, [becoming the moon]. Her brother <u>tried to</u>
V₂   V₁
④<u>track her down</u>, but <u>failed</u>.
                                      V₂

해설 ④ 구동사(track down)의 목적어가 대명사(her)이므로, 「동사+대명사+부사」의 어순인 track her down이 되어야 한다.
① 부사구(in a distant land)가 문두에 나와 주어와 동사가 도치되었다.
② such는 「such+a(n)+형용사+명사」의 어순을 따른다.
③ so는 「so+형용사+a(n)+명사」의 어순을 따른다.

해석 먼 나라에 어느 위대한 마술사가 살았다. 그는 매우 강한 힘을 가져서 하늘에서 살 수 있었다. 그는 불과 그의 여동생만을 데려갔다. 그런데 그는 불에 너무 많은 연료를 넣어 그것은 태양이 되었다. 그의 여동생은 태양에 얼굴을 데어 도망친 끝에 달이 되었다. 그녀의 오빠는 그녀를 찾으려 했지만, 찾지 못했다.

본문 p.105

어법 유형 실전

1   정답 ③

해석 1924년에, George Mallory가 왜 에베레스트 산을 등정하고 싶

었는지에 대한 질문을 받았을 때, 그가 한 유명한 답변은 "그것(에베레스트 산)이 거기 있기 때문입니다."였다. 그는 자신이 그 산을 등반하는 데 사로잡힌 이유에 대해 확고한 생각이 분명히 없었고, 그곳을 등반하려고 시도하는 많은 다른 사람들도 마찬가지다. 돈이나 명예가 일부 등반가들에게 동기를 부여할지도 모르지만, 다른 사람들은 지구 상에서 가장 높은 곳인 에베레스트 정상을 이승과 저승을 연결해주는 지점으로 여기는 것 같다. 하늘에 닿고자 하는 인간의 욕망이 매우 커서 에베레스트 산은 무의식적으로 그들이 이루고 싶은 것의 표상이 된다. 그러므로 에베레스트 정상에 오르는 것은 더 높은 상태에 오르는 것을 상징한다.

해설 **(A)** why가 이끄는 간접의문문은 「의문사+주어+동사」의 어순을 따르며, asked의 목적어 역할을 한다. **(B)** neither가 앞의 내용을 받아 문두나 절 앞에 오면 주어와 동사가 도치되므로, neither do가 적절하다. **(C)** 보어(so great)가 문두에 나와 주어와 동사가 도치되어야 하므로, so great is가 적절하다.

구문 분석 [6행] ..., others seem to **see** the peak of Everest,
                                                                    =
the highest place on earth, **as** a connecting point
[between this world and the next]. : 「see A as B」는 'A를 B로 여기다'의 의미이다.

[7행] **So great** is the desire of human beings [to reach
          SC   V   S
heaven] **that** Mount Everest unconsciously becomes a
                                S'   V'
representation of *what* they wish to attain. : 「so ~ that ...」은 '매우 ~해서 …하다'의 의미이다. [ ]는 the desire를 수식하는 형용사적 용법의 to부정사구이다. what은 선행사를 포함하는 관계대명사로, 전치사 of의 목적어 역할을 하는 명사절을 이끈다.

2   정답 ⑤

해석 수 세기 동안 유럽과 러시아 전역에 흩어져 있던 유대인들은 그들만의 국가를 건설하는 것을 오랫동안 꿈꿔왔다. 이스라엘이 어떻게 건국되었는지에 대한 역사는 1897년과 시온주의 운동의 결성 시기까지 거슬러 올라간다. 하지만 유대인 조국을 만드는 것은 빠르게 일어나지도 않았고, 쉬운 일도 아니었다. 마침내 그러한 국가의 건설은 팔레스타인에서만 일어날 수 있다고 결정되었지만, 그 지역에 살고 있던 팔레스타인 주민들은 확실히 그곳을 포기하려 하지 않았다. 처음에는, 유대인들이 적은 수로 그곳으로 이주하기 시작했고, 기존 주민들 사이에서 평화롭게 살았다. 비로소 몇 년 후에야, 유대인 정착민들의 수가 급격히 증가하기 시작했는데, 팔레스타인 주민들은 적대적이고 달가워하지 않게 되었다.

해설 ⑤ only로 시작하는 부사구가 문두에 나와 주어와 동사가 도치되어야 하므로, did the Palestinian people grow가 되어야 한다.
① how가 이끄는 간접의문문으로, 「의문사+주어+동사」의 어순을 따른다.
② nor가 앞 절의 내용에 이어져 '~도 …하지 않다'의 의미를 나타내며, 이때 nor가 절 앞에 나와 주어와 동사가 도치되었다.
③ 「such+a(n)+(형용사+)명사」의 어순이다.
④ 「동사+부사」로 이루어진 구동사의 목적어가 대명사인 경우 「동사+대명사+부사」의 어순을 취하므로, give it up이 적절하다.

구문 분석 [1행] [(Being) Scattered throughout Europe and
Russia for centuries], the Jewish people long dreamed of
                                            S   V
establishing their own nation. : [ ]는 부대상황을 나타내는 분사구문이다.

[5행] **It** was eventually decided [that the creation of such a nation could only take place in Palestine], but the Palestinian people *living in the area* were obviously unwilling to give **it** up. : 첫 번째 it은 가주어이고, [ ]가 진주어이다. living in the area는 the Palestinian people을 수식하는 현재분사구이다. 두 번째 it은 앞에 나온 the area를 가리킨다.

[9행] Only *after a few years*, [when the number of Jewish settlers began to increase sharply], did the Palestinian people grow hostile and unwelcoming. : [ ]는 after a few years를 선행사로 하는 계속적 용법의 관계부사절이다.

Unit 20 특수 구문 　　　　　본문 p.106

기출 문장으로 Warm Up!

1. 그녀는 차에 도착했을 때, 가스레인지 끄는 것을 깜박했을지도 모른다는 생각이 들었다.

2. 휴식 시간의 부족은 당신이 학업에서 최상의 결과를 얻는 것을 더욱 어렵게 만든다.

3. 나무는 소음의 양에 있어서는 거의 아무런 차이도 가져오지 못했지만, 확실히 고속도로가 보이지 않게 가려 주었다.

기출 문제 통으로 보기!

해석 내가 다섯 살이었을 때, 아빠는 처음으로 나에게 자동차 경주를 접하게 해주셨다. 아빠는 자동차 경주에 가는 것을 평범한 가족 나들이로 생각하셨다. 그것은 아내와 아이들과 함께 좋은 시간을 보내는 아빠의 방식이었다. 아빠는 자신이 아들에게 평생토록 지속될 열정을 불어넣고 있었다는 것을 거의 알지 못하셨다. 나는 아직도 내 작은 발이 자동차 경기장의 특별 관람석으로 향하는 계단 위로 나를 이끈 5월의 그날에 느꼈던 그 멋진 기분을 기억한다.

어휘 fuel 자극하다, (감정 등을) 부채질하다　awesome 아주 멋진, 굉장한　grandstand 특별 관람석

어법 유형 훈련 　　　　　본문 p.108

A 　정답 **1.** to motivate **2.** it **3.** it **4.** which **5.** it

1 I'm getting heavier, but I find **it** hard [to motivate myself to exercise].
(V 가목적어 OC / 진목적어)

해설 it은 가목적어이고 진목적어에 해당하는 to motivate가 적절하다.

해석 나는 점점 더 살이 찌고 있지만, 운동을 하도록 스스로 동기 부여하는 것이 어렵다고 생각한다.

2 [If a jury determines {that the accused is guilty}], **it is** the judge [who pronounces the sentence].
(S' V' O' / 「it is ~ who」 강조구문)

해설 「it is ~ that[who]」 강조구문으로, 강조되는 말(the judge)이 사람이므로 that 대신 who를 썼다.

해석 배심원단이 피고인이 유죄라는 평결을 내리면, 형을 선고하는 사람은 바로 판사이다.

3 They decided [(that) **it** would be best for their children {to get away from the city for a while}].
(S V 가주어 / 진주어)

해설 decided의 목적절 안에서 진주어로 쓰인 to부정사구(to get away 이하)를 대신하는 가주어로 it을 써야 한다.

해석 그들은 자신의 아이들이 잠시 동안 도시에서 벗어나 있는 것이 최선일 거라고 결정을 내렸다.

4 **It** is essential [to ask the trainer {which fitness class will most suit your specific goals}].
(가주어 / 진주어 / S' V' O')

해설 ask의 직접목적어 역할을 하는 간접의문문을 이끄는 의문형용사 which가 적절하다.

해석 어떤 운동 강좌가 당신의 구체적 목표에 적합한지 트레이너에게 물어보는 것은 필수적이다.

5 Some people believe **it** necessary [to teach children a manual skill {(which is) appropriate to their gender and age}].
(S V 가목적어 OC / 진목적어)

해설 5형식 문장에서 진목적어에 해당하는 to부정사구(to teach 이하)를 대신하는 가목적어 it을 써야 한다.

해석 어떤 사람들은 아이들에게 성별과 연령에 적합한 손 기술을 가르치는 것이 필수적이라고 믿는다.

B 　정답 **1.** ③ this → it **2.** ③ did → do
3. ① complete → to complete

1 In 1886, Heinrich Rudolf Hertz demonstrated the existence of radio waves, but ①**it was** Nikola Tesla [who patented the technology in 1897]. Radio waves transmit invisible information through the air. Today, we take **it** for granted [②that they exist], but at that time ③**it** was quite radical [to demonstrate {that things [(that) we cannot see] are all around us}].
(S V O / 「it was ~ who」 강조구문 / V' O' / 가목적어 / 진목적어 S' V' / 가주어 / 진주어 S' V')

해설 ③ 진주어인 to부정사구(to demonstrate 이하)를 대신하는 가주어 it을 써야 한다.
① 「it is ~ that[who]」 강조구문으로, 강조되는 말(Nikola Tesla)이 사람이므로 that 대신 who를 썼다.
② '~을 당연하게 여기다'의 의미인 「take it for granted that S+V」 구문에서 it은 가목적어이고 that절이 진목적어이다.

해석 1886년에, Heinrich Rudolf Hertz가 전파의 존재를 입증했지만, 1897년에 이 기술의 특허를 받은 사람은 바로 Nikola Tesla였다. 전

파는 보이지 않는 정보를 공기 중으로 송신한다. 오늘날, 우리는 전파가 존재하는 것을 당연하게 여기지만, 당시에 우리가 볼 수 없는 것들이 온통 우리 주변에 있다는 것을 입증하는 것은 상당히 급진적이었다.

2 We have been told [that, as students, it is we {①who must change our own lifestyles for the better}]. It is clear [②that there is less chance {of becoming stressed out and obese} {if we spend more time being active outdoors}]. When I'm outside, I ③do feel much healthier and relaxed.

해설 ③ 동사의 의미를 강조하기 위해서는 동사 앞에 조동사 do[does, did]를 쓰는데, 여기서는 현재시제가 되어야 하므로 do가 적절하다.
① 「it is ~ that[who]」 강조구문으로, 강조되는 말(we)이 사람이므로 that 대신 who를 썼다.
② it은 가주어이고, that절이 진주어이다.

해석 우리는 학생으로서, 스스로의 생활방식을 보다 나은 쪽으로 변화시켜야 하는 것은 바로 우리 자신이라는 말을 들어 왔다. 우리가 좀 더 많은 시간을 밖에서 활동적으로 보낸다면 스트레스가 쌓이거나 비만이 될 가능성이 더 적다는 것은 분명하다. 나는 밖에 있을 때면, 훨씬 더 건강하고 편안한 느낌이 든다.

3 In the 1980s, the term "globalization" became popular, due to the new technology [that made it easier {①to complete international transactions}]. Some believe [it is developing countries {②that need globalization most}], [as ③it provides them with the chance {to join the world economy}]. They argue [that these nations ④do benefit from international trade, {despite some negative effects}].

해설 ① it은 가목적어이고 진목적어에 해당하는 to부정사가 와야 하므로, to complete이 되어야 한다.
② 「it is ~ that」 강조구문으로, developing countries가 it is와 that 사이에 쓰여 강조되었다.
③ 앞에 나온 globalization을 가리키므로, 단수형 대명사 it이 적절하다.
④ 동사의 의미를 강조하기 위해 조동사 do를 동사 앞에 썼다.

해석 1980년대에, '세계화'라는 용어가 국제 거래를 성사시키는 것을 더 쉽게 만든 신기술 덕분에 대중화되었다. 어떤 사람들은 세계화를 가장 필요로 하는 것은 바로 개발도상국이라고 생각하는데, 왜냐하면 세계화가 개발도상국에 세계 경제에 합류할 기회를 제공하기 때문이다. 그들은 일부 부정적인 영향에도 불구하고, 이러한 나라들이 국제무역에서 확실히 이득을 얻는다고 주장한다.

어법 유형 실전

본문 p.109

1 정답 ⑤

해설 대부분의 십 대들은 부모와 언쟁을 벌이지만, 이러한 말다툼이 가족 관계에 심각한 영향을 줄 가능성은 거의 없다. 이는 십 대들이 그저 부모의 통제에서 벗어나고자 하는 데 첫발을 내딛는 것이기 때문이다. 이것이 부모에게는 힘겨운 깨달음일 수 있지만, 그들은 대부분의 자녀들이 성년에 이르기까지 계속해서 부모의 의견을 잘 존중한다는 사실에 안심할 수 있다. 이러한 언쟁의 원인은 보통 단순히 십 대와 성인이 상황을 상당히 다르게 본다는 사실 때문이다. 예를 들어, 부모는 외모를 타인의 수용을 얻는 것의 일부분으로 여기는 반면에, 십 대는 개성 표현의 한 형태로 자기 자신의 옷을 고르는 것을 중요하게 여기는데, 왜냐하면 그렇게 하는 것이 자신의 독립에 대한 상징이기 때문이다.

해설 (A) it은 가주어이고 진주어가 와야 하므로, 접속사 that이 적절하다. (B) 문맥상 parents를 가리키는 복수형 인칭대명사 they가 적절하다. (C) 진목적어인 to choose their own clothes가 목적격보어 뒤로 왔으므로, 가목적어인 it이 와야 한다.

구문 분석 [8행] ...., while parents might see appearance **as** a part of gaining the acceptance of others, teenagers consider it important to choose their own clothes **as** a form of personal expression, **as** doing so is a symbol of their independence. : 앞에 나온 두 개의 as는 '~로서'를 의미하는 전치사로 쓰였으며, 세 번째 as는 이유를 나타내는 접속사로 쓰였다.

2 정답 ④

해석 과거와 미래는 단지 환상에 불과하고, 오직 현재만이 실재한다. 이것은 이해하기는 쉽지만, 실천하기가 어렵다. 현재에 집중하는 최고의 방법은 감사와 용서를 활용하는 것이다. 감사는 당신이 미래에 원하는 것들을 생각하는 대신 현재 가지고 있는 모든 것들의 가치를 인정하게 함으로써 도움이 된다. 그런데 감사가 당신이 미래에 관해 걱정하지 않게 해줄 수 있지만, 당신이 과거를 상기하지 않게 해줄 수 있는 것은 바로 용서이다. 모든 사람에게 과거의 고통스러운 기억이 있다. 하지만, 이러한 기억들에 매달리는 것은 오직 현재에만 존재하는 진정한 행복을 이루는 것을 불가능하게 만든다. 고통은 여전히 그대로 있을지 모르지만, 그 고통을 곱씹는 것은 상황을 단지 더 나쁘게 만드는 것 같다.

해설 ④ makes의 진목적어 to achieve true happiness가 목적격보어인 impossible 뒤로 가면서, 이를 대신하는 가목적어 it이 와야 한다.
① this는 앞 문장 전체를 가리키는 지시대명사로 쓰였다.
② 「it is ~ that」 강조구문으로, forgiveness를 강조한다.
③ 동사의 의미를 강조하기 위해 조동사 do를 동사 앞에 쓸 수 있다. 여기서는 주어(everyone)가 단수이므로, does가 쓰였다.
⑤ 「it seems that S+V」는 '~인 것 같다'의 의미이다.

구문 분석 [4행] Gratitude works by **making** you **appreciate** *all the things* [(that) you currently have] instead of thinking about *things* [(that) you want in the future]. : 사역동사 make의 목적격보어로 동사원형 appreciate를 썼다. 두 개의 [ ]는 각각 all the things와 things를 선행사로 하는 목적격 관계대명사절로, 목적격 관계대명사 that이 생략되었다.

[8행] However, holding onto these memories makes it impossible to achieve *true happiness*, [which only exists in the present]. : [ ]는 true happiness를 선행사로 하는 계속적 용법의 주격 관계대명사절이다.

1. ④ **2.** ② **3.** ③ **4.** ③

1

정답 ④

해석 각 숫자가 앞선 두 수의 합인 수열을 생각해 보라. 1, 1, 2, 3, 5, 8, 13, 21, 34, 55, 89, 144 등이다. 이것은 피보나치 수열로 알려져 있다. 이 수열 자체에는 특별한 것이 없지만, 이러한 패턴이 자연에서 반복적으로 일어난다는 것은 상당히 놀랍다. 사실상, 그것은 자연에서 매우 흔히 나타나서 보편적 원리로 여겨질 수 있다. 많은 꽃들의 꽃잎은 오직 피보나치 수열로만 생긴다. 해바라기의 씨도 마찬가지이다. 이러한 현상은 오랫동안 알려져 왔지만, 최근에 와서야 과학자들이 이러한 현상이 일어나는 이유를 이해하기 시작했다. 그들은 그것이 빛의 흡수를 최대한 좋게 만들거나 공간을 최대한 활용하는 것과 관련된 효율성의 문제라고 생각한다.

해설 ④ only를 포함한 부사구가 문두에 나와 주어와 동사가 도치되어야 하므로, have scientists가 되어야 한다.
① it은 가주어이고, that 이하가 진주어이다.
② 「so ~ that ...」 구문은 '매우 ~해서 ⋯하다'의 의미이다.
③ so가 앞 문장의 내용을 받아 문두에 오는 경우 주어와 동사는 도치된다. do는 대동사로, 앞에 나온 appear only in Fibonacci numbers를 가리킨다.
⑤ 전치사 to의 목적어인 optimizing과 maximizing이 등위접속사 or에 의해 병렬 연결되었다.

구문 분석 [1행] Imagine *a sequence* [in which each number is the sum of *the two numbers* {that precede it}]: .... : [ ]는 a sequence를 선행사로 하며 목적격 관계대명사 which가 전치사 in의 목적어 역할을 한다. { }는 the two numbers를 선행사로 하는 주격 관계대명사절이다.

[8행] They believe it is a matter of efficiency [(which is) related to optimizing light intake or maximizing space]. : [ ]는 a matter of efficiency를 수식하는 과거분사구이다. 앞에 「주격 관계대명사+be동사」가 생략되었다고 볼 수 있다.

2

정답 ②

해석 철학자인 Jean-Paul Sartre는 신에게서 그 이상을 찾는 보통의 인간 본성에 대한 생각을 거부했다. 그는 인간 실존을 제한하거나 결정하는 인간성이라는 이미 존재하는 개념 같은 것은 없다고 믿었다. 이러한 믿음을 표현하기 위해, 그는 "실존이 본질에 앞선다"라는 생각을 해냈다. 나아가, 그는 삶에 대한 어떤 근본적인 지침이 있다는 생각을 일축했고, 인간을 삶이 어떤 고유한 의미를 지니고 있지 않다는 사실에 결국 반드시 직면하게 되는 존재로 여겼다. 사실상 Sartre가 제안하고 있는 것은 바로 근본적인 자유에 대한 신조이다. 우리는 항상 우리 자신의 행동을 자유롭게 선택할 수 있을 뿐만 아니라, 또한 우리가 본질적으로 누구인지 자유롭게 선택할 수 있다. 다시 말해, 우리의 결정을 통해서만 우리는 인간이라는 것이 무엇을 의미하는지 생각해 볼 수 있다.

해설 ② 동사 dismissed와 접속사 and로 병렬 연결되어 있으므로, thought가 되어야 한다.
① 「There is no such+형용사+명사」는 '~같은 것은 없다'의 의미이다.
③ 「it is ~ that」 강조 구문으로 a doctrine of radical freedom을 강조하고 있다.

④ choose의 목적어로 쓰인 간접의문문으로, 「의문사+주어+동사」의 어순을 취한다.
⑤ only를 포함한 부사구가 문두에 나와 주어와 동사가 도치되었다.

구문 분석 [3행] **In order to express** this belief, he came up with the idea [that "existence precedes essence"]. : (in order) to express는 〈목적〉을 나타내는 부사적 용법의 to부정사이다. the idea와 [ ]는 동격 관계이다.

[8행] **Not only** *are we* always free to choose our own
　　　　　　　　　　V　　S
actions, **(but)** we are **also** free to choose who we essentially are. : 「not only A (but) also B」는 'A뿐만 아니라 B도'의 의미이다. 부정어구인 not only가 문두에 와서, 주어와 동사가 도치되었다.

3

정답 ③

해석 Empire Architecture는 일부가 물 위에 떠 있도록 지어진 5성급 호화 호텔인 Bayview Tower를 자랑스럽게 소개한다. 이 호텔에서, Empire Architecture는 색다른 요소들에 초점을 맞추고 대개는 평범한 건물 특징들을 재미있게 강조하고 있다. 이 호텔은 어떠한 두 객실도 서로 동일한 전망을 갖지 않도록 배치된 200개의 객실을 보유한다. 이 건물은 제 기능을 다하는 호텔인 만큼이나 동시에 건축 설계에 있어서도 훌륭한 건물이다. 로비 층의 식당에는, 바다의 파도가 아주 가까이 있어서 파도의 물보라가 전면 창문을 바닷물 방울들로 뒤덮는다. 그리고, Empire Architecture는 미관뿐 아니라, 에너지 절약에도 힘쓰기 때문에, 창문이 커튼의 역할을 하면서 날씨가 충분히 시원할 때는 열리고, 그렇지 않을 때는 닫힌다.

해설 ③ 보어(so near)가 문두에 나와 주어와 동사가 도치된 문장으로, so are near를 so near are로 고쳐야 한다.
① focusing과 playfully emphasizing이 등위접속사 and로 병렬 연결되었다.
② 「as much A as B」는 'B만큼이나 A인'의 의미이다.
④ to beauty와 to energy conservation이 상관접속사 「not only A but also B」로 병렬 연결되었다.
⑤ enough가 부사로 쓰일 경우 「형용사/부사+enough」의 어순을 취한다.

구문 분석 [2행] ...., Empire Architecture is focusing on
　　　　　　　　　　　　　S　　　　　　　V1
unconventional elements and playfully emphasizing
　　　　　　　　　　　　　　　　　　　　　　　V2
building features [that are usually mundane]. : [ ]는 building features를 선행사로 하는 주격 관계대명사절이다.

[4행] The hotel has 200 rooms [(which are) arranged **so that** no two have an identical view]. : [ ]는 rooms를 수식하는 과거분사구로, arranged 앞에 「주격 관계대명사+be동사」가 생략된 것으로도 볼 수 있다. 「so that」은 '~하도록'을 의미한다.

[9행] .... the window acts as a curtain, [**opening** {when the weather is cool enough} and **closing** {when it is not}]. : [ ]는 부대상황을 나타내는 분사구문으로, opening과 closing이 등위접속사 and에 의해 병렬 연결되었다.

4

정답 ③

해석 우리 머릿속에 꼭 박혀 오랜 시간 동안 계속 맴도는 노래인 귀벌레

(earworm)는 사실상 유용한 신경학적 기능을 할지도 모른다. 한 연구원 집단은 뇌 활동이 활성화되지 않을 때 귀벌레가 뇌로 하여금 방심하지 않게 하기 위해 사소한 일을 뇌에게 주면서, 화면보호기와 매우 흡사하게 작용한다는 이론을 전개하고 있다. 경쾌한 음악이 그러하듯이, 귀벌레가 일종의 자극제로 작용한다는 것이 사실일지도 모른다. 하지만, 귀벌레를 성가신 것으로 여기고 그것이 도움이 된다는 사실을 받아들이기가 힘들다고 생각하는 사람들도 있다. 한 여성은 수년 동안 어떤 한 곡의 노래에 의해 어떻게 시달렸었는지를 설명했는데, 그녀가 스트레스를 받을 때마다 그것이 귀에 들렸다. 귀벌레가 뇌를 각성된 상태로 있게는 하지만, 모두가 그 기능을 달가워하는 것은 아니라는 게 확실하다.

해설 ③ find의 목적어로 가목적어 it이 앞에 나왔으므로, 진목적어를 이끄는 to accept가 와야 한다.

① 관계사절 내의 동사 get stuck과 접속사 and로 병렬 연결되어 있다. 이때, 선행사 songs에 수를 일치시켜야 하므로, 복수 동사 stay가 적절하다.

② 뒤에 나오는 that절이 진주어이고 it은 가주어이다. 「be the case」는 '사실이 그러하다'의 의미이다.

④ how 이하는 explained의 목적어 역할을 하는 간접의문문으로, 「의문사+주어+동사」의 어순이 적절하다.

⑤ do는 동사를 강조하기 위해 쓰인 조동사이다.

구문 분석 [2행] A group of researchers is developing the theory [that they act much like a screensaver, {giving the brain a minor task to keep it alert when it is idle}]. : the theory와 [ ]는 동격 관계이다. { }는 부대상황을 나타내는 분사구문이다.

[5행] However, there are *those* [who **view** earworms **as** a nuisance and find it hard to accept {that they serve a purpose}]. : [ ]는 those를 선행사로 하는 주격 관계대명사절이다. 「view A as B」는 'A를 B로 여기다'의 의미이다. { }는 accept의 목적절이다.

Actual Test

1
정답 ③

해석 신체의 자연적인 일상 리듬, 이른바 '체내 시계'를 연구하는 한 무리의 과학자들은 사람이 하루 중 몇 시에 죽을 가능성이 가장 높은지를 알아낼 수 있는 방법을 발견했다고 주장한다. 그 연구원들은 처음에 선호되는 수면 시간과 같은 것들이 사람의 생물학적 주기 리듬에 의해 결정되는 방법을 조사하고 있었다. 하지만 조사자들이 이전으로 돌아가 오랫동안 그 연구에 참여해 왔던 연구 대상들을 살펴봤을 때, 그 중 일부는 세상을 떠났는데, 연구원들은 놀라운 발견을 했다. 그들은 일찍 일어나는 유전자형을 가진 연구 대상들이 오전 11시 가까이에 죽는 경향이 있던 반면에, 늦게 일어나는 유전자형을 가진 연구 대상들은 주로 오후 6시 가까이에 죽었다는 것을 알게 되었다. 다시 말해서, 사람들의 수면 각성 패턴을 결정하는 동일한 유전자가 죽음의 시간을 예측했다.

해설 **(A)** what time이 이끄는 간접의문문으로 「주어(a person)+동사(is)」의 어순이 적절하다. **(B)** subjects를 선행사로 하는 계속적 용법의 목적격 관계대명사절이 문장 중간에 삽입된 형태로 some of whom이 적절하다. **(C)** 주어가 the same gene이고 문장의 동사가 필요하므로, predicted가 적절하다.

구문 분석 [1행] *A group of scientists* [who study the body's natural daily rhythm ...] claim that .... : [ ]는 a group of scientists를 선행사로 하는 주격 관계대명사절이다.

[3행] The researchers were initially looking at *the way* [things such as preferred sleep times are determined by a person's circadian rhythms]. : [ ]는 the way를 선행사로 하는 관계부사절로, 이때 관계부사 how는 생략한다.

어휘 circadian 생물학적 주기의 determine 알아내다; 결정하다 initially 처음에 investigator 조사자, 연구자 subject 연구[실험] 대상; 피험자 genotype 유전자형

2
정답 ⑤

해석 유럽 최초의 가문(家紋)은 중세 초기에서 비롯되었고, 봉건 시대까지 그것들은 보편화되었다. 그것들은 중세 기사들에게 매우 중요해졌는데, 그들은 마상 시합과 전투 중에 빠르고 쉽게 자신을 아군과 적 모두에게 알아볼 수 있게 하는 데 가문을 사용했다. 흥미롭게도, 한 유사한 제도가 봉건 시대 일본에서 발달했는데, 물론 그것은 다른 이미지와 상징을 사용했다. 나라를 통치하는 여왕을 제외한 여성들은 일반적으로 가문을 달거나 사용할 자격을 부여받지 못했고, 성직자들도 마찬가지였다. 이는 역사상, 여성과 성직자들은 중세 마상 시합에 참가하거나 전투에서 싸우지 않았기 때문이었다. 그래서, 그들은 가문을 보여주는 투구나 방패를 가지고 있지 않았을 것이다.

해설 ⑤ 「should not have p.p.」는 '~하지 말았어야 했는데 (했다)'의 의미로 과거 일에 대한 후회를 나타내는데, 이 문장에서는 문맥상 과거 일에 대한 추측을 나타내는 「would[may/might] not have p.p.」가 적절하다.

① by the feudal period가 쓰여 과거 이전부터 과거의 특정 시점(봉건 시대)까지 완료된 일임을 나타내므로, 과거완료가 적절하다.
② 주격 관계대명사절의 동사 identify의 목적어가 가리키는 대상이 선행사인 주어(medieval knights)와 같으므로, 재귀대명사 themselves가 쓰였다.
③ 양보를 나타내는 접속사 although가 쓰여 뒤에 완전한 절이 나온다.
④ neither가 앞 절의 내용을 받아 문두에 오면서 주어와 동사가 도치된 문장으로, 주어가 members of the clergy이므로 수와 시제를 일치시켜 were를 썼다.

구문 분석 [2행] They became very important for *medieval knights*, [who used them to quickly and easily identify themselves to both friends and foes ...]. : [ ]는 medieval knights를 선행사로 하는 계속적 용법의 주격 관계대명사절이다.

[6행] Women, except for a reigning queen, **were** typically not **entitled to wear** or (**to**) **use** family crests, ... : 「be entitled to-v」는 '~할 자격이[권리가] 주어지다'의 의미이다.

어휘 coat-of-arms 가문(家紋) feudal 중세의, 봉건 시대의 foe 적 tournament (중세 기사의) 마상 시합 reigning 통치하는, 군림하는 entitle 자격[권리]을 주다 crest 문장(紋章) clergy 성직자 clergyman 남자 성직자 shield 방패

3
정답 ④

해석 대부분의 사람들은 큰 소음이 단지 귀에만 해롭다고 생각하지만, 인체 전체에 해를 끼칠 만큼 충분히 강력한 음향 장치가 실제로 존재한다. 유럽우주기구(ESA)의 음향 시험실 내의 음향 장치는 볼륨을 최대로 높이면 154데시벨 이상의 소리를 만들어 낼 수 있다. 이것은 그 자체로는 치명적이지 않지만, 두꺼운 콘크리트로 만들어지고 에폭시 수지로 코팅되어 있는 시험실의 벽이 소음 흡수를 줄이고 내부의 반향음을 증가시키도록 설계되어 있다. 이것이 신체 내에 해로운 진동을 유발할 것이다. ESA는 위성이 발사될 때 아무런 손상이 생기지 않도록 확실히 하기 위해 위성을 시험하는 데 이 음향 장치를 사용한다. 기술자들을 안전하게 보호하기 위해서, 이 음향 장치는 두꺼운 벽 뒤에 격리되어 있고 시험실의 모든 문이 안전하게 닫혀 있을 때만 작동된다.

해설 **(A)** 의미를 명확히 하기 위해 접속사를 생략하지 않은 분사구문으로, 의미상 주어인 the sound system과의 관계가 수동이므로 과거분사 turned가 적절하다. **(B)** 주어인 the walls of the chamber가 '설계된' 것이므로, 수동태인 are designed가 적절하다. **(C)** 시간을 나타내는 부사절에서는 미래의 일을 나타낼 때 현재시제를 사용하므로, are launched가 적절하다.

구문 분석 [5행] This isn't deadly in itself, but the walls of the chamber, [**made** from thick concrete and **coated** with epoxy resin], are designed to reduce .... : [ ]는 the walls of the chamber를 수식하는 과거분사구로, made와 coated가 접속사

and에 의해 병렬 연결되어 있다.

[8행] The ESA uses this sound system **to test** satellites **to make sure** [that no damage will occur when *they* are launched]. : to test와 to make sure는 〈목적〉을 나타내는 부사적 용법의 to부정사이다. [ ]는 make sure의 목적절이다. they는 앞에 나온 satellites를 가리킨다.

어휘 test chamber 시험실 deadly 치명적인 absorption 흡수 reverberation 반향; 반사; 반향[잔향]음(音) vibration 떨림, 진동 satellite (인공) 위성 launch 시작하다; (우주선 등을) 발사하다 isolate 격리하다, 고립시키다

4
정답 ①

해석 「프로테스탄트 윤리와 자본주의 정신」에서, Max Weber는 현대 자본주의가 주로 발달한 것은 바로 칼뱅파 개신교가 뿌리를 내린 유럽의 여러 지역에서였다는 그럴듯한 사실을 자세히 살펴본다. 이러한 연관성을 설명하기 위해, Weber는 칼뱅파의 중심 교리 중 하나인 운명 예정설과, 저 멀리 우리가 알 수 없는 개신교의 신이 개인에게 있어 그 자신의 은총에 대한 엄청난 불안감을 느끼게 하는 근원이었다고 주장한다. 그 불안감을 줄이기 위해, 사람들은 고된 노동, 절약, 그리고 자기 수양을 수반하는 '소명'에 헌신했는데, 그것의 재정적 보상을 소비하기보다는 절약하고 재투자했다. Weber는 이러한 특성들은 또한 새롭게 발달하는 자본주의 경제 하에서 성공을 위해 요구되는 것들이었기 때문에, 칼뱅파 개신교도들이 새로운 자본가 계급의 중심을 형성하게 되었다고 주장한다.

해설 ① 「it is[was] ~ that」 강조구문으로 부사구 in those areas를 강조하고 있다. 따라서 which를 that으로 고쳐야 한다.
② one은 '~중의 하나'의 의미로 쓰인 대명사이다.
③ regarding은 '~에 관해서'라는 의미의 전치사로 쓰였다.
④ 「명사+of which」의 형태로, 앞 절 전체를 선행사로 하는 계속적 용법의 소유격 관계대명사절을 이끈다.
⑤ those는 앞에 나온 qualities를 가리키고, required 이하는 those를 수식하는 과거분사구이다.

구문 분석 [1행] …, Max Weber examines the seeming fact [that it was in *those areas of Europe* {where Calvinistic Protestantism had taken root} that modern capitalism mainly developed]. : the seeming fact와 [ ]는 동격 관계이다. { }는 those areas of Europe을 선행사로 하는 관계부사절이다.

[7행] …, people committed to *a "calling"* [that involved hard work, thrift, and self-discipline], the financial rewards of which were saved and reinvested **rather than** consumed. : [ ]는 a "calling"을 선행사로 하는 주격 관계대명사절이다. 「A rather than B」는 'B보다는 A'의 의미로, A와 B는 문법적으로 대등한 형태를 쓴다.
(S) people (V) committed

어휘 capitalism 자본주의 seeming 겉보기의, 그럴듯한 predestination 운명 예정설; 숙명, 운명 doctrine 교리; 원칙 remote 먼; 외진 unknowable 알 수 없는 anxiety 불안(감) thrift 절약, 검약 self-discipline 자기 수양 reinvest 재투자하다

1
정답 ②

해석 우리가 밤하늘에서 볼 수 있는 대부분의 별들은 철과 같은 다량의 금속들을 포함한다. 하지만, 우리 우주에서 최초의 별들은 전적으로 수소, 헬륨, 그리고 극미량의 리튬으로 구성되어 있었다. 이 가스층을 식혀줄 더 무거운 원소들 없이, 그 별들은 거대해졌고, 그것들의 모든 연료를 빨리 태워버렸으며, 폭발해서 초신성이 되었다. 그 최초의 별들의 진화의 다양한 단계 동안, 그것들의 강한 열은 수많은 수소와 헬륨 원자들을 더 무거운 원소로 융합시켰는데, 그것은 결과적으로 수명이 긴 저질량의 별들이 만들어지는 것을 가능하게 했다. 마침내, 그 별들 중 일부는 오랫동안 천문학자들의 눈에 띄지 않았지만, 결국 우리 우주의 일부가 되었다.

해설 (A) 주어가 most of the stars이며, most of 뒤에 나오는 명사에 동사의 수를 일치시키므로 복수 동사 contain이 적절하다. (B) become 뒤에 주격보어 역할을 하는 형용사가 와야 하므로, massive가 적절하다. (C) 동사 enabled의 목적어와 목적격보어의 관계가 수동이므로, be created가 적절하다.

구문 분석 [4행] …, they **became** massive, quickly **burned** through all of their fuel, and **exploded** into supernovas. : became, burned, exploded가 등위접속사 and에 의해 병렬 연결되었다.
(S) they (V1) became (V2) burned (V3) exploded

어휘 hydrogen 수소 trace 자취; 극미량 lithium 리튬 element 원소 supernova 초신성 intense 강렬한 fuse 융합하다; 녹이다 atom 원자 low-mass 저질량의 unnoticed 눈에 띄지 않는

2
정답 ⑤

해석 초보 골동품 수집가조차 진귀한 물품을 획득하는 것이 자신의 수집품을 대단히 향상시킬 수 있다는 것을 알고 있다. 그러한 물품은 정교한 솜씨, 어떤 독특한 특징, 또는 단순히 그것의 오래됨으로 인해 추구될지도 모른다. 일부 수집품들은 대단히 오래되어서 골동품, 즉 고대 문명의 공예품으로 지정되었다. 반면에, 수집할 가치가 있는 진귀한 것들은 또한 매우 최근에 생긴 것일 수도 있는데, 때때로 단지 몇 년밖에 안 된 것들도 있다. 이 모든 진귀한 물건들이 그것들의 종류나 시대가 무엇이든 간에, 공통으로 지니고 있는 점은 당신이 그것들을 손에 넣기가 엄청나게 힘들다는 것이다. 희귀성과 매력의 조합은 하나의 물품을 매우 가치 있게 만들 수 있다. 하지만, 진귀한 물품이 많은 돈의 가치를 지니든 상대적으로 비싸지 않든 간에, 그것은 어느 수집품에나 큰 보탬이 될 것이다.

해설 ⑤ 접속사 whether가 이끄는 절 내의 주어가 단수 명사인 a rare item이며, 동사가 접속사 or에 의해 병렬 연결되어 있으므로, 단수 동사 is가 와야 한다.
① may는 추측을 나타내는 조동사이고, 주어와 동사의 관계가 수동이므로 may be sought가 적절하다.
② 주어와 동사가 도치된 문장으로, 주어가 some collectibles이므로 복수 동사인 are를 썼다.
③ sometimes 이하는 부대상황을 나타내는 분사구문으로, 분사 being의 의미상 주어는 rare collectibles이다.
④ whatever는 '~이 무엇이든 간에'의 의미를 나타내는 복합 관계대명사이다.

구문 분석 [3행] **So** old are some collectibles **that** they

SC   V

are designated antiquities—artifacts from ancient civilizations. : 「so ~ that ...」 '너무 ~해서 …하다'의 구문에서 보어가 문두로 나와 주어와 동사가 도치된 문장이다.

[6행] What all of these rare objects have in common,

S

whatever their type or age, is that **it**'s extraordinarily hard

V   SC

[to get your hands on *them*]. : 문장의 주어로 선행사를 포함하는 관계대명사 what이 이끄는 명사절이 쓰였다. 주격보어로 쓰인 that절에서 it은 가주어이고 [ ]가 진주어이다. them은 these rare objects를 가리킨다.

어휘 novice 초보자, 풋내기 acquire 획득하다 exquisite 정교한 craftsmanship 손재주, 솜씨 feature 특색, 특징 collectible 수집 대상물 designate 지정하다 antiquities 유물, 골동품 artifact 공예품 extraordinarily 엄청나게 rarity 희귀성

3
정답 ④

해석 한때 중세의 East Anglia의 수도였던 Dunwich는 지난 8세기 동안 해안 침식 때문에 줄어들고 있는 현재는 작은 마을이다. 한때 인구 3,000명으로 번창한 항구 도시였던 이 마을은 1286년과 1347년에 폭풍우에 의해 대부분 파괴되었고, 연암으로 이루어진 그곳의 해안 지대는 그 이후 계속 침식되었다. Dunwich의 대부분은 현재 바다 밑에 가라앉아 남아 있는 것이 거의 없다. 실제로, 현재 남은 것이라고는 건물 몇 채뿐이다. Greyfriars 수도원 유적이 풍경의 인상적인 한 부분으로 남아 있지만, 가장 애처로운 것은 마을의 뚜렷한 공허감과 향후 1세기 이내에 그곳이 아마 영원히 사라질 것이라는 깨달음이다.

해설 **(A)** a small village가 선행사이고 관계사 뒤에 주어가 없는 불완전한 절이 이어지고 있으므로, 주격 관계대명사 that이 적절하다. **(B)** since then이라는 부사구가 함께 쓰였으므로, 현재완료 has continued가 적절하다. **(C)** 문맥상 '아마 ~일 것이다'라는 의미를 나타내는 조동사 may well이 적절하다. may as well은 '~하는 것이 더 낫다'를 의미한다.

구문 분석 [3행] The town, [(which was) **once** a prosperous

S

seaport with a population of 3,000], was largely destroyed

V

by storms in 1286 and 1347, and *its coastline*, [which is

S

made up of soft rock], has continued to erode since then. : 첫 번째 [ ]는 the town을 부연 설명하는 삽입구로, once는 '(과거의) 언젠가, 한때'의 의미의 부사로 쓰였다. 두 번째 [ ]는 its coastline을 선행사로 하는 주격 관계대명사절로, 주어와 동사 사이에 삽입되었다.

[8행] ..., most affecting are the village's palpable sense of

SC   V   S

absence and the realization [that within another century, it may well disappear for good]. : 보어가 문두에 나와 주어와 동사가 도치되었다. the realization과 [ ]는 동격 관계이다.

어휘 coastal 해안[연안]의 erosion 침식; 부식(v. erode 침식하다; 부식시키다) prosperous 번영한, 번창한 seaport 항구 도시 coastline 해안선, 해안 지대 ruin 폐허, 유적(遺跡) monastery 수도원 landscape 풍경 affecting 애처로운 palpable 손으로 만질 수 있는; 명백한

4
정답 ②

해석 물리계(系)가 에너지를 교환할 수 있을 정도로 서로에게 충분히 가까워졌을 때, 그것은 과학자들이 '열평형'이라고 부르는 상태를 향해 변화한다. 계가 열평형에 도달할 때, 그것들은 동일한 온도를 지닌다. 이것은 이 계들이 이용 가능한 분자 에너지를 가능한 한 균등하게 공유하는 것이라고 말하는 것과 같다. 예를 들어, 각각 단일 분자로 구성된 기체를 담고 있는 두 개의 용기를 상상해 보라. 만약 용기의 벽들이 접촉하게 되면, 열은 한 용기에서 다른 용기로 이동할 것이다. 이 두 개의 용기는 결국 에너지가 그 용기들 사이에 동등하게 분배된 채로, 열평형 상태에 도달할 것이다. 또한 만약 두 개의 계가 제3의 것과 열평형 상태에 있다면 그것들은 서로 열평형 상태에 있다고 논리적으로 귀결된다. 과학자들은 이것을 '제영 법칙'이라고 부른다.

해설 ② 「as+형용사/부사+as possible」 구문은 '~한 만큼 …한[하게]'의 의미이다. 문맥상 분자 에너지를 '균등하게' 공유하는 것을 의미하므로, 부사인 evenly가 되어야 한다.
① 「형용사/부사+enough to-v」는 '~할 만큼 충분히 …한[하게]'의 의미이다.
③ 조건의 부사절에서 미래시제를 대신하여 현재시제 come이 쓰였다.
④ 「with+명사+분사」 구문은 '~가 …하면서[한 채로]'의 의미이다. the energy와 distribute의 관계가 수동이므로, 과거분사 distributed가 쓰였다.
⑤ 가주어 it이 쓰인 문장으로 that절 이하가 진주어이다.

구문 분석 [2행] ..., they evolve towards *a state* [that scientists call "thermal equilibrium."] : [ ]는 a state를 선행사로 하는 목적격 관계대명사절이다.

[5행] For example, imagine two containers, **each holding** a gas [consisting of simple molecules]. : each holding 이하는 부대상황을 나타내는 분사구문으로 의미상 주어는 each (container)이다. [ ]는 a gas를 수식하는 현재분사구이다.

어휘 evolve 진화하다[시키다] thermal 열의; 뜨거운 equilibrium 평형[균형] (상태) equivalent 같은, 동등한 molecular 분자의(*n*. molecule 분자) distribute 분배하다

Actual Test | 실전 모의고사 03   본문 pp. 118~119

1
정답 ⑤

해석 캐나다의 Alberta에 매우 특이한 이름을 지닌 유네스코 세계 문화유산 보호지역이 있다. 그곳은 Head-Smashed-In Buffalo Jump라고 불린다. 당신이 이 지역의 역사를 알고 있다면, 이 이상한 이름은 완벽히 이해가 된다. 수년 동안, Blackfoot(북미 원주민의 한 종족) 사냥꾼들은 그곳에서 들소떼 전부가 절벽으로 앞다투어 달아나다가 떨어져 죽게 만드는 방식으로 들소들을 죽였다. 전설에 따르면 그곳의 이름은 그 사건을 직접 보고 싶었던 한 젊은 전사가 절벽 밑에 있었던 때에서 비롯된다. 그가 예상했던 것보다 더 많은 물소들이 절벽을 향해 와서, 그는 떨어지는 물소 밑에 파묻혔다. 그는 머리가 완전히 으스러진 채로, 그의 동료 사냥꾼들에 의해 나중에 발견되었다. 이 이야기가 얼마나 오래되었는지는 아무도

모르지만, 원래의 Blackfoot식 지명은 '우리의 머리가 박살난 곳'을 의미한다.

해설 **(A)** cause는 to부정사를 목적격보어로 취하는 동사이며, 여기서는 to stampede와 (to) fall이 등위접속사 and에 의해 병렬 연결되었다. **(B)** 물소가 절벽으로 온 시점보다 그가 예상한 것이 한 시제 앞서므로, 과거완료 had expected가 적절하다. **(C)** 「with+명사+분사」는 '~가 …하면서[한 채로]'의 의미이며, 명사와 분사의 관계가 수동이므로, 과거분사 crushed가 적절하다.

구문 분석 [5행] **Legend has it that** the name comes from *a time* [when *a young warrior* {who wanted to witness the event} was at the bottom of the cliff]. : 「legend has it (that) S+V」는 '전설에 따르면 ~'의 의미이다. [ ]는 때를 나타내는 a time을 선행사로 하는 관계부사절이다. { }는 a young warrior를 수식하는 주격 관계대명사절이다.

어휘 smash 박살내다; 박살나다 bison 들소 herd 가축의 떼, 무리 stampede 우르르 몰리다; 앞을 다투어 달아나다 cliff 절벽 warrior 전사, 무인 crush 으스러뜨리다

2
정답 ⑤

해석 '소빙하기(小氷河期)'의 흔적은 1300년까지 거슬러 올라가는데, 이것은 1800년대 중반까지 계속되었고, 지난 천 년 동안에 북반구에서 가장 추운 기간에 해당한다. 이러한 기온 하락 이면의 이유들 중 하나는 태양 에너지의 감소였을지도 모른다. 나이테와 얼음 핵에 대한 과학적 분석은 그 기간 내내 낮은 수준의 태양 복사 에너지를 보여준다. 또한 그 이유들 중에는 화산들이 포함되어 있었는데, 1500년 이후 화산들이 더 높은 빈도로 분출해 온 것으로 보인다. 1815년에 인도네시아에서 한 화산이 격렬하게 분출했을 때, 그것은 이듬해 전 세계에 엄청나게 낮은 기온을 초래했다. '여름 없는 해'로 알려진 1816년은 북유럽에 흉작을 야기했고 미국 북동부에 6월 초만큼 늦은 시기에 눈이 내리게 했다.

해설 ⑤ '~만큼 …한[하게]'의 의미인 「as+형용사/부사+as」 구문으로 '늦게'를 나타내는 부사 late가 적절하다. lately는 '최근에'를 의미하는 부사이다.
① the "little ice age"를 선행사로 하는 계속적 용법의 소유격 관계대명사절이므로, of which가 적절하다.
② 문맥상 과거에 있었던 기온 하락의 원인에 대한 추측을 나타내므로, 「조동사+have p.p.」 형태인 may have been이 적절하다.
③ 화산이 분출한 것은 동사 seem보다 이전에 일어난 일이므로, 완료부정사 to have erupted가 적절하다.
④ devastatingly는 형용사 low를 수식하는 부사이다.

구문 분석 [6행] Also **in the mix** were *volcanoes*, [which seem to have erupted with greater frequency after 1500]. : 부사구 in the mix가 문두에 나와 주어와 동사가 도치되었다. [ ]는 volcanoes를 선행사로 하는 계속적 용법의 주격 관계대명사절이다.

어휘 hemisphere 반구 solar 태양의 core 속[심]; 핵 radiation 방사; 복사 에너지 erupt (화산이) 분출하다 devastatingly 대단히, 엄청나게

3
정답 ③

해석 인터넷 쇼핑 사이트 Amazon.com은 그것이 판매하는 상품들을

보관하기 위해 80개의 대형 창고를 사용한다. 각 창고의 거대한 크기를 고려하면, 이 창고들에 있는 모든 것이 직원들에 의해 채워지고 꼬리표가 붙여진다는 것은 꽤 놀랍다. 훨씬 더 놀라운 것은 이 물품들을 체계적으로 정리하기 위한 시스템이 없다는 사실이다. 상품들을 분류하고 구분하는 대신에, 물품들은 공간이 있는 곳 어디에나 그냥 놓여진다. 그런데, 이러한 체계성의 부족에는 몇 가지 이점이 있다. 첫째로, 모든 것이 그저 아무렇게나 보관되고 있기 때문에, 이 회사는 상품 종류상의 갑작스런 변화가 그곳의 창고 절차들에 지장을 주는 것에 대해 걱정할 필요가 없다. 또한, 표준화된 보관 시스템의 부재는 이용 가능한 모든 선반 공간이 사용될 수 있다는 것을 의미한다. 마지막으로, 창고 물품들을 체계적으로 정리하지 않는다는 결정은 그 회사의 시간을 절약해 준다.

해설 **(A)** 보어(even more astonishing)가 문두에 나와 주어와 동사가 도치된 문장으로, 문장의 주어가 the fact이므로, 단수 동사 is가 적절하다. **(B)** 문맥상 '~하는 어디든지'의 의미를 나타내는 복합관계부사 wherever가 적절하다. **(C)** the decision을 수식하는 형용사적 용법의 to부정사가 와야 하므로, to organize가 적절하다.

구문 분석 [2행] [Considering each warehouse's enormous size], **it**'s quite surprising **that** everything in these warehouses is stocked and tagged by workers. : [ ]는 조건을 나타내는 분사구문이다. it은 가주어이고, that 이하가 진주어이다.

[4행] **Even** more astonishing is the fact [that there is no system for organizing these items]. : even이 비교급 앞에 쓰여 비교급을 강조한다. the fact와 [ ]는 동격 관계이다.

어휘 warehouse 창고 enormous 거대한 tag 꼬리표를 달다 astonishing 놀라운 organize 정리하다, 체계화하다(*n.* organization 체계성; 조직) categorize 분류하다 classify 분류[구분]하다 disrupt 지장을 주다 haphazardly 아무렇게나 standardize 표준화하다

4
정답 ④

해석 한 아이가 태어나는 순간부터, 가족, 지역 사회, 사회 계층, 언어, 그리고 종교와 같은 것들을 포함하는 그 아이의 독특한 사회 문화적인 배경이 그 아이가 생각하고 행동하는 방식에 영향을 미치기 시작한다. 이것은 부모의 가르침과 학교 교육과 같은 공식적 상호작용을 통해서뿐만 아니라, 친구들과의 상호작용과 같은 비공식적인 상호작용을 통해서도 발생한다. 한 아이가 이러한 다양한 요인들에 어떻게 반응할지, 그리고 어떤 것들이 가장 영향력이 있을지는 예측할 수 없는 경향이 있다. 하지만, 개인들이 비슷한 문화에서 양육되는 것에 반응하는 방식은 흔히 매우 유사하다. 게다가, 문화적으로 야기된 말투, 몸짓언어, 그리고 유머의 방식은 매우 깊이 스며들어서 개인이 그것들을 충분히 의식하지 못할지도 모른다.

해설 ④ '~에 대응[반응]하다'의 의미인 respond to에서 to는 전치사로, 목적어로 동명사가 와야 한다. 이때, 개인이 '양육되는' 것이므로 수동형 동명사가 쓰여, to being raised가 되어야 한다.
① 선행사 the way가 생략된 관계부사절을 이끄는 관계부사 how가 적절하다.
② 「not only A but also B」는 'A뿐만 아니라 B도'를 의미하는 상관접속사로, 두 개의 전치사구가 병렬 연결되어 있다.
③ 「tend to-v」는 '~하는 경향이 있다'의 의미이다.
⑤ 「so+형용사/부사+that」는 '매우 ~해서 …하다'의 의미이다.

구문 분석 [1행] ...., *his or her unique sociocultural setting*, [which includes things like family, community, social class, language, and religion], starts to affect [how he or she thinks and behaves]. : 첫 번째 [ ]는 문장의 주어인 his or her unique sociocultural setting에 대한 부연 설명을 하는 계속적 용법의 주격 관계대명사절이다. 두 번째 [ ]는 affect의 목적절이다.

[5행] How a child will respond to these various factors, **as well as** .... tends to be unpredictable. : 「A as well as B」는 'B뿐만 아니라 A도'의 의미로, 동사의 수는 A에 일치시키며, 하나의 절은 단수 취급하므로 단수 동사 tends가 왔다.

[8행] Furthermore, *speech patterns, body language, and forms of humor* [that are culturally induced] become so deeply embedded .... : [ ]는 speech patterns, body language, and forms of humor를 선행사로 하는 주격 관계대명사절이다.

어휘 sociocultural 사회 문화적인 interaction 상호 작용 instruction 가르침, 지도 factor 요인 influential 영향력 있는 unpredictable 예측할 수 없는 respond 반응하다 induce 야기하다, 유발하다 embed (마음·기억에) 깊이 새기다

Actual Test | 실전 모의고사 **04**　　본문 pp. 120~121

1
정답 ⑤

해석 비뉴턴 유체의 두께는 가해지는 압력의 정도에 따라 다양하다. 예를 들어, 전단 경화 비뉴턴 유체를 주먹으로 치는 것은 원자를 재배열하게 하여, 그 유체를 고체처럼 작용하게 만들 것이다. 결과적으로, 당신은 그것에 손을 밀어 넣지 못할 것이다. 하지만, 당신이 유체에 손을 천천히 그리고 부드럽게 밀어 넣는다면, 적은 압력이 가해져, 그것을 뚫을 수 있을 것이다. 전단 박화 비뉴턴 유체는 정반대로 작용하는데, 압력을 가하면 점도가 커지는 것이 아니라 작아진다. 페인트, 케첩, 매니큐어 등이 모두 전단 박화 비뉴턴 유체의 예이다. 하지만 이러한 유체들은 일단 압력이 제거되면 빠르게 원래의 상태로 되돌아간다.

해설 (A) 수식 받는 명사(pressure)와 분사의 관계가 수동이므로, being applied가 적절하다. (B) 동명사 rearranging의 의미상 주어와 목적어가 its atoms로 동일하므로, 재귀대명사 themselves가 적절하다. (C) cause는 to부정사를 목적격보어로 취하므로, to become이 적절하다.

구문 분석 [2행] For example, punching a shear thickening non-Newtonian fluid will lead to its atoms rearranging themselves, [**making** the fluid **behave** more like a solid]. : punching이 이끄는 동명사구가 문장의 주어 역할을 한다. [ ]는 결과를 나타내는 분사구문이다. 사역동사 make의 목적격보어로 동사원형 behave를 썼다.

어휘 atom 원자 rearrange 재배열하다 penetrate 관통하다; 뚫고 지나가다

2
정답 ①

해석 어떤 서비스가 발생하는 환경은 소위 '물리적 증거'를 제공한다고 한다. 물리적 증거란 환경과 어떤 서비스에 대한 의사소통을 수반하는 그 밖의 다른 것이다. 이러한 것들은 중요한 것으로 여겨지는데, 왜냐하면 물리적인 제품이 없으면, 소비자들은 자신들이 구매하려는 것의 질을 판단하기 위해 유형의 단서들을 필요로 하기 때문이다. 그래서, 어떤 서비스가 실체가 없으면 없을수록, 물리적 증거를 제공할 필요는 더욱 커진다. 스포츠 경기를 보러 가는 것을 생각해 봐라. 당신의 표에 당신이 응원하는 팀의 로고가 인쇄되어 있고, 선수들은 그 팀의 색을 드러내는 유니폼을 입고 있다. 심지어 경기장에서의 흥분된 분위기도 물리적 증거를 제공할 수 있고, 이는 소비자들로 하여금 자신들이 지불한 것에 대한 대가로 고품질의 서비스를 받고 있다는 것을 알게 해준다.

해설 ① that절의 주어가 the setting이고 that절 내에 동사가 없으므로, 단수 동사 provides가 와야 한다.
② 「assume ~ to be ....」는 '~를 …라고 생각하다'의 의미로, 여기서는 수동태로 쓰였다.
③ 「the+비교급~, the+비교급...」 구문으로, '~하면 할수록 더욱 …하다'의 의미이다.
④ 문맥상 '인쇄된'의 수동의 의미를 나타내므로, 과거분사 printed가 적절하다.
⑤ 사역동사 let의 목적격보어로 동사원형을 쓴다.

구문 분석 [4행] .... consumers need tangible cues **to judge** the quality of [*what* they are purchasing]. : to judge는 〈목적〉을 나타내는 부사적 용법의 to부정사이다. what은 선행사를 포함하는 관계대명사로, [ ]는 전치사 of의 목적어 역할을 한다.

어휘 accompany ~을 수반하다; 동반하다 material 물질[물리]적인 tangible 실체적인; 유형의(↔ intangible 무형의) cue 신호, 단서

3
정답 ⑤

해석 우리의 피부가 위험한 감염으로부터 우리를 보호해 주는 장벽의 역할을 하기 때문에, 화상 환자들의 치료에 있어 우려하게 되는 가장 큰 원인은 바로 이 보호막의 손실이다. 의사들은 보통 화상을 입은 부위를 신체의 다른 부위의 건강한 피부로 대체하지만, 새 피부가 간단히 스프레이식 페인트처럼 칠해질 수 있다고 상상해 보라. Wake Forest 대학에서, 연구원들은 바로 이것을 수행하는 장치를 발명했다. 그 장치는 환자의 병원 침대 위에 놓여지는데, 그곳에서 그것은 특수 레이저를 사용하여 화상 입은 부위의 면적을 알아낸 다음에 적절한 양의 피부 세포를 그것이 필요한 위치에 전달한다. 이 장치는 아직 사람에게 사용하는 것을 승인받지 못했지만, 쥐에게는 이미 효과적임이 드러났다.

해설 (A) 「it is ~ that」 강조구문으로, '…한 것은 바로 ~이다'의 의미이다. (B) 뒤에 완전한 절이 이어지고 있으므로 a patient's hospital bed를 선행사로 하는 관계부사 where가 적절하다. (C) prove가 자동사로 쓰여 '~임이 드러나다[판명되다]'의 의미를 나타내므로, 주격보어 자리에 형용사 effective가 와야 한다.

구문 분석 [1행] As our skin serves as *a barrier* [that protects us from dangerous infections], ... **when it comes to** the treatment of burn victims. : [ ]는 a barrier를 수식하는 주격 관계대명사절이다. 「when it comes to」는 '~에 관해서라면'의 의미이다.

[6행] It is placed above a patient's hospital bed, where it
<u>S'</u>
uses a special laser **to determine** the dimensions of the
<u>V'1</u>
burned area and then <u>delivers</u> the appropriate amount
<u>V'2</u>
of skin cells to *the places* [(where) they are needed]. : uses
와 delivers가 접속사 and에 의해 병렬 연결되었다. to determine은
〈결과〉를 나타내는 부사적 용법의 to부정사이다. [ ]는 the places를 선
행사로 하는 관계부사절로, 관계부사 where가 생략되었다.

어휘 infection 감염; 전염병 portion 일부, 부분 dimension 넓
이, 면적 approve 승인하다, 허가하다

4
정답 ⑤

해석 전자파로 이루어진 입자선(粒子線)으로 알려진 특수한 형태의 광선
이 있다. 일반적인 햇빛이 여러 가지 색의 혼합물로, 각각의 색이 서로 다른
파장을 지니고 있는 반면에, 입자선을 구성하는 파장은 상당히 다르다. 그
것들은 모두 동일한 파장을 지니고 있을 뿐만 아니라, 그 최고점이 서로 일
치하도록 배열되어 있다. 그리고 입자선은 아주 작은 지점에 집중될 수 있
기 때문에, 그것들은 엄청난 양의 에너지를 전달할 수 있다. 사실상, 입자
선은 금속을 기화시키기에 충분한 열을 생성하므로, 그것들은 매우 정밀한
절삭 공구에 사용될 수 있고, 심지어 일부는 인류에 알려진 가장 단단한
물질인 다이아몬드를 절단할 만큼 충분히 강하다. 입자선을 이용한 기술은
또한 목표물에 폭탄과 포탄을 쏘기 위해 개발되고 있는 입자 자이로스코
프와 같은 군수 장비에 이용될 가능성이 있다.

해설 ⑤ 문맥상 〈목적〉을 나타내는 부사적 용법의 to부정사가 와야 하므
로, to direct가 적절하다.
① 수식 받는 명사(a special type of beam)와 분사와의 관계가 수동
이므로, 과거분사 known이 적절하다.
② 부정어구(not only)가 문두에 나와, 주어와 동사가 도치되었다.
③ 문맥상 주어인 particle beams가 '집중되는' 것이므로, 수동태가 쓰
였다.
④ 「형용사/부사+enough to-v」는 '~할 만큼 충분히 …한[하게]'의 의미
이다.

구문 분석 [2행] While standard daylight is a mixture of
different colors, [each one having a different wavelength],
<u>the waves</u> [making up particle beams] <u>are</u> quite different.
<u>S</u>   <u>V</u>
: 첫 번째 [ ]는 부대상황을 나타내는 분사구문으로, each one이 의미상
주어이다. 두 번째 [ ]는 the waves를 수식하는 현재분사구이다.

[10행] Particle beam technology also has the potential
[of being used in military equipment], such as *particle
gyroscopes*, [which are being developed to direct
bombs and artillery shells to their targets]. : 첫 번째 [ ]는
the potential과 동격 관계이다. 두 번째 [ ]는 particle gyroscopes
를 선행사로 하는 계속적 용법의 주격 관계대명사절이다.

어휘 beam 광선 electro-magnetic wave 전자파
wavelength 파장 coincide 일치하다; 동시에 일어나다 transmit
전송하다, 전달하다 tremendous 엄청난 vaporize 증발[기화]하다
precise 정확한, 정밀한 artillery 대포, 포

1
정답 ②

해석 1535년에, Peru행 스페인 배 한 척이 Panama를 출발했다. 하
지만, 곧 사나운 폭풍이 몰아쳤고, 선원들은 그들의 목숨을 건 사투를 벌
여야만 했다. 그들은 살아남았지만, 음식과 물이 거의 없는 채로 바다에서
길을 잃었다. 마침내 섬 하나가 보였고, 그곳은 많은 작은 섬들과 함께, 하
나의 제도를 이루는 13개의 큰 섬들 중 하나인 것으로 드러났다. 그곳에는
대형 거북을 포함한 많은 이상한 동물들이 살고 있었는데, 이것은 선원들
이 그 제도를 스페인어로 거북에 해당하는 Galapagos라고 이름 짓도록
영감을 주었다. 이 거북들이 어떻게 처음 왔는지는 알려져 있지 않지만, 그
것들이 본토로부터 유목 조각들을 타고 떠내려왔던 것으로 짐작된다. 하지
만, 왜 Galapagos 제도 내의 각 섬들마다 거북의 다른 변종이 생겼는지
는 여전히 불확실하다.

해설 (A) arise는 '일어나다, 생기다'를 의미하는 자동사로, 수동태로 쓸
수 없으므로, arose가 적절하다. (B) inspire는 목적격보어로 to부정사
를 취하므로, to name이 적절하다. (C) 주어가 「each of+복수 명사」의
형태로 단수 취급하므로, 단수 동사 has를 쓴다.

구문 분석 [5행] There were many strange animals living there,
including *giant tortoises*, **which** inspired the sailors to
name the islands <u>the Galapagos</u>, <u>the Spanish word for
tortoise</u>. : which는 giant tortoises를 선행사로 하는 계속적 용법의
주격 관계대명사로, and they로 바꿔 쓸 수 있다.

[9행] However, **it** is still unclear [why <u>each of the islands</u>
{in the Galapagos group} <u>has</u> a distinct subspecies of
<u>S'</u>   <u>V'</u>
tortoise]. : it은 가주어이고, 간접의문문인 [ ]가 진주어이다.

어휘 depart 출발하다 bound for ~행의 fierce 사나운 sight
발견하다 islet 작은 섬 suspect 짐작하다, 의심하다 atop (~의)
위에, 꼭대기에 driftwood 유목(流木) subspecies 변종, 아종

2
정답 ③

해석 때때로 나이 든 개인들이 젊은이들의 냄새와는 다른 독특한 냄새
를 지닌다고 한다. 이것은 사실상 2-nonenal이라고 불리는, 피부의 분
비선에 의해 생성되는 특정 화학물질이 공기로 운반되는 아주 작은 분
자들로 분해되면서 야기된다. 일본 연구원들에 의한 한 연구는 사람의
2-nonenal 농도가 그 사람이 나이가 들어감에 따라 증가한다는 것을 발
견했다. 한 실험에서, 연구원들은 26세에서 75세에 이르는 연령층의 피험
자들에게 그들이 자는 동안 냄새를 모으는 특수한 셔츠를 입게 했다. 나중
에, 그들은 그 셔츠를 분석했고, 40세 이상의 피험자들의 셔츠에서 더 젊
은 피험자들이 입은 셔츠에서 발견한 것보다 더 많은 2-nonenal을 발견
했다. 심지어 더 나이 든 피험자들에게서도, 2-nonenal 농도는 나이가
들어감에 따라 계속 증가했는데, 최고령의 피험자들은 중년인 피험자들의
세 배만큼이나 많이 2-nonenal을 만들어 냈다.

해설 ③ 사역동사 have의 목적어와 목적격보어의 관계가 능동이므로, 동
사원형인 wear가 되어야 한다.
① 앞에 나온 (a distinct) odor를 가리키는 단수형 지시대명사 that이
쓰였다.
② 문맥상 '~함에 따라'의 의미이고, 뒤에 절이 이어지므로 접속사 as가

쓰였다.

④ did는 found를 대신하는 대동사로 쓰였다.

⑤ 「배수사+as much as」는 '~의 몇 배만큼 많이'의 의미이다.

구문 분석 [1행] **It** is sometimes noted [that elderly individuals possess a distinct odor unlike that of younger people]. : it은 가주어이고 [ ]가 진주어이다.

[5행] ..., the researchers had subjects [ranging in age from 26 to 75] wear special odor-collecting shirts while they slept. : [ ]는 subjects를 수식하는 현재분사구이다.

[9행] ..., the 2-nonenal concentration continued to increase with age, **with the oldest subjects producing** three times as much as *those who* were middle-aged. : 「with+명사+분사」 구문으로 명사와 분사가 능동 관계이므로, 현재분사 producing이 쓰였다. those who는 '~한 사람들'의 의미로, 여기서 those는 앞에 나온 the subjects를 가리킨다.

어휘 elderly 나이가 지긋한 distinct 뚜렷한, 독특한 odor 냄새 gland 분비선(샘) airborne 공기로 운반되는 concentration 농도 subject 연구[실험] 대상, 피험자 range (범위 등이) ~에 이르다

3
정답 ④

해석 내가 레바논에 있는 내 친구를 찾아갔을 때, 그녀는 식탁에 매우 다양한 레바논 요리를 차려 놓은 후에, 나를 즉시 그녀의 집에 초대했다. 그녀가 내게 먹어보라고 한 첫 번째 것은 '라브네(labneh)'라는 것이었다. 그것은 부드럽고 흰색이었는데, 사워크림이나 요구르트처럼 보였다. 그녀는 당당하게 갈색빵 한 조각을 라브네에 찍어 그것을 내게 주었다. 나는 그녀가 그 빵을 그녀의 엄지와 검지로 우아하게 집어서 내게 주는 방식에 미소 짓지 않을 수 없었다. 그것은 그녀를 공주처럼 보이게 만들었다! 만약 내가 하나의 짧은 문구로 레바논의 요리를 묘사해야 한다면, 그것은 '소박한 우아함'일 것이다. 내게 레바논의 요리는 인생에서 최고의 것들은 종종 가장 소박한 것들임을 증명해 준다.

해설 **(A)** 초대한 시점보다 상을 차린 시점이 먼저이므로 완료형 분사구문이 쓰였다. 이때, 분사의 의미상 주어인 she와 분사의 관계가 능동이므로, having set up이 적절하다. **(B)** 「cannot help v-ing」는 '~하지 않을 수 없다'를 의미한다. **(C)** if절에 과거시제를 쓴 가정법 과거 문장이므로, would be가 적절하다.

구문 분석 [5행] I couldn't help being amused by *the way* [she offered me the bread, {delicately holding it between her thumb and forefinger}] ...! : [ ]는 the way를 선행사로 하는 관계부사절이며, 이때 관계부사 how는 함께 쓸 수 없다. { }는 동시동작을 나타내는 분사구문이다.

어휘 dip 찍다, 잠깐 담그다 delicately 우아하게 elegance 우아, 고상

4
정답 ④

해석 원칙과 달리, 규칙은 구체적이지만 범위에 있어 제한적인데, 특정한 일련의 상황들에 대해 특정 행동 유형을 규정하기 때문이다. '엘리베이터 안에서 흡연하지 마시오'는 규칙이다. 하지만, '다른 사람들과 좋은 관계를

유지하기 위해서, 당신은 그들을 공손하게 대해야 한다'는 원칙이다. 이 원칙을 따르는 사람은 극장에서 큰 소리로 이야기하지 않을 것이고, 무례하다고 여겨지는 그 어떤 것들도 하지 않을 것이다. 하지만, 유감스럽게도, 원칙에 의해 결정되어야 하는 우리의 사회생활 중 많은 부분이 오늘날 규칙에 의해 관료화되어 왔다. 극장은 영화 상영 중에 잡담하는 것이 금지됨을 관람객들에게 알리는 것이 필요하다고 생각한다. 규칙은 매우 구체적이기 때문에, 이것은 결코 원칙이 적용될 수 있는 가능한 모든 상황을 다룰 수는 없을 것이다.

해설 ④ 「find+목적어+목적격보어」에서 목적어가 to inform 이하로 길어져 뒤로 보냈으므로, 가목적어 역할을 하는 it이 find 뒤에 와야 한다. 따라서 find necessary를 find it necessary로 고쳐야 한다.

① it은 가주어이고, that 이하가 진주어이다.

② 「not A nor B」 구문은 'A도 B도 아닌'의 의미로, 부정어 nor가 절 앞에 나와 주어와 동사가 도치되었다.

③ 주어가 many aspects of our social lives로 '관료화되는' 것이므로 수동태가 되어야 하며, 문맥상 과거부터 현재까지 계속되는 일을 나타내는 현재완료시제가 적절하다.

⑤ every possible situation을 선행사로 하는 관계대명사 to의 목적어가 되므로 to which가 적절하다.

구문 분석 [1행] ..., but limited in scope, [prescribing certain types of action for particular sets of circumstances]. : [ ]는 이유를 나타내는 분사구문이다.

[4행] *Someone* [who follows this principle] would not talk loudly in a movie theater, nor would he do any number of other things [(which are) considered rude]. : 첫 번째 [ ]는 someone을 수식하는 주격 관계대명사절이다. 두 번째 [ ]는 (any number of) other things를 수식하는 과거분사구이다.

어휘 principle 원리, 원칙 scope 범위 prescribe 규정[지시]하다; 처방하다 circumstance 환경, 상황 courteously 예의 바르게, 공손하게 bureaucratize 관료화하다 forbidden 금지된 concrete 구체적인; 실제의

1
정답 ②

해석 한때는 모든 기억이 뇌에 저장된다고 여겨졌지만, 최근의 한 연구는 기억이 전체 신경계를 통해 일어난다고 보고했다. 뇌에서 특정 화학물질이 활성화되면, 이 신호는 '주화성(走化性)'이라고 불리는 작용에 의해 신체의 모든 부위로 전달되는데, 이 과정은 뇌와 척수를 둘러싼 혈액과 체액을 이용해 세포들이 원거리에 신호를 전달할 수 있도록 해준다. 때때로, 신체는 고통스러운 기억을 근육 조직에 숨긴다. 하지만, 심부 조직 마사지는 이러한 기억을 되살아나게 하여, 불현듯 억눌린 감정을 경험하게 할 수 있다. 또 다른 근육 기억의 사례는 장기 이식 수술을 받는 환자들에게서 찾아볼 수 있다. 어떤 환자들은 특정 사건에 대해 완전히 새로운 감정 반응을 보인다고 보고하는데, 이는 그들이 기증자의 감정을 경험하기 시작했다는 것을 의미할 수도 있다.

해설 **(A)** 주절의 시제는 과거이지만 that절의 내용이 과학적 사실을 나

타내므로, 현재시제인 occurs가 적절하다. **(B)** enable은 to부정사를 목적격보어로 취하므로, to communicate가 적절하다. **(C)** 단수 명사를 수식하여 '또 다른 ~'을 나타내는 부정형용사가 와야 하므로, another가 적절하다.

구문 분석 [3행] ..., the message is sent to every part of the body by *a process* [called "chemotaxis,"] [which enables cells to communicate remotely using *the blood and fluid* {that surround the brain and spinal cord}]. : 첫 번째 [ ]는 a process를 수식하는 과거분사구이다. 두 번째 [ ]는 a process (called "chemotaxis")를 선행사로 하는 계속적 용법의 주격 관계대명사절이다. { }는 the blood and fluid를 선행사로 하는 주격 관계대명사절이다.

어휘 nervous system 신경계 chemical 화학 물질 spinal cord 척수, 등골 repressed 억압된, 억눌린 organ 장기[기관] transplant 이식 (수술) donor 기증자, 기부자

2
정답 ④

해석 일부 뉴질랜드의 동굴계에서는, 방문객들이 불가사의한 불빛에 맞닥뜨리기 쉽다. 이 빛의 원천은 생물 발광하는 개똥벌레류의 유충들인데, 그것은 일종의 각다귀로 대단히 포식성인 유충이다. 부화하자마자 그것들은 40cm의 길이까지 될 수 있으며 끈적거리는 작은 점액 방울들이 있는 명주실을 짠다. 이 동굴계에 들어가자마자, 곤충들은 천장에 자리잡은 개똥벌레류의 유충들로부터 나오는 빛을 보고, 자신들이 여전히 밖에 있다고 잘못 생각하여 그 빛을 향해 위쪽으로 날아가는데, 그것들이 그렇게 할 때 실수로 명주실에 들어가 뒤얽히게 된다. 그것들의 몸부림을 감지한 후, 유충들은 자신의 명주실을 당겨 그 무력한 곤충들을 잡아먹는다. 결국, 이 유충들이 성충인 각다귀로 변태하여 날아갈 때가 온다.

해설 ④ 앞에 나온 분사구문을 이끄는 blundering과 접속사 and에 의해 연결된 병렬구조이므로, becoming이 되어야 한다.
① 셀 수 있는 명사 cave systems를 수식하는 수량 형용사로 a few가 적절하다.
② '대단히, 매우'라는 의미로, 형용사를 수식하는 부사 highly가 적절하다.
③ 주격 관계대명사절 내의 동사는 선행사(a silk thread)에 수를 일치시켜야 하므로, 단수 동사 has가 적절하다.
⑤ a time을 선행사로 하는 관계부사 when이 적절하다.

구문 분석 [3행] ..., they weave *a silk thread* [that can be up to 40 centimeters long and has droplets of sticky mucus]. : [ ]는 a silk thread를 선행사로 하는 주격 관계대명사절이다. 관계사절의 동사 can be와 has가 and로 연결된 병렬구조이다.

[5행] ..., insects observe the light from glowworms [nestled in the ceiling] and, [mistakenly believing they are still outside], fly upward toward the light, ... : 첫 번째 [ ]는 glowworms를 수식하는 과거분사구이다. 두 번째 [ ]는 이유를 나타내는 분사구문이다.

어휘 bioluminescent 생물 발광(發光)의 glowworm 개똥벌레류의 유충 predatory 생물을 잡아먹는, 육식하는 larvae (*pl.*) 유충

gnat 각다귀 weave (피륙을) 짜다, 뜨다 mucus 점액 nestle ~에 자리잡도록 하다 blunder ~에 실수로 들어가다 entangle 뒤얽히게 하다

3
정답 ③

해석 Georgia 주의 Powder Springs라는 도시에는 인근의 모래를 화약처럼 보이게 만드는 24가지 이상의 무기질이 들어있는 일곱 개의 샘이 있었다. 6평방 마일로, 2만 명 미만의 인구를 가진 그곳은 Catherine에게 있어 그녀와 그녀의 아들이 정착하기에 완벽한 장소인 것처럼 보였다. 아마도 그것은 그곳이 그녀가 생각하기에 그녀 자신이 자란 지역 사회보다 훨씬 더 나은 장소였기 때문일 것이다. Catherine이 그녀의 아들의 나이였을 때, 그녀는 마당이 있는 집을 원했다. 이제 그녀와 그녀의 아들은 0.75에이커의 면적 위에 자리 잡은 집을 가졌는데, 아들이 뛰어다니고 놀기에 충분한 공간이었다. 그녀 자신이 살았으면 하고 바란 인생을 자신의 아들이 사는 모습을 보는 것은 그녀에게 큰 기쁨을 가져다주었다.

해설 **(A)** 부대상황을 나타내는 분사구문으로, 주절의 시제와 같은 시점의 일을 나타내므로 being이 적절하다. **(B)** she thought는 삽입구로, 관계사 뒤에 불완전한 절이 이어지고 있으므로, a place를 선행사로 하는 주격 관계대명사인 that이 적절하다. **(C)** 그녀가 바란(wished) 시점보다 이전의 일을 나타내므로, 가정법 과거완료 had had가 적절하다. 「주어+wish+가정법 과거완료」는 '~했으면 좋을 텐데'의 의미이다.

구문 분석 [1행] The city of Powder Springs, Georgia had *seven springs* [whose water had over *two dozen minerals* {that **made** the nearby sand **look** like gunpowder}]. : [ ]는 seven springs를 선행사로 하는 소유격 관계대명사절이다. { }는 two dozen minerals를 선행사로 하는 주격 관계대명사절이다. 사역동사 make는 목적격보어로 동사원형(look)을 취한다.

[5행] Perhaps that's because it was a place that she thought was much better than *the community* [(that[which]) she herself had grown up in]. : [ ]는 the community를 선행사로 하는 목적격 관계대명사절로, 앞에 목적격 관계대명사 that[which]이 생략되었다.

[9행] **Seeing** her son **have** *the life* [(that) she wished she had had] brought her great joy. : seeing으로 시작하는 동명사구가 문장의 주어이다. 지각동사 see는 목적격보어로 동사원형(have)을 취한다. [ ]는 the life를 선행사로 하는 목적격 관계대명사절로, 목적격 관계대명사 that이 생략되었다.

어휘 spring 샘 gunpowder 화약 acre 에이커 (면적의 단위)

4
정답 ①

해석 수도승들의 시체가 기이한 의식 절차에 따라 미라로 만들어진 수십 개의 sokushinbutsu는 일본 전역에 흩어져 있다. 3년 동안 그들은 식물 뿌리와 나무껍질로 이루어진 혹독한 식단으로 연명하면서 격렬하게 운동을 했는데, 이것은 그들의 몸에서 지방을 연소했다. 그 다음 3년 동안 그들은 체액을 고갈시켜 사후에 자신의 몸을 부패하게 만들 수 있는 모든 박테리아를 죽이는 독성이 있는 차를 마셨다. 이 모든 것 후에, 승려들은 각자 자신을 작은 무덤 속에 가두고, 종이 더 이상 울리지 않으면 그 무덤은 봉쇄되리라는 합의 하에, 자신이 여전히 살아있음을 알

리기 위해 매일 작은 종을 울렸다. 스스로를 미라로 만드는 데 성공한 수도승들은 존경을 받았지만, 정부는 19세기에 이 관행을 불법으로 만들었다.

해설 ① 보어가 문두에 나와 주어와 동사가 도치된 문장으로, 주어가 dozens of sokushinbutsu이므로 복수 동사 are가 와야 한다.
② which는 앞 절 전체를 선행사로 하는 계속적 용법의 주격 관계대명사이다.
③ a poisonous tea를 선행사로 하는 주격 관계대명사절 내에서 drained와 killed가 접속사 and에 의해 병렬 연결되었다.
④ 서술적 용법으로만 쓰이는 형용사 alive가 that절의 주격보어로 쓰였다.
⑤ 주절의 동사 were honored보다 한 시제 앞선 내용이므로, 과거완료 had succeeded가 적절하다.

구문 분석 [1행] … dozens of *sokushinbutsu, Buddhist monks* [whose corpses were mummified {*following* a bizarre ritual}]. : [ ]는 Buddhist monks를 선행사로 하는 소유격 관계대명사절이다. { }는 부대상황을 나타내는 분사구문이다.

[4행] For the next three years they drank *a poisonous tea* [that drained them of their bodily fluids and killed *any bacteria* {that could cause their body to decay after they died}]. : [ ]는 a poisonous tea를, { }는 any bacteria를 선행사로 하는 주격 관계대명사절이다.

[6행] …, each monk locked himself in a tiny tomb, [ringing a small bell each day **to show** that he was still alive], with the understanding [that when the bell no longer rang, the tomb would be sealed]. : 첫 번째 [ ]는 연속동작을 나타내는 분사구문이다. to show는 〈목적〉을 나타내는 부사적 용법의 to부정사이다. the understanding과 두 번째 [ ]는 동격 관계이다.

어휘 scattered 흩어진, 산재해 있는 corpse 시체, 송장 mummify 미라로 만들다 bizarre 기이한, 특이한 ritual 종교적인 의식 vigorously 활발하게, 힘차게 harsh 가혹한, 엄한 drain 고갈시키다 decay 부패하다, 썩다

Actual Test | 실전 모의고사 07   본문 pp. 126~127

1
정답 ②

해설 논리와 수학은 사람들이 세상을 이해하는 것을 돕기 위해 흔히 이용되는 두 가지 도구로, 둘 중 어느 것도 현실에 의해 영향을 받지 않는다는 사실 때문에 잘 결합된다. 예를 들어, 식탁 위에 있는 사과 세 개는 현실의 일부이다. 하지만 '3'이라는 개념은 추상적 개념이다. 수학은 전적으로 그러한 추상적 개념으로 이루어져 있는데, 이러한 추상적 개념들이 너무 복잡해서 쉽게 이해할 수 없게 되면, 그것들을 체계화하고 더 알기 쉽게 만들기 위해 논리가 요구될 수 있다. 산수와 분수 같은 수학적 개념은 명확히 정의되고 자체 규칙에 대한 예외가 거의 없기 때문에, 그것들에 관한 진술은 '모든 고양이는 생선을 좋아한다'와 같이 현실과 관련된 진술보다 참과 거짓을 증명하기가 훨씬 더 쉽다.

해설 **(A)** help는 동사원형 또는 to부정사를 목적격보어로 취하므로, make가 적절하다. **(B)** 문맥상 논리가 '요구된다'는 수동의 의미이므로, be called on이 적절하다. **(C)** very는 비교급을 수식할 수 없으며, 비교급 앞에 쓰여 '훨씬'을 의미하는 부사 much가 적절하다.

구문 분석 [1행] Logic and math, two tools [commonly employed **to help** people make sense of the world], work well in conjunction due to the fact [that neither is affected by reality]. : 첫 번째 [ ]는 two tools를 수식하는 과거분사구이다. to help는 〈목적〉을 나타내는 부사적 용법의 to부정사이다. the fact와 두 번째 [ ]는 동격 관계이다.

[7행] Because mathematical concepts, …, are clearly defined and have few exceptions to their rules, statements about them are much easier **to prove** true or false than statements [related to reality], …. : to prove는 앞의 형용사 easier를 수식하며, '~하기에, ~하는 데'를 의미하는 부사적 용법의 to부정사이다. [ ]는 바로 앞의 statements를 수식하는 과거분사구이다.

어휘 conjunction 결합, 연결 abstraction 관념, 추상적 개념 comprehensible 이해할 수 있는, 알기 쉬운 exception 예외

2
정답 ④

해설 당신이 재즈 음악가가 즉흥적으로 연주하는 것을 본 적이 있다면, 당신은 그들이 독특하고 매우 개인적인 방식으로 연주를 하고 있다는 것을 알아차렸을지도 모른다. 그들은 놀랄 만한 정신 상태에 도달할 수 있는데, 그 상태에서 전에 들어본 적이 없고, 연주해 본 적이 없거나, 심지어 생각도 해본 적이 없는 음악을 갑자기 만들어 낸다. 드러나는 것은 전적으로 즉흥적이다. 음악을 듣고 있을 때 활성화된 사람의 두뇌 영역들에 대해서는 많은 연구가 이루어졌지만, 음악이 작곡되고 있는 동안 일어나는 두뇌 활동을 살펴본 연구는 거의 없다. 기능 자기 공명 영상, 즉 fMRI와 자원한 음악가들을 동원한 한 조사 연구는 이것에 대해 설명을 한다. 그것은 즉흥 연주 동안, 자기 검열 및 억제와 관련된 뇌의 영역들이 비활성화되어 있는 반면에, 자기 표현과 관련된 뇌의 영역들은 활성화되어 있는 것을 보여준다.

해설 ④ 주어가 one research study이고 문장의 동사가 필요하므로, to shed는 단수 동사 sheds가 되어야 한다.
① 「might have p.p.」는 '~이었을지도 모른다'의 의미로, 과거 일에 대한 추측을 나타낸다.
② in which는 「전치사+관계대명사」로, a remarkable mental state를 선행사로 하는 관계대명사절을 이끈다.
③ 문맥상 many studies가 '행해져 온' 것이므로, 현재완료 수동태가 쓰였다.
⑤ 앞에 나온 the parts of the brain을 가리키는 지시대명사로 복수형인 those가 쓰였다.

구문 분석 [5행] Many studies have been done on *the parts of a person's brain* [that are active {when listening to music}], but few have looked at *the brain activity* [that takes place {while music is being composed}]. : 두 개의 [ ]는 각각 the parts of a person's brain과 the brain activity를 선행사로 하는 주격 관계대명사절이다. 첫 번째 { }는 접속사를 생략하지 않은 형태의 분사구문이다.

[9행] It shows that during improvisation, the parts of the brain [linked to self-censoring and inhibition] are turned off, while those [linked to self-expression] are turned on. : 두 개의 [ ]는 각각 앞에 나온 the parts of the brain과 those를 수식하는 과거분사구이다.

어휘 improvise (연주·연설 등을) 즉흥적으로 하다　distinctive 독특한　emerge 드러나다　spontaneous 즉흥적인, 자연스러운　resonance 공명　shed (빛을) 비추다　censor 검열하다　inhibition 억제

3
정답 ⑤

해석 연구원들은 403개의 각각 다른 종에 속하는 수십만 그루의 나무들의 생장량 측정치를 수집해서, 그것들의 생장률을 계산하고, 흐름을 알아보기 위해 그것들을 분석했다. 그들은 대부분 종의 생장률은 나무가 나이 들고 커짐에 따라 증가한다는 것을 발견했는데, 이는 일반적인 예상과 상반된다. 그것은 또한 더 오래된 나무가 과학자들이 이전에 생각했던 것보다 더 많은 탄소를 대기로부터 흡수할 수 있음을 의미한다. 이런 식으로 흡수되는 탄소는 인간의 활동으로 생겨나는 이산화탄소에 대해 평형추 역할을 하면서, 대기의 이산화탄소 수치를 감소시킨다. 연구원들은 '그것은 마치 당신이 가장 좋아하는 구단의 인기 선수들이 90살의 노인들로 구성된 것과 같다'고 설명하면서, 그들 자신의 연구 결과에 놀라움을 표했다.

해설 **(A)** 세 개의 동사 collected, calculated, analyzed가 등위접속사 and에 의해 병렬 연결되었다. **(B)** 주어가 단수 명사인 carbon이므로, 단수 동사 reduces가 적절하다. **(C)** 앞에 나온 the researchers를 가리키는 소유격 인칭대명사로, their가 적절하다.

구문 분석 [9행] The researchers expressed surprise at their own findings, [explaining that "it is **as if** the star players on your favorite sports team **were** a bunch of 90-year-olds]." : [ ]는 동시동작을 나타내는 분사구문이다. 'as if+가정법 과거'는 '마치 ~인 것처럼'의 의미로, 주절과 같은 시점의 일을 가정할 때 쓰인다.

어휘 measurement 치수, 크기; 측정　calculate 계산하다; 산출하다　analyze 분석하다　contradict 반박하다; 모순되다　assumption 가정, 가설　previously 이전에　counterbalance 평형추; 균형을 이루는 것

4
정답 ④

해석 한 유명한 오페라 가수가 어느 작은 도시에서 공연을 하기로 예정되어 있었다. 그 공연이 있는 밤에 그 극장은 (관객들로) 가득 찼고 모든 표가 매진되었는데, 관객들이 그 오페라가 시작되길 기다릴 때, 그 극장의 관리자가 갑자기 무대 위로 걸어왔다. "죄송하지만, 여러분이 오셔서 (노래를) 듣고자 한 남자분이 몸이 좋지 않습니다. 저희는 바라건대 여러분께 즐거운 저녁 시간을 제공해 드릴 재능 있는 대역을 찾았습니다."라고 그가 말했다. 관객들은 관리자가 그런 나쁜 소식을 알리는 것을 듣고 크게 실망했지만, 그 오페라는 예정대로 진행되었고 대역 가수는 그 상황에서 감탄할 만하게 공연을 해냈다. 이럼에도 불구하고, 그가 마지막에 고개 숙여 인사했을 때 그는 오직 정적만을 마주했을 뿐이었다. 갑자기, 한 어린 소년이 일어나서 외쳤다. "정말 멋졌어요, 아빠!" 그제서야 관객들은 그 남자에게 그가 마땅히 받을 만한 박수갈채를 아낌없이 보냈다.

해설 ④ 지각동사 hear는 목적격보어로 동사원형 또는 분사를 취하므로, to announce는 announce가 되어야 한다.

① found의 목적어와 목적격보어가 접속사 and에 의해 연결된 병렬구조로, 목적어 every ticket과 목적격보어의 관계가 수동이므로, 과거분사 sold가 적절하다.

② 뒤에 목적어가 빠진 불완전한 절이 이어지므로, the man을 선행사로 하는 목적격 관계대명사 whom이 적절하다.

③ a talented substitute를 선행사로 하는 주격 관계대명사절에서, 「주어+동사」 형태인 we hope가 삽입되어 관계사 who[that]가 생략된 형태이다.

⑤ nothing but은 '오직[그저] ~일 뿐인'의 의미이다.

구문 분석 [10행] **Only then** did the crowd shower the man with *the applause* [(which[that]) he deserved]. : only로 시작하는 부사구가 문두에 오면서 주어와 동사가 도치되었다. [ ]는 the applause를 선행사로 하는 목적격 관계대명사절로, 목적격 관계대명사 which[that]가 생략되었다.

어휘 substitute (연극의) 대역; 대리[대체]의　dismay 낙담[실망]하게 하다　shower with ~을 아낌없이 주다　applause 박수(갈채)

Actual Test | 실전 모의고사 08
본문 pp.128-129

1
정답 ④

해석 1995년에, 유명한 바이올리니스트 Itzhak Perlman의 어느 연주회가 막 시작됐을 때, 그의 바이올린의 현 중 하나가 갑자기 툭 끊어졌다. 모두 그가 현을 교체하거나 대체 바이올린을 찾아오기 위해 공연을 중단할 것이라고 예상했지만, 그는 그렇게 하지 않았다. 대신, 그는 단지 세 개의 현만으로 교향곡을 연주하는 것은 거의 불가능하다는 사실에도 불구하고, 계속해서 열정적으로 연주했다. 그가 연주를 끝냈을 때, 모든 청중이 그의 놀라운 연주를 인정하며, 자리에서 일어나서 열렬히 환호했다. 환호가 잠잠해진 후에, 그는 겸손하게 청중에게 이렇게 말했다. "여러분도 아시다시피, 때때로 남아있는 것으로 여전히 얼마나 많은 음악을 연주할 수 있는지를 알아내는 것이 예술가의 일입니다."

해설 **(A)** to replace와 to retrieve가 상관접속사 「either A or B」에 의해 병렬 연결된 것으로, 이때 뒤에 나오는 to부정사의 to는 생략 가능하다. **(B)** 뒤에 오는 명사인 achievement를 수식하는 분사로, 명사와 분사의 관계가 감정을 유발하는 능동 관계이므로, 현재분사 amazing이 적절하다. **(C)** it은 가주어이고 to부정사가 진주어이므로, to find가 적절하다.

구문 분석 [4행] Instead, he continued to play passionately, despite the fact [that **it** is nearly impossible **to perform** a symphony with merely three strings]. : the fact와 [ ]는 동격 관계이다. it은 가주어이고 to perform 이하가 진주어이다.

[8행] .... "You know, sometimes it is the artist's task to find out [how much music you can still make with {**what** you have left}]." : [ ]는 find out의 목적어 역할을 하는 간접의문문으로, 「의문사+주어+동사」의 어순을 취한다. what은 선행사를 포함하는 관계대명

사로, { }는 전치사 with의 목적어 역할을 한다.

어휘 renowned 유명한, 명성 있는 snap 툭 끊어지다 retrieve 되찾다, 다시 요구하다 humbly 겸손하게

2
정답 ⑤

해석 한때 다른 모든 북미 지역의 새들을 합한 수를 능가했던 나그네 비둘기의 개체 수가 1914년까지 단 한 마리로 줄었다는 것은 믿기 어렵다. 이 비극의 원인은 규제를 받지 않는 사냥과 유럽 정착민들 사이의 비둘기 고기에 대한 수요였다. 1년 동안 Michigan 주에서만 십억 마리의 새들이 식용으로 도살당했고, 1880년까지 겨우 수천 마리의 나그네 비둘기들만이 북미 전역에 흩어진 채 남게 되었다. 더 이상 수익성이 없게 되자 사냥은 중단되었지만, 그들의 개체 수는 결코 회복되지 않았다. 아무도 그 이유를 확실히 알지는 못하지만, 그들의 번식 습성은 커다란 무리를 필요로 했기 때문에, 널리 흩어져 있는 무리들이 활발하게 짝짓기를 할 만큼 충분한 집단이 아니었을지도 모른다고 여겨진다.

해설 ⑤ 과거 사실에 대한 추측을 나타내므로, may not have had가 되어야 한다.
① 주어인 나그네 비둘기의 개체 수(the population of passenger pigeons)가 '감소된' 것이므로, 수동태가 쓰였다.
② 분사와 수식 받는 명사 hunting과의 관계가 수동이므로, 과거분사인 uncontrolled가 적절하다.
③ 앞에 being이 생략된 분사구문으로, 의미상 주어인 only a few thousand passenger pigeons와 수동 관계이므로 과거분사 scattered가 적절하다.
④ their는 passenger pigeons를 가리키는 소유격 대명사이다.

구문 분석 [1행] It is difficult **to believe** that *the population of passenger pigeons*, [which at one time surpassed the combined populations of all other North American birds], was reduced to just a single bird by 1914. : it은 가주어이고, to believe 이하가 진주어이다. [ ]는 the population of passenger pigeons를 선행사로 하는 주격 관계대명사절로, that절 내의 주어와 동사 사이에 삽입되었다.

[7행] Hunting ceased, [**as** it was no longer profitable], but their population never recovered. : [ ]는 이유를 나타내는 접속사 as가 이끄는 부사절로, 문장 중간에 삽입되었다.

어휘 surpass 능가하다; 초월하다 tragedy 비극 uncontrolled 규제를 받지 않는 scattered 드문드문 있는 cease 중단되다, 그만두다 profitable 수익성이 있는 disperse 흩어지다

3
정답 ③

해석 많은 사람들이 적절한 건강 관리란 가능한 한 많은 전문의들을 찾아가 셀 수 없이 많은 검사를 받고, 병이 발견되면 장기간 병원에 입원해 있는 것을 의미한다고 생각한다. 하지만, 연구는 이 중 어느 것도 반드시 당신이 더 오래 더 건강한 삶을 살 수 있게 하지 않는다는 것을 보여준다. 오히려, 지나친 건강 관리가 실제로 당신의 수명을 단축시킬 수도 있다. 연구원들은 지나친 건강 관리를 받는 환자들이 적당한 치료를 받는 환자보다 더 오래 살거나 더 건강한 것은 아님을 발견했다. 사실상, 가장 적극적으로 치료를 받는 환자들이 감염, 또는 의사가 서로 유해한 상호 작용을 하는 약을 처방하는 것과 같은, 조직적이지 않은 관리에서 비롯되는 의료

과실로 고통받을 가능성이 더 높다.

해설 (A) 문맥상 '~하면'이라는 조건을 나타내는 접속사 if가 적절하다. unless는 '~하지 않는 한'의 의미를 나타내는 접속사이다. (B) '어느 것도 ~않다'의 의미로, none이 적절하다. no one은 '아무도 ~않다'의 의미이다. (C) '~와 같은'을 의미하는 such as 뒤에는 명사 상당 어구가 나와야 하므로, 동명사인 prescribing이 적절하다. doctors는 prescribing의 의미상 주어이다.

구문 분석 [8행] In fact, the patients [treated most aggressively] are more likely to suffer from infections or *medical errors* [that come from uncoordinated care], such as doctors prescribing *drugs* [that interact badly with one another]. : 첫 번째 [ ]는 the patients를 수식하는 과거분사구이다. 두 번째와 세 번째 [ ]는 각각 medical errors와 drugs를 선행사로 하는 주격 관계대명사절이다.

어휘 undergo 겪다, 경험하다 excessive 지나친 life span 수명 aggressive 적극적인; 지나친(adv. aggressively 적극적으로) moderate 적당한 infection 감염; 전염병 uncoordinated 조직적이 아닌, 조정되지 않은

4
정답 ③

해석 최근, 중국은 위조품의 근원이라는 바람직하지 않은 명성이 생겼다. 그런데 그 나라의 최근의 모조품은 놀라운 것인데, 바로 달걀이다. 누군가 가짜 달걀을 생산할 수 있다는 것은 거의 불가능한 것처럼 보이지만, 그것은 사실이다. 일부 마을 사람들이 그들의 현지 시장에서 판매 중인 몇몇 이상한 달걀들을 발견했을 때 그 모든 것이 시작되었다. 그것의 가격은 매우 좋았는데, 너무 좋아서 믿기지 않았다. 사실상, 그것들이 실제로는 밀랍과 송진으로 만들어졌기 때문이다. 그것들은 매우 진짜처럼 보이지만, 가짜 달걀을 알아볼 수 있는 몇 가지 방법들이 있다. 첫 번째 단서는 그것들의 껍데기가 진짜 달걀의 껍데기보다 더 부드럽다는 것이다. 또한, 당신이 결국 가짜 달걀 하나를 깨 보면, 틀림없이 그것에서는 아무런 냄새도 나지 않을 것이다. 그리고 마지막으로, 노른자가 깨지면, 노란색과 흰색이 뒤섞일 것이다.

해설 ③ 문맥상 '너무 ~해서 …할 수 없다'의 의미를 나타내는 「too+형용사/부사+to-v」를 이용하여, too good to be가 되어야 한다.
① 부사구 in recent years와 함께 현재완료시제인 has developed가 쓰였다.
② 문맥상 '거의 ~않다'의 의미를 나타내는 부사 barely가 쓰였다.
④ 앞에 나온 shells를 가리키는 복수형 지시대명사 those가 적절하다.
⑤ 「end up v-ing」는 '결국 ~하게 되다'의 의미이다.

구문 분석 [3행] It barely seems possible [that someone could produce fake eggs], but *it's* true. : 첫 번째 it은 가주어이고, [ ]가 진주어이다. 두 번째 it은 바로 앞의 that절의 내용을 가리킨다.

어휘 undesirable 바람직하지 못한 reputation 평판, 명성 counterfeit 모조[위조]의 imitation 모조품 wax 밀랍 resin 송진 genuine 진짜의 crack 깨뜨리다 odor 냄새 emanate (향기·열·빛 등이) 나다 yolk 노른자

and **makes them unlikely** to drown *the way* [a human would (drown)]. : make의 목적격보어로 형용사인 unlikely가 왔으며, 「make+목적어+형용사」는 '목적어가 ~하게 하다'의 의미이다. [ ]는 the way를 선행사로 하는 관계부사절로, 이때 관계부사 how는 생략한다.

[7행] Therefore, researchers have hypothesized *a new reason* [why earthworms crawl …]. : [ ]는 a new reason을 선행사로 하는 관계부사절이다.

어휘 earthworm 지렁이 conventional wisdom 사회적[일반적] 통념 burrow 굴; 은신처 misconception 오해; 잘못된 생각 submersion 물속으로 잠김, 잠수 hypothesize 가정하다; 가설을 세우다 migration 이주[이동]

3
정답 ③

해석 식료품 목록을 작성하는 데 어려움을 겪는 사람들이 이용할 수 있는 훌륭한 신상품이 있다. 바로 상품의 바코드를 스캔하거나 상품명을 크게 말함으로써 제품 목록을 만드는 데 사용될 수 있는 기구이다. 그것의 길이는 대략 15cm이고 폭은 2cm이며, 그것은 이 서비스를 제공하는 사이트에 이러한 정보를 곧바로 보내기 위해 와이파이를 이용한다. 그래서, 당신의 목록이 준비가 되면, 당신은 당신의 컴퓨터나 스마트폰으로 그 정보를 그저 다시 한 번 확인해 보고, 당신의 결제 정보를 입력하고, 배송일을 정하면 된다. 당신이 주문하는 대부분의 상품들은 바로 다음 날에 배달될 것이다. 이것은 그 기구를 식료품점에 갈 시간이 없는 바쁜 직장인들을 위한 완벽한 상품으로 만든다.

해설 **(A)** 문맥상 정보를 '보내기 위해서'라는 의미가 되어야 하므로, 〈목적〉을 나타내는 부사적 용법으로 쓰인 to send가 적절하다. **(B)** 문맥상 '~하면, ~하자마자'를 의미하는 접속사 once가 적절하다. unless는 '~하지 않는 한'의 의미이다. **(C)** 문맥상 '대부분의'를 의미하는 형용사 most가 적절하다. almost는 '거의'라는 의미의 부사이다.

구문 분석 [1행] There's a great new product available for *people* [who **have trouble putting** together a grocery list] — *a device* [that can be used to compile a list of products {by scanning bar codes} or {by saying the product names out loud}]. : 첫 번째 [ ]는 people을 선행사로 하는 주격 관계대명사절이다. 「have trouble (in) v-ing」는 '~하는 데 어려움을 겪다'의 의미이다. 두 번째 [ ]는 a device를 선행사로 하는 주격 관계대명사절이다. 전치사구인 두 개의 { }가 등위접속사 or에 의해 병렬 연결되었다.

어휘 grocery 식료품 compile 만들다[편찬하다], 편집하다

4
정답 ②

해석 인지 부조화 이론은 사람들이 어떻게 자기 자신의 일치하지 않는 신념들에 자연스럽게 대처할 수 있는지를 설명하려고 시도한다. 한 실험에서, 참가자들은 한 시간 동안 단조로운 일을 수행하도록 요구받았으며, 이후에 그들의 시간에 대한 답례로 1달러 혹은 20달러를 받았다. 이후에 설문지를 작성해 달라는 요구를 받았을 때, 1달러를 받은 사람들은 20달러를 받은 사람들보다 그 일이 더 재미있었다고 평가했다. 연구진에 따르면, 20달러를 받았던 사람들은 지루한 일에 한 시간을 낭비한 것에 대해 충분한 대가를 지불받았다고 생각했다. 하지만 1달러를 받았던 사람들은 일이 즐거웠다고 확신하면서, 적은 대가를 정당화할 방법을 찾으려고 했다. 이는 그들이 경험하는 인지 부조화의 정도를 감소시켰고, 그렇게 함으로써 그들의 불편한 마음을 덜어주었다.

해설 ② 문장의 주어는 those paid a single dollar이고 동사가 없으므로, 과거형 동사인 rated가 되어야 한다.
① explain의 목적어 역할을 하는 간접의문문으로, 「의문사+주어+동사」의 어순을 따른다.
③ 주절의 시점보다 앞선 시제를 나타내야 하므로, 완료형 동명사인 having wasted가 적절하다.
④ 분사구문의 의미상 주어와 목적어가 동일한 대상이므로, 재귀대명사 themselves가 적절하다.
⑤ thereby easing 이하는 결과를 나타내는 분사구문이다.

구문 분석 [4행] Later, [when (being) asked to complete a survey], those [paid a single dollar] rated the tasks as more enjoyable than those [paid $20]. : 첫 번째 [ ]는 의미를 명확히 하기 위해 접속사를 생략하지 않은 수동형 분사구문이다. 두 번째와 세 번째 [ ]는 각각 바로 앞의 those를 수식하는 과거분사구이다.

[9행] This reduced the level of *cognitive dissonance* [(that) they were experiencing]. …. : [ ]는 cognitive dissonance를 선행사로 하는 목적격 관계대명사절로, 목적격 관계대명사 that이 생략되었다.

어휘 cognitive dissonance 인지 부조화 disharmonious 조화[일치]되지 않는, 부조화의 dull 따분한, 재미없는 sufficient 충분한 justify 정당화하다

수능 1등급 만드는 고난도 유형서

특급 어법

- 하루 30분, 30일 완성 어법 프로젝트
- 완벽하게 분석한 기출 문제로 Warm Up
- 비연계 예상 문제로 Hard Training
- 만점을 위한 어법 최종 점검 '실전 모의고사'
- 권두부록 – 어법 암기장 제공

수능 1등급 만드는 고난도 유형서